KB112871

홍승식

철학 에세이

사랑하는 사람을 찾듯 사랑하는 일을 찾아라

홍승식

철학 에세이

사랑하는 사람을 찾듯 사랑하는 일을 찾아라

철학과 현실사

차례

제2부 철학으로 세상을 그리다

제3부 철학하는 것은 우리 속에 살고 있는 사랑

저자의 말

◆ ◆ ◆

I

지금까지 살아온 내 삶 안에서 4년 전 나는 전혀 예기치 못한, 상상할 수 없었던 일련의 사건들을 경험하였다. 그것은 대략 10개월간 지속되었다. 이 기간 동안의 경험은 내 삶의 정신 자세를, 내 삶의 목표를 전격적으로 바꾸어놓았다. 이런 상황 소개와 더불어 '저자의 말'을 시작하고자 한다.

2015년 6월 28일 일요일 11시 수년간 준비해온 반월성 성당 봉헌식(완공기념식)이 있었다.

나는 수원교구 교구장이신 이용훈 마티아 주교님을 비롯해 수십 명의 사제들, 그리고 국회의원들, 시장, 군수 등 각계 인사들을 모시고 그야말로 요란뻑적지근한 봉헌식을 치르게 되었다. 그리고 그처럼 거창했던 봉헌식이 끝난 다음 날 이른 새벽, 영문도 모른 채 쓰러져 119 구급차에 실렸다. 곧바로 아산병원 응급실로 직행했다. 그리고 3일간에 걸쳐 정밀검사를 받게 되었다. 검사 결과 명확한 원인은 규명되지 못한 채, 대략적으로 과로와 신경성 스트레스, 그리고 과민

성 대장증후군 등의 내용으로 결론이 내려졌다.

문제는 그 다음부터였다. 그 사건 이후로 난 툭하면 쓰러졌고 보통으로는 며칠씩, 길게는 일주일 정도 구토와 쓰러짐이 반복되었다. 병원에 실려 가기를 밥 먹듯 하였다. 앞으로 무슨 일이 어떻게 발생할지 모르니 이제 누구와의 만남 약속은 전혀 불가능한 상황이 되어버리고 말았다.

전해까지만 해도 축구, 족구, 조깅 등 여러 운동에 열심히 열중했던 내게 이는 감히 상상조차 할 수 없는 사건이었다. 해마다 동료들과 함께했던 부활절 후의 엠마우스와 대리구의 남해 일주 연수, 기타 지구회의, 동창 모임 등등 모든 것에 일체 참석할 수 없었다.

이 같은 상태가 장기화되면서 무엇보다 이런 상황은 나로 하여금 인생을 바라보는 관점을 현격하게 달라지게 만들었다. 예컨대, 꿈에 부풀어 어디론가 떠나고 싶은 밝고 설레는 감정은 까마득히 사라져 버리고 지금까지 삶 속에서 겪어보지 못한, 아니 전혀 생각할 수조차 없었던 어둡고 소극적인, 그리고 자신감마저 상실하게 되는 부정적인 측면의 감정이 많아졌다. 또 난생 처음 느낀 것이지만 혼자 있는 것이 두렵고 무서워졌다. 한편으로는 위험할 수도 있겠다는 생각까지 엄습하였다. 자연히 나도 모르게 위축되면서 우울한 시간이 많아졌다.

얼마 전까지만 해도 신체적, 정신적 능력은 언제나 영원할 줄로만 알았다. 세상이 마치 내 손안에 전부 들어 있는 양…. 그러니까 인생에 있어 대체로 예순 정도를 넘기게 되면서 나의 미래는 점차 불확실해져갈 것이며, 여러 정신적, 신체적 한계에 자주 부딪히게 될 거라는 사실을 전혀 내다보지 못했다.

지금 예순 다섯의 나이…, 지금 이 순간까지도 사람이 나이가 들면 자연스럽게 신체의 각 부분들이 닳아 없어지고 둔화되며, 또 서서히 쇠퇴하고 노화되어 신체의 여러 부분들이 자주 고장 나기도 하고 말썽도 부리게 될 거라는 너무나도 당연한 사실을 참으로 깨닫지 못하고 있는 것이다.

늦게나마 이해할 수 있게 된 건 인생사에 있어 몸의 늙음과 쇠락은 당연한 것이고, 그러므로 삶 안에서의 필연적 변화를 마땅히 인정하고 받아들여야 한다는 사실이었다. 그것은 인간적으로는 슬픈 현상일 것이나, 반드시 맞게 될 수밖에 없는 자명한 이치인 것이 아닌가! 그러한 진리에 입각건대, 내 삶 역시 머지않아 언젠가 허물어지게 될 날이 반드시 오게 될 것이다. 덧붙여 내 몸과 운명을 낯선 사람들 손에 맡기게 될 날 또한 틀림없이 올 것이다. 이는 피해 갈 수 없는 필연적 운명이기도 한 것이었다.

이 시점에 있어 정말 시급하고 중요한 또 한 가지의 새로운 깨달음이 내게 실감 있게 다가왔다. 바로 지금 이 순간 나의 삶과 가치관을 다시금 새롭게 현실적이고 구체적으로 정립할 필요가 있고, 나아가 그것은 이왕이면 살아 있을 때 실현할 수 있어야 한다는 바람이 그것이었다.

앞으로의 남은 미래의 삶에 대하여 고심 끝에 내린 해결 방법 몇 가지를 소개해본다면 다음과 같다.

첫째로, 삶 안에서 부딪히는 다양한 상황을 논리와 합리성에 입각하여 정확히 판단하고 인식할 줄 알아야 하며, 이런 상황들에 대해 적합하고 효과적인 결론을 도출할 수 있어야 한다.

둘째로, 남은 삶을 올바로 성실하고 기쁘게 살아갈 수 있어야 함은 물론, 내가 살아 있는 동안 반드시 의미 있고 가치 있는 삶을 현실로 실현할 수 있도록 최선의 노력을 다해야 한다.

셋째로, 진심으로 몸과 마음을 쏟아 희생과 봉사, 선행과 자선의 삶을 또한 내가 살아 있을 때 꼭 실천할 수 있도록 성심과 성의를 다해야 한다.

결론적으로 가장 중요한 것은 이 모든 것들이 바로 지금 이 순간부터 말이나 결심으로가 아니라 행동으로 꼭 표현될 수 있어야 한다는 것이었다.

II

이처럼 전혀 예상치 못했고 또 미리 준비할 수도 없었던 경험을 겪고 나서 앞으로 어떻게 하면 남은 삶을 의미 있고 행복하게 살아갈 수 있을 것인지에 대하여 보다 진지하고 신중하게 고민해보지 않을 수 없게 되었다.

가령, 인간의 삶을 불행에서 벗어나 행복하게 해주고, 우울하고 어두운 생각에서 벗어나 기쁘고 밝게 만들어주며, 그래서 삶의 의미와 가치를 깨닫게 해주는 방법 등은 어떻게 찾을 수 있겠는지….

그런 삶을 살 수 있게 하는 데에는 여러 가지 방법들이 있을 수 있다. 이를 대략 정리해본다면 심리적 방법, 신체적 방법, 의료적 방법, 철학적 방법, 그리고 종교적 방법 등이 있을 수 있다.

이 책 안에서는 여러 해결 방법들 중에서 철학적 방법과 종교적 방법을 위주로 소개해보고자 한다. 솔직히 이 방법에 대하여 결론부터 고백하자면, 그것은 어떤 뛰어난 획기적 처방이나 최첨단의 기술 같은 것을 도입한 거창한 방법론이 아니란 것이다. 그렇게 생각했다면 큰 오산이다. 왜냐하면 그것은 아주 단순할 뿐만 아니라 극히 평범한 것이기 때문이다.

그것은 우리가 늘 해왔던 일상에 대한 판단과 행동을 우리가 살아 있을 때 정말 새롭게 깨닫고 반드시 그것을 생활 속에서 틀림없이 실천하는 데서부터 시작한다. 이처럼 작고 사소한 일들에 대한 판단과 이런 판단에 입각한 확고한 실천이 우리의 삶을 행복하고 의미 있게 만들어줄 수 있다는 뜻이다. 훗날 그 실천의 결과를 보게 될 때 참으로 놀랍고 신기해하지 않을 수 없을 것이다.

이 과정 안에서 가장 중요한 것은 위의 판단과 행동의 실천을 생활 속에서 꼭 이행해나가고 있는지 규칙적으로 체크해보는 일이다. 이런 작고 사소한 행위의 실천은 삶의 여정 안에서 당연히 맞닥뜨리게 될 수밖에 없는 수많은 고난과 역경을 극복할 밑거름이 되어줄 것이다. 나아가 이런 실천은 우리의 인생을 보다 의미 있고 보다 행복하게 만들어줄 것임을 나는 굳게 확신해 마지않는다.

III

인간의 삶과 세계 안에는 시대와 공간의 흐름 속에서도 변치 않는 본질적인 모습들이 담겨 있다. 그것은 우리네 삶 속에도 숨어 있었고 나의 일상 속에도 숨어 있었다. 그래서 한 번쯤 생의 바다 곳곳에 가라앉아 의식하지 못하고 있던 여러 조각들의 삶을 '철학'과 '성경'이라는 체에 걸러 끌어올려보기로 계획을 세웠고, 얼마 후 이를 실행에 옮겼다. 떠다니던 수많은 삶의 편린들이 철학과 성경의 여과를 통해 '걸어 들어가고' '걸어 나오며', 새롭게 햇살 아래 빛나게 된 오색실과 같은 것이라고 해도 지나친 미사여구적 표현은 아닐 것이다.

철학을 일컬어 '지혜에 대한 사랑'이라고 표현한다. 기나긴 역사의 흐름 속에서 만났던 많은 철학자들의 삶과 사상은 그들의 것이기도 하겠지만, 그들을 공부하고 이해한다는 관점에서 본다면 이미 내 것이 되었다고 할 수 있다. 그렇기에 그 시대, 그 사람 안으로 들어가

보고 싶은 강한 욕구가 일기도 하고, 또 한 번만이라도 그들의 몸짓과 눈빛과 음성을 헤아려볼 수 있기를 희구해보기도 한다. 또한 그것들은 삶 속에서 가끔씩 환희와 희열로, 때로는 고뇌와 번민으로 다가오기도 한다.

결국, 그들과 다시 접하게 되고 또 만나게 되면서 나름대로 내가 좋아하고 나의 것이 된 것들을 다른 이들에게도 소개하고 나누고 싶은 충동이 일었다. 그 결과, 그중 18명의 철학자를 선택하게 되었고, 보다 정확한 앎을 확인하는 의미에서 철학자들의 원서도 한 권씩 선택하여 참고 · 인용하기로 하였다.

성경은 전지전능하신 절대적 존재자, 곧 하느님과 그분의 가르침에 대한 근원적이며 보편적인 진리의 말씀의 기록이다. 종교적 관점에서 본다면 그것은 신의 계시에 의해 쓰인 것으로 인간과 우주 만물에 대한 하느님의 행적과 가르침의 내용을 담고 있다. 우리는 이 책에서 인간존재의 근원과 삶의 뿌리를 철학과 연관된 종교적 방법론 안에서도 고찰해볼 수 있을 것이다.

성경 구절 선택의 경우, 철학자들의 사상과 잘 어울리고 맥을 같이하는 내용을 찾고자 노력하였다. 그리고 이것을 철학적 내용과 비교해봄으로써 우리에게 주는 삶의 의미를 보다 넓고 다양한 시각 안에서 조명해보고자 하였다.

이런 작업이 밤길의 별과 같이, 밤바다의 등대와 같이, 어둠 속에서 빛을 갈망하는 사람들에게 작은 길이 되어주기를 기대해본다. 아울러 삶을 살아나감에 있어 미약하나마 용기와 자신감을 불어넣을 수 있는 그런 길잡이가 되어줄 수 있다면 더더욱 바랄 것이 없겠다.

IV

공자의 『논어(論語)』, 「위정(爲政)」편에 따르면 "삶의 나이 60이면 이순(耳順)할 수 있어야 한다."고 하였다. 곧, 무언가를 들음에 있어 거스름이 없다는 의미이다.

이는 우리가 살면서 60년 세월이 지나다 보면 자연히 천지만물(天地萬物)의 이치를 터득케 됨은 물론, 우리가 삶 안에서 듣고 보는 모든 것을 이해하고 헤아릴 수 있게 되는, 나아가 우리에게 주어지는 운명에 순응케 된다는 뜻으로도 해석할 수 있다.

나의 경우로 시선을 돌려 볼 때 내 나이 어느덧 이순의 문턱을 넘어섰건만 아직도 내 삶은 이기적 고집과 부질없는 물질적 탐욕으로부터 한 치도 벗어나지 못하고 있으니 어찌 된 영문인지를 되묻고 싶은 마음뿐이다.

지나온 삶을 되돌아보건대 마치 나이테가 자라듯 '나'라는 나무도 수많은 낮과 밤을 지내왔다. 해마다 계속해서 잎이 돋고, 꽃이 피고, 초록이 무성하고, 낙엽이 지고, 또다시 잎이 돋고 하면서….

이제 한가을의 들녘에 서서 되돌아보니 일상 속에서 늘 나를 떠나지 않았던 '삶이란 무엇인가?' '어떻게 살아왔는가?' 또 '어떻게 살아가야 할 것인가?'에 대한 사고와 질문들이 뭉게구름 피어오르듯 떠오른다. 나름대로의 부끄러운 열매들이 이곳저곳 생의 가지에 열려 있는 듯하기도 하다. 허겁지겁한 대처와 부딪힘의 경험들, 또는 괜찮은 판단과 지혜의 경험들도 보인다. 한번 이 열매들을 정말 낮추고 비운 마음으로 거두어들여본다면 어떨까 하는 생각을 해보았다.

40여 년간 철학을 공부하고 가르쳐온 사람으로서, 또 한편으로는 가톨릭 사제로서 삶의 현장에서 체험하고 깨달은 시행착오의 결정체들을 한번 책으로 모아보자는 충동에 순응하고 싶었다.

나무에 햇살이 비친다. 하늘은 높고 더욱 푸르게 바뀌어가고 있다. 쉼 없는 긴 노고의 땅은 이제 깊은 숨을 토해내고 있다. 가을이 어김없이 우리에게 다가옴에 지난해에도 그랬던 것처럼 올해 역시 각자의 나무들에 또한 주렁주렁 열매들이 맺히게 되리라.

우리의 삶 역시 우리가 모르는 사이 어떤 모양으로든지 계속적으로 성장해가고 변화해갈 것이다.

마치 한 알의 밀 씨앗이 땅에 묻혀 썩고 또 썩어 수십 배 결실을 거두듯, 수년간에 걸쳐 생각하고 계획했던 의도들과 의미들이 끊임없이 성장해가는 인생의 나무들에 작은 밑거름이 되고, 미약하나마 우리의 삶에 꼭 필요한 자양분이 될 수만 있다면 이처럼 기쁘고 감사한 일이 없으리라. 나아가 우리가 살펴보고 음미해본 일련의 '진리'들이 살아 움직여 지각과 이해와 공감으로 우리네 삶을 좀 더 깊이 있게 만들고 보다 가치 있게 만들어줄 수 있다면 얼마나 기쁜 일이겠는가.

끝으로 이 책을 위해 오랜 시간 동안 정성과 인내로 교정과 타이핑에 수고를 아끼지 않고 최선을 다해준 이채현, 조현주 두 분께 이 자리를 빌려 주님의 축복을 빌며 마음으로부터 깊은 감사를 전하고자 한다.

제1부

철학의 길 따라 꽃 피는 사람 하나하나

1. 첫날부터 난 법과 사랑에 빠졌다 _ 데카르트
2. 한스와 변식에 대한 기억 _ 레비나스
3. 후설의 에포케와 '반보(半步, a half step)'의 차이 _ 후설
4. 윈저 공의 명언과 막스 셸러의 공감의 개념 _ 셸러
5. 나는 행복합니다. 그대들도 행복하십시오 _ 아리스토텔레스
6. 나의 동창 김재문 신부님 _ 야스퍼스

1.

첫날부터 난 법과 사랑에 빠졌다

데카르트와 함께

1. 삶이 내게 말을 거는 순간

2011년 10월 5일 아침 스티브 잡스(Steve Jobs, 1955~2011)가 췌장암으로 세상을 떠났다. 세상은 마치 잘 아는 친한 친구, 가까운 친척이라도 죽은 양 스마트폰으로, 트위터로, 또 인터넷 댓글 등으로 요란스럽게 그의 죽음을 애도하였다.

이 소식은 거의 동 시간에 미국, 유럽, 남미 등지에서 세계를 향해 계획적으로 미리 약속이라도 한 것처럼 띄워지고 송전되었다. 전 세계를 통해 타전된 부음 메시지의 핵심은 한마디로 'iSad(아이새드)', 곧 "난 슬퍼요"였다. 이 짧은 용어 속의 상징적 의미는 그의 업적을 뜻하는 'iPad' 에서 유래된 것임은 말할 것도 없다.

잡스는 하버드 법대 출신의 천재이자 기부와 선행의 대명사인 빌 게이츠와 자주 비교되곤 하였는데, 출신부터가 미혼모에게서 태어난

망나니였다. 리드대학도 졸업하지 못하고 중퇴해버린 '삼류' 출신으로 자기 회사에서 쫓겨나기까지 하였다.

그런 그가 변했다. 그는 "세계의 최대가 아니라 최고 기업을 만드는 것이 나의 꿈이다."라는 뚜렷한 목적을 갖고 자신이 선택한 일에 온 열정과 삶을 쏟아 부었고, 마침내 그는 소문자 'i' 하나면 모든 것이 충분하다는 것을 세상에 증명하였다.

잡스는 자신의 회사가 만든 제품들에 아이맥(iMac), 아이폰(iPhone), 아이팟(iPod), 아이패드(iPad)와 같이 맨 앞에 모두 'i'를 붙였다. 그것도 대문자가 아닌 소문자를 붙이는 특이한 발상을 연출하였다. 그가 새로운 제품을 프레젠테이션하는 날에는 서버가 여지없이 다운되는 사태가 속출했다. 드디어 세계가 이 '괴팍한 창조자'에게 열광하기 시작한 것이다.

그의 생각은 이러할 것이다. "'나(i)' 역시 한낱 인간에 불과하다. 그럼에도 불구하고 그 나는 '분명한 나'인 것이다. 나에게는 나만의 유일한 길이 있다." 그의 이러한 전위적 자기직관의 신념과 이로부터 비롯된 행동은 비주류의 청년들에게 새로운 비전과 규칙의 선포로 다가갔고, 기존의 잣대와 규범, 그리고 법칙을 깨어버리는 '충격' 그 자체로 받아들여졌다. 잡스는 이처럼 기존의 패러다임을 한순간에 바꿔놓으며 "나는 룰(rule)을 만드는 사람이다."라는 그 말처럼 자신의 이상과 꿈을 현실로 만들었다. 곧, 그가 목표한 '포스트 PC' 시장을 혁신적으로 개척하면서 이 세상에 잡스 스타일의 새로운 세계의 문을 활짝 열어젖혔다.

"지속적으로 실패의 위험을 감수하는 사람만이 진짜 예술가이다."라는 그의 말처럼 잡스는 이 말의 의미를 현실 안에서 입증하였다. 그가 기쁘게 하고자 했던 일을 그는 진심으로 사랑했기 때문이다.

잡스가 자신의 죽음을 예견한 듯 유언처럼 남긴 일곱 가지의 메시지 중 제1항은 다음과 같았다.

사랑하는 사람을 찾듯 사랑하는 일을 찾아라.[1)]

◆ ◆ ◆

아래 내용은 2011년 12월 아시아계 여성 출신으로서 세계 최고의 명문대학인 하버드대학교 법과대학의 종신교수로 임명된 석지영(미국 이름: 석지니, 39세) 씨의 인터뷰 중 일부이다.

법을 공부하는 게 너무나 좋았다. 하버드대 법대를 다니기 시작한 첫날부터 난 법과 사랑에 빠졌다. 난 내가 법을 공부하는 것을 그렇게 좋아하게 될 줄 전혀 몰랐다. 사람이 살아가면서 좋아하는 일을 찾아내 그 일을 할 수 있다는 것이 쉽지 않다는 점에서 나는 정말 행운아였다.

법대에서 종신교수직을 받으려면 판사나 변호사 또는 검사의 실전 경험을 쌓은 뒤 100명이 넘는 교수들의 투표와 투표자의 3분의 2 이상의 찬성을 얻어야 한다. 석 교수는 만장일치로 이를 통과하였다.

"하버드대 교수가 되는 것이 학생이 되는 것보다 훨씬 쉬웠다. 지금 내가 하버드의 법대생이 아닌 것이 얼마나 행복한지 모른다."라는 그녀의 말은 바로 법대에서의 공부가 얼마나 혹독하고 어려웠는지를, 또 한편으로 학교에서 공부를 얼마나 힘들고 벅차게 시키는지를 반증하는 증거의 표현이 된다. 그런 가혹한 시련들을 극복해내며 세

---

1) 『조선일보』, 2011년 10월 6일자, 「잡스, iSad」 참조.

계 최고의 명문대학에서 종신교수로 우뚝 설 수 있었던 것은 오로지 그가 사랑하는 일 하나에 최선을 다했기 때문이었다.

다음의 석 교수의 표현은 그녀의 각오와 계획들, 그리고 겸허한 마음까지도 엿보게 해주는 언급임을 짐작케 한다.

이제 내 인생의 또 한 번의 전환점을 돌았다. (다음 목표는) 앞으로 훌륭한 교수가 되는 것이다.

2. 철학사상: 데카르트와 함께

프랑스의 대철학자이며 근세철학의 아버지라 일컬어지는 데카르트(René Descartes, 1596~1650)는 스콜라적 교육을 받았지만 수학과 자연학 탐구를 무엇보다 좋아하였다. 그런 이유 때문에 특별히 수학적 방법론에 입각한 '가장 확실하면서도 가장 명증적인 인식으로서의 진리의 학문'을 확립함에 있어 최선을 다하였다. 그 결과, 의심의 의심을, 회의의 회의를 거쳐 더 이상 의심할 수 없는 명제를 수립하였으니 그것이 바로 "나는 생각한다. 그러므로 나는 존재한다(Cogito, ergo sum)."라는 '명언'이었다.

나는 수학을 특별히 사랑하였는데 이것은 추리의 확실함과 명증성 때문이었다.

그러나 나는 아직 그 참된 용도를 전혀 깨닫지 못하고 있었다. 그리고 그것이 기계적 기술에만 응용되고 있음을 생각하고서 그 기초가 아주 확고하고 견실한데도 불구하고 아무도 그 위에다가 더 높은 건물을 세우지 않는 것을 이상하게 여겼다.[2)]

2) 데카르트, 최명관 옮김, 『방법서설 / 성찰』, 서울: 서광사, 1983, p.13.

데카르트적인 사유의 전개 방식에 있어서 그 근원적 뿌리는 처음 수학에 대한 애정과 열정으로부터 비롯되었다. 즉, 수학에 대한 무한한 사랑과 계속적인 관심으로부터였다고 말할 수 있다. 그러므로 수학은 데카르트에게 있어 원천적 사유의 바탕이 됨과 동시에 문제 해결의 당연한 열쇠가 되었음은 자연스러운 일이다.

데카르트에게 있어 수학의 영역은 오류의 가능성을 막아주고, 지적 명증성을 확립케 해주며, 나아가 사유 활동에서 존중받은 가장 단순하면서도 확실한 개념의 질서를 확립케 해준다. 또한 불확실한 감각으로부터가 아니라 오성(悟性)에 근거한 지식의 인식작용으로부터 얻어지는 확실성을 추구케 하는 바탕이 되기도 한다.

데카르트의 수학에 대한 강렬한 열정은 말할 나위도 없이 수학적인 방법을 우주의 과학의 문제 해결에 적용시키고자 하는 목적에까지 이어졌다. 또 자신의 물리학의 연구에 있어 어떤 실험도구에 의거하기보다는 수학적으로 문제를 해결하도록 이끌었다.

데카르트는 새로운 형이상학의 주춧돌로서 '꼬지토(Cogito: 생각하다)'의 철학을 창안하였다. 그런 방법론의 창안은 능히 새로운 형이상학의 수립을 이끌게 하는 기초와 열매를 만들어주는 과학이 되었다.

데카르트의 사고 과정 안에서 다뤄지는 인간의 정신은 불가 오류적이 될 수밖에 없다. 왜냐하면 지적인 명증의 상태에서 인간이 오류를 범한다는 것은 있을 수 없기 때문이다. 예컨대, 데카르트에 따르면, 인간이 명석판명한 직관의 속성들을 충실히 존중하고 필연적인 연역의 법칙을 파괴하지 않는다면 인간의 사고 안에서 오류를 범할 수 있는 여지는 거의 발생하지 않게 된다.

데카르트에 따르면 수학에 입각한 '직관'과 '연역'의 방법론적 특징은 명증성이 그 밑거름이 된다는 데에 있다. 이를테면, 데카르트의 학문을 하나의 나무로 가정한다면 그 나무의 뿌리는 형이상학, 줄기는 수학, 그리고 가지는 물리학, 의학, 기계학, 윤리학 등으로 구분해 볼 수 있다. 데카르트의 형이상학은 물리학과 수학의 근거에 대한 탐구이며, 궁극적으로는 모든 실천과학의 응용을 뒷받침하는 바탕이 된다. 그러므로 이런 관점과 논리에 의거하여 데카르트는 모든 과학들의 보편성을 고찰할 때 진리는 하나일 수밖에 없다고 결론을 내린다.

데카르트의 철학정신은 무엇보다도 '보편수학(mathematica universalis)'의 응용이다. 그에 따르면 수학이야말로 과학과 모든 학문에 적용시킬 수 있는 유일하고 완전한 형태이며, 따라서 수학적인 것이 아닌 학문은 아무것도 없다. 나아가 수학은 우주적 실재의 모든 영역에 그 응용이 가능하다. 그 이유는 우주는 양의 질서에 속하기 때문이고, 여기에서 추론되는 결과적 이론 체계들은 후천적 경험에 속하는 것으로 간주된다.

이런 사상체계가 서양철학의 역사 안에서 데카르트로 하여금 합리주의의 시조가 되게 하는 기틀을 제공하였다. 결국, 데카르트의 근원적 철학정신의 바탕은 다름 아닌 수학에 대한 열정과 사랑이 그 시발점이 되었음은 말할 나위 없다.

3. 신앙과의 관계 안에서

이스라엘아, 들어라! 너희는 마음을 다하고 목숨을 다하고 힘을 다하여 주 너희 하느님을 사랑해야 한다. 오늘 내가 너희에게 명령하는 이 말을 마음에 새겨두어라. (신명 6:4~6)

아버지께서 나를 사랑하신 것처럼 나도 너희를 사랑하였다. 너희는 내 사랑 안에 머물러라. 내가 내 아버지의 계명을 지켜 그분의 사

랑 안에 머무르는 것처럼, 너희도 내 계명을 지키면 내 사랑 안에 머무를 것이다. (요한 15:9~10)

위의 성경 구절에서 보듯 하느님께 대한 믿음은 무엇보다 하느님에 대한 순수한 사랑과 그분께서 우리에게 명한 계명의 준수로부터 시작된다. 그러면 왜 신앙인은 하느님을 이토록 온전히 믿고 사랑해야 하는 것일까?

신앙 안에서 믿음이란 하느님께 대한 전적인 신뢰와 절대적인 의탁으로부터 비롯되기 때문이다. 곧, 믿음이란 하느님께 내 모든 것을 내맡기는 것이다. 스웨덴의 유명한 종교 지도자 스벤 스톨프는 "믿음이란 까마득하게 높은 사다리 꼭대기에 올라가 있을 때 밑에서 '뛰어내려! 내가 잡아줄 테니!' 하는 소리를 듣고 추호의 의심도 없이 바로 뛰어내리는 것이다."라고 말하고 있다. 또한 믿음은 하느님께서 우리에게 명한 계명을 마음속 깊이 되새겨 꼭 행동으로 실천할 수 있도록 힘써야 하는 것이다.

그러므로 신앙은 하느님의 뜻이 실현되기를 바라는 간절한 소망이자 기도이기도 하다. 신앙은 하느님의 말씀에 대한 현실적 실천임과 동시에 있는 힘을 다해 그분을 사랑하는 것이다.

◆ ◆ ◆

'명석판명의 인식'의 확립을 위해 온갖 심혈을 기울인 데카르트의 열정과 노력을 신앙적인 삶에도 적용시켜볼 수 있다. 마치 데카르트가 명석판명한 진리를 얻기 위해 최선의 열정과 사랑을 불태웠던 것처럼 그와 같은 방법론은 신앙 안에도 적용될 수 있다. 곧, 하느님을 향한 사유와 성찰은 믿음을 더욱 깊게 하는 방법론이자 바탕이 될 수 있다. 믿음의 근원이 되는 절대자를 찾아가는 과정에 있어 끊임없이 노력하고 끊임없이 탐구해나가고자 하는 정신과 결단은 하나님을 사랑하는 필수적 조건이 될 수 있다는 뜻이다.

"사람의 아들을 누구라고들 하느냐?"라는 예수 그리스도의 질문에 베드로가 예수님께 답한 것처럼, 신앙인에게 있어 너무나도 명백하고 확실한 진리란 "스승님께서는 살아 계신 하느님의 아드님 그리스도이십니다."(마태 16:16)라는 신앙 고백이다. 또한 이 신앙 고백은 삶으로 분명하게 드러날 수 있어야 살아 있는 믿음으로서의 가치를 지닐 수 있다.

신성과 인성을 함께 지녔던 예수 그리스도는 "의로우신 아버지, 세상은 아버지를 알지 못하였지만 저는 아버지를 알고 있었습니다. 그들도 아버지께서 저를 보내셨다는 것을 알게 되었습니다."(요한 17:25)라고 말씀하신다. 이는 창조주 하느님께 대한 가장 깊고, 가장 간절하며, 가장 친밀한 사랑의 마음을 표현한 것이다. 궁극적으로 신앙 안에서 '하느님께 대한 사랑'은 곧 '하느님께 대한 믿음'과 자연스럽게 직결되며, 예수 그리스도가 우리에게 명령한 사랑의 실천과도 긴밀히 연결된다.

4. 살며 사랑하며

우리에게 딱 한 번 주어진 삶을 살아가는 동안 그 여정은 절대로 녹록지 않을 것이다. 그것은 우리 앞에 닥쳐올 무수한 시련의 넝쿨들을 헤치고 또 헤쳐나가야 하는 희로애락의 과정이 될 것이 분명하기 때문이다. 어쩌면 그 과정 중에 우리는 수없이 넘어졌다 일어나기를 반복해야 할지도 모른다. 이때 검푸른 밤바다를 비춰주는 등대와 같은 한 줄기 빛이 우리와 함께 동행할 수 있다면 얼마나 큰 힘이 될까.

그렇게 될 수만 있다면 우리 인생은 더욱 가치 있고 의미 있게 가꾸어질 수 있다. 이와 더불어 밤하늘의 별처럼 속삭여주는 친구와 같은 그 무엇이 함께해줄 수 있다면 우리의 길은 훨씬 덜 외롭고 덜 힘들 것임도 틀림없다.

◆ ◆ ◆

오래전 학생들의 석사학위 논문을 심사하고 점심 식사를 기다리는 사이 학교 은행나무 길을 산책하면서 나 역시도 파리 유학 시절 학위 논문 심사 때의 기억이 문득 떠올라 살포시 웃음을 머금었다.

프랑스 파리 제4대학에서 현대철학 박사학위 과정을 준비할 때였다. 누구나 그렇듯 도서관을 들락날락거리며 자료를 수없이 찾았고, 가끔은 밤을 새우기도 하면서 나름대로 열심히 논문을 준비하였다. 이 정도면 되었겠지 하는 생각으로 상당 분량의 논문을 들고 피에르 부땅(Pierre Boutang) 지도교수님을 찾았다. 부땅 교수님은 논문을 받아 들고 강의실의 앞쪽 왼편에 위치한 당신 집무실로 들어갔다. 난 집무실 밖 의자에 앉아 기다리고 있었다. 시간이 얼마 지난 후 집무실에서 나온 교수님은 표정부터가 밝지 않았다. 교수님은 강의실 책상 위로 논문을 던지다시피 내려놓으며 화난 목소리로 말씀하셨다. "무슨 놈의 글이 도대체 말이 되질 않아요. 읽을 수가 없어요! 어디 가서 나한테 논문 지도를 받는다는 말은 하지 않았으면 좋겠어요!" 일순간 감정을 억제하지 못하고 터져버린 교수님의 말과 행동은 내 논문의 내용이 아주 많이 부족하다는 극명한 표현이기도 하였다. 난 너무나 당황했고 쥐구멍이라도 있으면 당장 숨고 싶었다. 그런 가운데서도 나는 다시 열심히 노력하겠다는 말씀을 드리고, 논문을 주섬주섬 모아들고 어떻게 나왔는지도 모르게 강의실을 빠져나왔다. 실로 난감하고 하늘이 무너지는 것만 같았다. 앞으로 무엇을 어떻게 해 나가야 한단 말인가….

논문을 잘 완성시켜 끝맺음을 잘해야 하는 것은 유학생 모두의 자명한 의무이기도 하지만, 유학을 온 목적의 전부이기도 하다. 고민과 숙고 끝에 나는 파리를 떠나기로 결심했다. 여러 곳을 물색한 끝에 내가 찾은 곳은 파리에서 80킬로미터 정도 거리에 위치한 레퐁텐의 한 수도원이었다. 나무가 울창한 숲속의 그곳은 너무나도 아름다웠다. 작은 호수의 물결은 파란 하늘의 청명함 그 자체였다. 이런 자연 풍경과 함께 그지없이 고요하고 깨끗한 곳이기도 하였다. 그곳에 머무르는 사람들은 주로 나와 같은 처지의 사람들이 많았다. 그리고 심신의 휴식을 취하기 위해, 또는 삶의 재충전을 위해 찾아온 사람들이 대부분이었다.

나는 그곳에서 오로지 한 가지에만 열중하였다. 논문을 읽어보고, 수정하고, 완성하는 일…. 그러는 사이에 1년이 훌쩍 지나갔다. 이곳의 왕고참으로 여기에서 일하는 직원들과 안면을 트며 친해졌고, 또 이곳의 모든 것에 익숙해질 무렵 나는 짐을 싸야 했고, 아쉬움과 미련을 남긴 채 레퐁텐과 작별을 나누어야 했다.

파리로 돌아온 나는 새로 타이핑한 논문을 들고 두렵고 떨리는 마음으로 약속된 시간에 교수님을 찾아갔다. 교수님께서는 반갑게 맞아주셨고, 곧바로 자리에 앉자마자 처음부터 논문을 세심히 읽어나갔다. 잠시 후 온화한 얼굴로 말씀하셨다. “이제야 좀 말이 되는군. 읽을 만해요! 전보다 비교할 바 없이 나아졌어요.”

6개월 후 나는 논문 심사 마지막 시험을 볼 수 있었다. 시험을 치른 후, 파리에 온 이래 처음으로 고개를 들어 하늘을 바라볼 수 있었다. 바람에 흔들리는 마로니에 나무들과 나뭇잎들 사이로 맑고 파란 하늘이 눈에 들어왔다. 흔들리는 잎들 사이로 현란하게 비치는 하얀

깃털 모양의 아름다운 구름들도 눈에 들어왔다. 서로가 어우러지며 연출하는 그 광경은 가슴이 저리도록 아름다웠다.

과연 학문이란 무엇일까? 논문을 쓰는 동안 수없이 자신에게 던져 보았던 물음이었다. 동시에 밀려오던 삶에 대한 여러 고민들과 또 어떻게 살아야 하는가에 대한 문제들…, 그리고 그 생각들 사이의 괴리감으로부터 비롯되는 회의감과 좌절 때문에 갈등하고 방황했던 시간들…. 그러나 그 속에서 한편으로 나는 내가 가는 길을 너무나 사랑하고 있다는 사실도 함께 깨닫게 되었다. 왜냐하면 내게 주어진 이 길을 끝까지 걸어가야 하리라 다짐했던 맨 처음의 결심이 선연히 떠오르며 행복감에 젖어들 수 있었기 때문이다.

몇 십 년이 지난 지금도 난 이러한 질문들 앞에 마주 서면 큰 소리로 당당한 답변을 하지 못한다. 하지만 하이데거의 말처럼 인생 자체가 어차피 물음으로 시작해 물음으로 끝날 수밖에 없는 것이니 앞으로도 계속 물어나갈 수밖에 없을 것이다. 그러니까 물음은 그것 자체로 이미 삶의 답이자 삶의 의미이기도 하다. 그 물음들은 사랑과 열정의 인생을 추구하고자 하는 우리 자신의 또 다른 모습일 수도 있지 않을까? 그러니 고뇌하는 만큼 우리는 살아 있는 것이고, 또 사랑하고 있는 것이라 해도 틀린 말은 아닐 것이다.

◆ ◆ ◆

장영희 교수는 『어떻게 사랑할 것인가』에서 '짝사랑'에 대해 다음과 같이 말하고 있는데, 그 내용을 음미해보면 좋을 것 같다.

> 우리 삶의 다른 모든 일처럼 사랑도 연습이 필요합니다. 그리고 짝사랑이야말로 사랑 연습의 으뜸입니다. 꼭 짝사랑을 해보십시오.

학문도 외롭고 고달픈 짝사랑의 길입니다. 안타깝게 두드리고 때에 쳐도 대답 없는 벽 앞에서 끝없이 좌절하지만, 그래도 포기하지 않고 끝까지 짝사랑하는 자만이 마침내 그 벽을 허물고 좀 더 넓은 세계로 나가는 승리자가 될 수 있는 것입니다.[3)]

◆ ◆ ◆

이왕지사 우리에게 주어진 삶 안에서 '사랑'을 빛으로 삼고, '사랑'을 친구로 삼아보면 어떨까.

'사랑'의 실체를 어떤 말이나 글, 또는 생각으로 풀어나간다는 것은 참으로 조심스러우면서도 어려운 일이 아닐 수 없다. 그토록 생동감 넘치고, 다채롭고, 정형화할 수 없는 '사랑'의 참모습을 어떤 틀 속에 넣어 이런저런 모양으로 고정시켜버림은 '사랑'에게 큰 과오를 저지르는 것이 될지도 모른다. 모름지기 '사랑'이란 살아서 움직이는 '하나의 생명체'이기 때문이다.

삶 속에서 사랑의 생명력은 너무나 크고 아름답고 강인할 뿐 아니라, 또 그토록 신비스러워 우리의 삶에 살아 숨 쉬는 희망과 꿈과 기쁨을 선사한다. 사랑의 생명력은 너무나 위대하여 불가능을 가능케 하고 기적을 일으키기도 한다. 여기에서 말하는 기적이란 신비하고 몽환적인 것이 아니라 우리가 현실 안에서 이루어낼 수 있는 사랑의 열매이고 결정체인 것을 의미한다.

기나긴 인생의 여정 안에서 '사랑'과 함께 동행할 것을 약속해보면 어떨까. 삶 속에서 사랑을 잃어버리지 말고, 사랑을 잊지 말고, 사랑을 지나치지 말고, 사랑을 위해 살아보는 것은 어떨지….

---

3) 장영희, 『어떻게 사랑할 것인가』, 서울: 예담, 2012, p.109.

2.

한스와 변식에 대한 기억

레비나스와 함께

1. 삶이 내게 말을 거는 순간

찬비가 이리저리 세차게 휘몰아치던 어느 날 늦은 저녁 시간, 한스는 겉옷으로 몸을 단단히 감싸고 잔뜩 움츠린 채 정류장에서 집으로 향하는 버스를 기다리고 있었다.

이내 버스가 왔고 연로한 한 여인이 내렸다. 그녀는 집으로 돌아가지 않고 한스가 서 있는 버스 정류장으로 다시 걸어왔다. 짧은 시간이 흐르고, 초면임에도 불구하고 그녀가 먼저 말을 걸어왔다.

"몹시 험악한 밤이지요? 안 그래요? 어찌 됐든 버스는 또 오겠지요."

한스는 대답 겸 그녀에게 "그럼 어디로 가는 길이신데요?"라고 물으며 말을 건넸다.

그녀의 대답을 듣고 한스는 깜짝 놀라 소리쳤다. "아까 할머니께서 내린 버스가 바로 그 방향으로 가는 중이었는데…, 그런데 왜 내리셨어요?" 말이 부족하다 싶었는지 곧바로 설명이 이어졌다. "아니, 제 말뜻은 왜 목적지까지 가지 않고 중도에 내리셨냐는 거예요."

여인은 순간 머뭇거렸다. 그리고 난처한 듯 말했다.

"뭐랄까…, 다리를 심하게 저는 젊은이가 버스에 올라타고 있었지. 그런데 어떤 사람도 그 청년에게 자리를 양보하는 이가 없었다오. 그렇다고 나 같은 늙은이가 자리를 양보하면 젊은이가 오히려 미안해하며 거절할 것 같았고…. 그래서 난 젊은이가 내 곁으로 다가왔을 때 다 온 것처럼 벨을 누르고 일어났다오. 덕분에 그 젊은이는 내 자리에 앉으면서도 미안해하거나 눈치를 보지 않았어요. 정말이지 난 그렇게밖에는 자리를 양보할 수 있는 다른 방법이 없었어요. 버스야 또 올 거잖아요? 그러니 다음 걸로 타면 되지 않겠어요?"

한스는 갑자기 가슴 깊은 곳에서 울컥하는 충동이 일었다. 그는 어둠과 비 때문에 식별이 어려운 상황 속에서도 그녀를 더 잘 기억해두고 싶어 가까이 다가갔고, 다시 한 번 그녀의 얼굴을 자세히 바라보았다.

2. 철학사상: 레비나스와 함께

프랑스의 유대계 사상가 레비나스(Emmanuel Levinas, 1906~1995)[4]는 리투아니아의 카우나스에서 태어났고 1995년 12월 25일 성탄절에 프랑스 파리에서 생을 마감하였다.

---

4) 레비나스는 리투아니아의 코우소에서 서점을 운영하던 유대인 출신의 예힐 레비나스(Yehiel Levinas)와 그의 부인 드보라 구르비치의 세 아들 중 장남으로 태어났다. (그의 부모와 두 동생 보리스와 아미나답은 제2차 세계대전 중 나치에 의해 살해되었다.) 당시

『나와 너』의 저자인 독일의 신학자 본회퍼는 그의 죽음을 기리면서 "타인을 위한 존재로 오신 예수 그리스도의 탄생을 기념하는 뜻 깊은 날, 타인을 위한 존재임을 증언하는 일에 철학적 소명을 다 바친 레비나스가 세상을 떠났다."라고 소회를 밝혔다.

프랑스의 일간신문 『해방(*Libération*)』은 레비나스를 '네 가지 문화의 철학자'로 칭하고 있다. 첫째로, 유대인 가정에서 태어난 이유로 인하여 히브리어와 구약성서에 정통한 것, 러시아 언어권 안에 있었던 까닭에 러시아 문학에 조예가 깊었던 것, 1930년대 프랑스로 귀화하면서 프랑스 철학에 심취하게 되었던 것, 마지막으로 학업에 정진하면서 독일의 사상가 후설과 하이데거의 현상학, 그리고 실존철학 등에 정통케 되었던 것 등의 이유로 그렇게 평가된다.[5]

1919~1920년에 걸쳐 러시아 정권의 공산당 정부는 리투아니아에 살고 있는 유대인들의 시온주의 사상과 유대교에 대한 종교교육 등을 일체 금지시켰다. 이러한 정책은 많은 유대인들로 하여금 리투아니아를 떠나게 만든 가장 큰 원인이 되었다.

레비나스도 이때 가족을 떠나 1923년 프랑스 스트라스부르로 이주하게 되었고, 이곳에서 라틴어와 프랑스어를 배우며, 이어서 철학

레비나스가 태어나 어린 시절을 보냈던 리투아니아와 인접국가 벨로루시의 유대인들은 절대 다수가 탈무드 연구를 토대로 한 이성적인 유대교를 믿었다. 당시 리투아니아는 모국어로 러시아어를 사용하였다. 그러나 가정 안에서는 부모들의 개별적인 가르침 아래 히브리어를 배우며 히브리어 성경을 봉독하였다. 그러므로 레비나스의 경우, 6살 때부터 히브리어를 배우게 되었다. 자라면서 러시아 언어의 톨스토이, 도스토예프스키, 푸슈킨 등에 심취케 되었다. 후일 레비나스의 회고에 따르면 성경 읽기와 문학작품 읽기는 자신을 철학적 사유 안으로 이끌어준 근본적인 바탕이 되었다. 강영안, 『타인의 얼굴: 레비나스의 철학』, 서울: 문학과지성사, 2011, pp.19~29.

5) 위의 책, 같은 쪽.

공부를 본격적으로 시작하게 되었다. 또한 여기에서 레비나스는 소설가 겸 비평가였던 같은 유대인인 모리스 블랑쇼를 만나 친분을 쌓게 되었고, 이어 샤를 블롱델, 모리스 알바하, 모리스 프라딘느, 앙리 카트롱 등을 만나게 되면서 자신의 철학적 사유를 더욱 깊게 만들어 나갈 수 있었다. 이 시기에 대한 그의 느낌 한 가지를 음미해보자.

정말 대단했던 분들이었습니다! 풍성했던 그 시절, 내 생애에 전혀 실망해본 적이 없던 그 시절을 생각할 때마다 감탄이 절로 나옵니다. 그 네 분 선생님을 통해 저는 지적 고결함과 지성을 지닌 큰 덕과 프랑스 대학의 명료성과 우아함을 배울 수 있었습니다.

1930~1932년에는 프랑스 소르본대학에서 공부를 계속하면서 새로운 관념론을 주장하고 있는 레옹 브륀스빅의 지도를 받기도 하였다. 브륀스빅 교수도 유대인이다. 이때 실존주의 철학자 장 발(Jean Wahl)과 가브리엘 마르셀과의 만남도 이루어졌다. 장 발은 레비나스가 1961년 『전체성과 무한(*Totalité et Infini*)』이란 주제로 박사학위를 받게 될 때 논문 심사의 지도교수이기도 하다.[6]

레비나스는 40세가 되던 해인 1946년부터 동방이스라엘 사범학교 교장으로 11년간 직무를 수행하였고, 1957년부터는 파리에 거주하는 유대 지성인들에게 현자들의 작품을 중심으로 한 탈무드를 강의하기도 하였다.

1963년에 레비나스는 푸아티에대학의 교수로 임명된다. 이어 1967년 낭테르대학의 교수가 되었고, 마침내는 1973년 소르본대학 교수로 봉직하게 되었으며, 1976년 정년퇴임을 맞게 된다.

6) 위의 책, pp.25~29.「레비나스 철학의 배경」참조.

이 책에서는 레비나스의 여러 사상들 중에서 그의 윤리철학적 관점을 다루어볼 것이다. 레비나스의 윤리학적 관점은 그의 '레비나스의 윤리학' 안에 잘 나타나 있다. 그 외의 윤리학적 내용들도 그의 대표적 저술인 『전체성과 무한』, 그리고 『존재와는 다르게, 또는 본질의 저편에 있어』에 표현되어 있다.

레비나스의 철학적 뿌리는 그가 어려서부터 익혀왔던 히브리어 성경, 탈무드 안에 녹아 있는 유대교의 전통적 가치들과 사상적 가르침에 그 원천을 두고 있다. 그 밖의 그의 저서들 전반에 걸쳐서도 이런 점들이 잘 나타나고 있다.

레비나스의 윤리학은 '책임의 윤리학'이란 평가를 받고 있다. 이 주제가 의미하는 것은 나 자신과 타자와의 관계를 다루는 윤리학이란 뜻으로 해석될 수 있다.

레비나스의 윤리학은 상식과 원칙에 의거한 '책임은 자유에 근거한다'는 기본적 사고로부터 출발한다. 이것은 '나의 행위에 대한 나의 책임'의 의미이다. 곧, 행동을 한 주체는 바로 나이며 내가 한 행위는 나의 자유로운 의지의 선택에 의한 것이란 뜻이다.

레비나스의 책임의 개념은 자유의 바탕 위에 성립된다. 레비나스가 언급하는 '1인칭 관점의 책임'이란 내가 나의 삶을 짊어진다는 관점 안에서는 윤리적 의미가 부여되지 않는다. 책임의 개념에 있어 윤리적 의미는 상대방이 등장할 때, 곧 '책임'의 대상인 타인이 등장할 때 비로소 성립될 수 있다.

'상대방' 또는 '너'의 2인칭 관점의 책임의 개념은 사회적이며 제도 속에 확인되는 제삼자, 곧 '그 사람' 또는 '그들'이라고 하는 제삼자들의 책임에까지 확장된다. 동시에 이런 양상은 사회 안에서의 정의의 기초를 성립시킨다. 다시 말해 '타자' 또는 '타인'의 의미는 나와 마주한 '너' 또는 '당신'에게만 국한된 것이 아니다. 레비나스가 생각하는 타인 내지는 타자의 개념은 나와 직접 마주한 타인의 범위를 넘어서, 그 타인의 타인, 그리고 또다시 그 타인의 타인들 등 계속적으로 연결되는 수많은 타인들을 의미한다. 그 결과, 수많은 종류의 다양한 타인이 존재하게 된다. 다시 말해 지금 여기 내 옆에 현존하는 가까운 타인으로부터 시작해서 멀리 있는 타인, 부재한 타인, 미래에 있을 타인 등 '제삼자(le tiers)'의 타인들에 이르기까지 모든 타인들을 포함한다. 그런 이유로 제삼자들에 대한 책임은 세상 모든 사람들에 대한 보편적, 포괄적 책임의 의미를 갖게 한다.[7]

레비나스의 '책임의 윤리학'에 있어 단계적 책임의 과정을 다시 한 번 정리해본다면 다음과 같이 요약될 수 있다.

첫째는 기본적으로 자기 자신의 행복과 구원을 먼저 추구하고 만족한 삶을 얻고자 끊임없이 노력하는 '1인칭 주체의 성립'의 단계이다. 이는 자신의 목적을 실현시키고자 하는 과정의 단계로서 자기중심적 삶의 영역을 뜻한다. 둘째, 2인칭의 '책임'의 단계이다. 이것은 1단계의 내용의 바탕 위에 성립이 될 수 있다. 곧, 타인에 대한, 그리고 타인의 조건이 주어짐으로 말미암아 성립되는 책임의 단계이다. 그리고 셋째는 3인칭의 단계로서 타인이나 상대방의 관계를 넘어서서 사회 또는 국가와 같은, 보다 폭넓은 영역의 조직 속에서 주어지는 책임의 단계이다. 곧, 세상 모든 사람을 포함하는 만인의, 만인에 대한 책임의 차원이라 말할 수 있다.

레비나스의 책임 개념은 다른 한편으로는 '타율성'으로부터 출발하기도 한다. 그 타율성은 나의 자유, 나의 자발성과 나의 자율적 주도권으로부터 비롯되는 1인칭적 책임의 단계를 넘어선다. 이는 나 자신이 제2인칭, 제3인칭의 영역 안에 포함되면서 타인의 부름에 직면

---

7) 위의 책, pp.193~197. 「제3자의 책임」 참조.

하고, 그 부름에 응답하는, 곧 그 앞에 내가 세워짐으로 인해서 생겨나게 되는 책임의 단계로 들어감을 뜻한다. 이는 레비나스 윤리학의 근거가 된다.

레비나스에 의하면 '얼굴의 나타남'으로 이미 나는 내가 요구하지도, 또 참가하지도 않았지만 이미 '응답하는' 존재가 된다. 곧, 레비나스의 '얼굴의 나타남'의 개념은 '책임적인' 존재 이전에, 또는 나의 의식 이전에 나는 벌써 그 무엇에 합류하고 있음을 의미한다. 즉, '얼굴'의 표정은 나에게 책임을, 아니 좀 더 근원적으로 '응답할 수 있는 가능성'을, 그리고 '응답해야만 하는 의무'를 뜻한다.

레비나스의 주장에 따르면 '타인' 또는 '상대방'으로부터 비롯되는 책임은 타인을 위한 나의 책임으로서 스스로 수용해야 하며, 타인이 나를 부를 때 나는 그 부름에 언제나 기꺼이 응답할 수 있어야 한다. 레비나스는 이를 '타인에 의한 나의 일깨움'으로 표현하고 있다. 레비나스에 따르면 타인에 대한 관심과 수용은 자신의 마음의 문을 열고 타인을 환대하는 영접으로 드러나야 한다. 레비나스의 책임의 개념은 철저하게 내가 수동적인 존재로, 다시 말해 물질에 대한 수용성이나 인식으로서의 수용성보다 더 수동적이고 헌신적인 주체로서, "여기 제가 있습니다(Me voici)"라는 응답함의 의미이며, 자신을 온전히 내어놓는 봉사와 환대의 자세를 뜻한다. 이는 사심 없는 '줌(le donner)'이며, '자신을 희생함(un s'offrir)'이다. 또한 이는 타인의 고통에 동참하기 위해 자신을 완전히 비우는 자기승화의 차원으로 해석할 수도 있다.[8]

레비나스에 따르면 우리 모두는 예외 없이 '타인을 위한 존재'이며, 동시에 우리는 자신과 관계된 타인들에 대하여 무한책임을 져야

---

8) 위의 책, pp.182~191.

한다. 나아가 타인의 고통에 동참하면서 나의 부정, 나의 비움, 그리고 나의 사라짐을 기쁘게 감수할 수 있어야 하는 존재이다. 타인의 고통에 대하여 대속적 책임을 지는 주체가 되어야 한다는 것이다. 곧, 대속적 책임을 떠안는 '나'는 사명감을 갖고 '희생'과 '고통'을 당연히 인내할 수 있어야 한다. 레비나스의 표현에 의하면 의미 있는 고통과 희생이란 나의 입에 든 빵을 끄집어내어 타인을 돕는 것이고, 나의 금식을 통해 절약한 식량으로 타인을 돕는 것이다. 그러기 위해서는 내가 좋아하고, 내가 아끼며, 내가 보호하고자 하는 '나의 몸', '나의 살', '나의 마음'을 미련 없이 타인에게 내줄 수 있어야 한다. 레비나스의 주장에 따르면 이는 순수한 차원의 선의 목적에 입각하여 나 자신을 온전히 타자에게 내줌을 뜻한다.

레비나스의 경우, 윤리적 사건들이란 그의 표현 그대로 '타인의 얼굴의 출현'으로부터 시작된다. 레비나스의 표현인 '타인의 얼굴'이란 꾸밈없는 있는 그대로의 '벌거벗은 가운데 나타나는 얼굴'이다. 이는 '자기 자신에 대한 또 다른 표현'일 수 있고, '맥락이 없는 의미화'일 수 있으며, 또 '전체성의 깨뜨림'으로 이해할 수 있다.

전혀 만난 적도 없고 일면식도 없는 '타인'이란 어떤 의미에 있어 전적으로 나에게 '낯선 사람'일 수 있겠지만, 레비나스는 이런 말들의 상호 연관성을 현상학적으로 추론하고 조율한다. 곧, '타인'의 의미를 바로 알아듣기 위해서는 현상학의 이해가 선행되어야 한다. 다시 말해 사물의 현상학에 의거하여 주체의 활동과 맥락, 그리고 내상세계의 지평 안에서 서로의 관계가 어떻게 연결되어 있는가를 파악해야 한다. 후설은 이를 '벗겨냄(Entbergunt, devoilement)'이라고 표현한다.[9] 궁극적으로 레비나스의 '타인의 얼굴'이 갖는 외연적 의

9) 위의 책, 같은 쪽.

미는 일차적으로는 사람들에게 있어 자기중심적인 이기적 삶을 넘어서 타인에 대한 관심과 책임감을 갖는 것이고, 그 다음으로 타인과 함께, 타인을 위해 살아갈 수 있는 인간존재 본연의 모습으로 돌아감이다.

1976년 레비나스는 소르본대학의 한 특강에서 '타인'과 '타인의 얼굴'의 개념이 무슨 뜻인지 분명하게 드러내주고 있다.

> 배고픔을 통한 세속화(탈신격화)는 하느님에 관한 문제요, 하느님께 대한 물음이다. … 타인에게 귀를 기울이는 자, 타인을 향해 자신을 벗어버릴 수 있는 자는 배고픔의 물음과 기도에 앞선 기도에 응답하는 자이다. 따라서 배고픔 가운데서, 매우 비천한 차원으로부터의 초월이 점진적으로 나타나게 된다.[10)]

레비나스의 해석에 따르면, '배고픔'의 개념은 공간적 의미로 해석한다면 '바깥'과 구별되는 '비공간적 바깥'으로 나아갈 수 있는 수단의 의미를 함축한다. 곧 공간적 세상인 존재의 세계 저편, 곧 피안으로 건너가는, 존재의 세상과는 다른 초월적 차원으로 나아가는 통로가 된다는 의미이다.

결국 레비나스가 생각하는 책임이란 그의 표현 그대로 "자신에게서 출발하지만 자신임에도 불구하고, 타인을 위하여(pour l'autre, malgré soi, à partir de soi)" 대속의 자리에 우뚝 서는 것을 의미한다. 그러기 위해서는 자신의 경제적 풍요로움과 윤택한 삶의 추구에 앞서 타인의 고통에 대한 동참과 구제를 먼저 생각해야 한다. 그의 표현 그대로 "자신의 입에 들어가 있는 빵조차 빼내어 타인을 먹

10) 위의 책, pp.191~193.

일 수 있는 존재"가 될 수 있어야 한다.

여기에서 간과하지 말아야 할 가장 중요한 사실은 '누가 내 이웃인가?' '누가 고통 받는 존재인가?' 그리고 '누가 힘없는 사람이며 도움을 절실히 필요로 하고 있는가?'를 명확히 파악하고 판단할 수 있는 기준과 원리를 찾아내고 이에 대한 대책을 세우는 것이다. 그리고 이런 대책의 성립은 책임의 보편성과 포괄성 문제에 입각하여 공의와 평등, 비교와 측량, 조정과 조직 등의 공존 체제의 상호적 연관성을 고려하여 간구될 수 있다.

레비나스에 따르면 이런 상황으로 말미암아 '윤리'의 개념이 탄생된다.

> 동일자(나 중심의 존재 유지 노력)를 문제 삼는 작업, 곧 동일자의 자기중심적 자발성 안에서는 가능하지 않은 일들이 타인을 통해서는 일어나게 된다. 나의 자발성을 타인의 현존으로 문제 삼는 일을 우리는 윤리라 부른다.
>
> 나에게로, 즉 나의 생각과 소유로 환원할 수 없는 타자의 이방성은 나의 자발성을 문제 삼는 일이 되는 것이며, 곧 윤리로서 완성되게 된다.[11)]

레비나스의 윤리학과 타자의 개념에 대한 사고의 형성은 그의 어렸을 때의 성장 과정, 환경 조건들, 종교적 배경, 그리고 그가 만난 다양한 사람들과의 친교의 관계로부터 축적된 것임은 말할 것도 없다. 특별히 그가 유년기에 접하게 된 유대교 신앙과 탈무드의 전통 교리는 그에게 가장 지대한 영향을 미쳤고, 이와 동시에 성경과 탈무

11) 위의 책, pp.181~182. 레비나스의 『전체성과 무한』에서 발췌한 글이다.

드가 그의 철학적 사유의 근원적 원천이 되었음도 자명한 사실이다.

레비나스의 '책임의 윤리학' 안에서 언급하는 메시아관에 대한 내용은 타인의 개념과 밀접한 관련이 있다.

그의 메시아 사상은 한마디로 '고난 받는 종'의 개념으로부터 시작한다. 이는 타인에 대해 완전히 책임지는 존재의 의미이며, 나아가 타인의 잘못과 고통까지도 자신이 대신 짊어지는 대속자로서의 의미를 지닌다. 타인을 위해 무거운 짐을 대신 짊어지는 존재, 또 타인을 위한 볼모가 되어주는 존재가 바로 레비나스에게는 '고난 받는 종'으로서의 '메시아'인 것이다. 레비나스의 메시아는 밖에서 올 수 있는 존재가 아니라 우리 각자 '나 자신(moi-même)'의 내부로부터 생성되는 존재이어야 한다.

레비나스의 주장에 따르면 나의 본래의 '참모습'이 메시아이다. 내가 메시아가 되고 메시아가 내가 될 수 있는 것이다. 결과적으로 레비나스의 메시아란 과거와 미래에 입각한 특정 인물로서의 메시아가 아닌 현 세계 안에서 '세상의 죄와 고통을 짊어지고 가는 고난 받는 종'의 모습이다. 그리고 '고난 받는 종'은 현실세계 안에서 보편적 책임의 인간존재와 그 의미가 상통한다.[12]

레비나스의 경우, 문화적이든 철학적이든, 또 경제적이든 정치적이든 모든 문제의 영역 안에 있어 그 출발점은 언제나 윤리학적 문제로부터 비롯된다. 다시 말해 윤리학의 관점을 통해 존재와 세계, 신의 문제, 인간 자유의 문제, 인식론과 존재론의 문제, 그리고 예술의 문제에까지 뻗어나가고 있기 때문이다.[13]

그러므로 레비나스의 사상이 '타자의 철학'이 되고, 나아가 제일철

---

12) 위의 책, pp.253~254.

13) 위의 책, pp.251~253.

학으로서의 윤리학이 될 수 있었던 근본적 이유가 여기에 있다.

3. 신앙과의 관계 안에서

율법학자 한 사람이 예수님께 물었다.

"스승님, 율법에서 가장 큰 계명은 무엇입니까?"

예수님께서 그에게 말씀하셨다.

"네 마음을 다하고 네 목숨을 다하고 네 정신을 다하여 주 너의 하느님을 사랑해야 한다. 이것이 가장 크고 첫째가는 계명이다. 둘째도 이와 같다. 네 이웃을 너 자신처럼 사랑해야 한다는 것이다. 온 율법과 예언서의 정신이 이 두 계명에 달려 있다." (마태 22: 36~40)

'마음을 다하고 생각을 다하고 힘을 다하여 그분을 사랑하는 것' 과 '이웃을 자기 자신처럼 사랑하는 것' 이 모든 번제물과 희생제물보다 낫습니다. (마르 12:33)

위의 성경 내용을 보면 율법학자가 자신들의 삶 속에서 가장 문제가 되고 궁금했던 점을 예수님께 묻는 것으로 시작한다. "스승님! 율법 중에서 가장 큰 계명은 무엇입니까?"라고.

율법학자가 이런 질문을 던진 데에는 그만한 이유와 목적이 있었다. 이 경우의 율법학사의 실문은 늘 예수님을 시험하여 어떤 함정에 빠뜨리고자 했던 다른 때와는 달리 당시 유대 사회에서 가장 중요하면서도 골칫거리였던, 그러면서도 어쩔 수 없이 해결하지 않으면 안 되었던 율법 상의 문제에 대하여 겸손하면서도 신중하게 예수님의 생각과 판단을 들어보고자 했다는 점이다.

당시 유대인들의 생활은 그들 생활 전체가 종교적 삶이었다. 그들이 삶 안에서 지켜야 하는 율법은 원칙적으로 부정적 금지 명령 365개 항목과 긍정적 규정 명령 248개 항목 등 총 613개 조항의 율법 규정이 있었다. 그 외에도 수많은 성문법적, 또는 부수적인 구전적 규정 조항들이 있었다. 유대인들의 생활은 이렇게 많은 법조항을 지켜나가느라 무척이나 복잡했고 고단할 수밖에 없었다. 그런 가운데서도 그들의 가장 큰 고민거리는 언제나 어떤 계명이 가장 크고 중요한 것인가 하는 것이었고, 이에 대한 논쟁 또한 끊일 날이 없었다. 그런 까닭에 율법학자들은 수많은 율법 조항들 가운데 어떤 것이 보다 중하고 큰 것인가 순서별로 짜임새 있게 정리, 구분하거나 배열할 필요가 있었다. 그리하여 마침내 예수님께 진지하게 질문을 하게 됨으로써 그들이 간절히 원했던 합당한 해답을 얻고자 했던 것이다.

위의 성경의 말씀 중 앞 단락의 예수님의 답변은 모든 율법의 궁극적 결론을 간략히 요약한 것으로 이해할 수 있다. 두 번째 단락의 마르코복음 12장의 말씀은 율법학자의 응답으로서 레위기 19장 18절과 신명기 6장 5절의 구절을 인용하여 하느님 사랑과 이웃 사랑은 분리된 둘이 아니라 통틀어 한 계명으로 볼 수 있음을 표현하고 있다.

예수님의 말씀의 또 다른 의미는 율법의 세부적 조항들에 얽매여 율법 제정의 참 목적을 잊지 말아야 할 것과 한편으로는 율법주의자들의 맹점과 허상도 함께 명확히 지적코자 하였다는 것을 염두에 둘 필요가 있다.

성경 안에서 '하느님 사랑'과 '이웃 사랑'이 구분되어 언급되기는 하였지만 이 둘은 불가분의 관계인 까닭으로 한 계명으로 보아도 무방하다. 곧, 하느님을 향한 사랑은 이웃 사랑으로부터 시작될 수 있는 것이기에 하느님 사랑은 다름 아닌 이웃 사랑의 근원적 동력이 될 수 있다는 뜻이다. 예를 들어 예수님께서 "보잘것없는 사람 하나를 사랑한 것이 바로 나를 사랑한 것이다."라고 말씀하신 내용과 그 의미가 상통한다.

이는 레비나스의 타인의 고통에 대한 동참과 구제의 내용과 매우 닮아 있다. 그리고 레비나스의 메시아관이 원천적으로 '고난 받는 종'의 모습으로부터 시작되었음도 유추해볼 수 있다.

하느님 사랑은 무엇보다 예수님께서 우리에게 주신 본질적 계명으로서 가장 중요한 것이다. 둘째 계명인 이웃 사랑의 실천도 첫째 계명 못지않게 중요하다. 곧, 하느님께 대한 사랑은 동전의 다른 한 면과 같이 언제나 이웃에 대한 사랑을 통해서 완성될 수 있음을 잊어서는 안 된다.

사도 요한은 "눈에 보이는 형제를 사랑하지 않는 자가 어떻게 보이지 않는 하느님을 사랑할 수 있습니까?"라고 말하고 있다. 사도 바오로의 경우, "모든 율법은 네 이웃을 네 몸같이 사랑하라 하신 이 한마디 말씀으로 요약된다."고 말하고 있다. 어떤 경우에 있어서든지 이웃에 대한 사랑의 실천이 없이는 절대로 하느님께 대한 사랑으로 나아갈 수 없다.

앞에서 레비나스가 '책임의 윤리학' 안에서 언급하고 강조한 것과 똑같이 예수님께서는 무엇보다 공동체의 삶 안에서 우리 모두는 나와 늘 마주치는 타인과 '타인의 얼굴'을 먼저 깊이 바라볼 수 있어야 한다는 것을 일깨워주고 계신다. 나아가 나와 타자의 관계가 어떻게 이루어져 있고, 또 그 관계를 어떻게 발전시켜나가야 할 것인지 그 방법을 제시해주고 계신다. 그러므로 윤리학적 관점 안에서 레비나스의 책임의 윤리학의 본질과 예수님의 가르침의 목적은 크게 다르지 않음을 파악할 수 있다.

4. 살며 사랑하며

내가 몇 년 전에 살았던 한 시골에는 사람들이 '변식이'라고 부르는 '한 학생'이 있다. '한 학생'이라고 부르는 이유는 사실은 그에게 적합한 호칭이 마땅치 않아서이다. 말하자면 변식이의 육체는 성장을 계속해서 50세쯤 되는 어른의 모습을 하고 있으나 어렸을 때 머리를 크게 다쳐서 지능이 많이 떨어지고 정신연령은 사고 당시의 초등학교 1학년 안팎의 수준에 그대로 머물러 있기 때문이다.

변식이는 인사성이 밝다. 언제나 항상 환하게 웃는 얼굴이다. 그가 찡그리거나 화내는 것을 본 적이 없다. 누구를 만나든 먼저 손을 내미는 것이 신기하고 너무 재미있다. 또 알고 있는 사람이 옆에 있으면 "여기 내 친구야, 내 친구!"라고 하면서 누구한테든지 인사를 시킨다. 그 상황에 어쩔 수 없이 인사를 하지 않을 도리가 없다. 기가 막혀 웃음이 터져버릴 때도 있다. 그런 행동은 주위에 웃음과 기쁨을 선사해주기도 하고 서로에게 관심을 갖게 만들어주기도 한다.

변식이의 얼굴에는 그늘이 없다. 언제나 성격은 긍정적이고 낙천적이다. 내일을 걱정하는 법이 없다. 그는 툭하면 시내에 나가곤 했는데 신기할 정도로 모든 사람들이 그를 반겨준다. 무조건 먼저 웃는 얼굴로 인사를 하고 먼저 손을 내밀기 때문이다. 상대방 역시 변식이의 안부를 물으면서 살갑게 답례해준다. 이따금씩 어떤 분들은 간식거리를 챙겨주기도 한다. 어쩌다 그가 아파서 병원을 가게 되면 의사 선생님조차 이미 그를 잘 알기에 무료로 치료해주고 주사도 놓아주면서 약까지 챙겨준다. 그러면 그는 이에 보답이라도 하듯 병원 로비의 쓰레기통을 비우고 청소도 한다. 물론 청소를 잘한다는 뜻은 아니다. 다름 아닌 그의 착한 본성이 언제 어디서든지 그렇게 한결같이 드러나는 것이 기특할 뿐이다. 그는 이 지역의 '유명인사'였다.

내가 변식이를 처음 만난 것은 7년 전 여름 무렵이었다. 그를 처음 성당에서 만났을 때 그의 곁에 사람들이 가까이 다가가 앉지 않았다. 금방 알게 되는 사실이지만 목욕을 잘 하지 않은데다가 옷을 오랫동안 세탁하지 않아 옆에 가면 냄새가 많이 났기 때문이다.

이것을 간파한 후 나는 나름대로 벼르던 중, 어느 날 하루 날을 잡았다. 그리고 그를 데리고 앙성 온천으로 목욕 나들이를 갔다. 온천에 도착해서는 아무것도 모르는 변식이를 내 옆에 가까이 붙여서 내가 시키는 대로 따라하게 했다.

우선 탕에 들어가기 전 겉옷과 내복을 벗어 옷장에 넣게 하였다. 다음으로 그의 양말은 내가 직접 벗겼다. 그 순간 무슨 빵가루 같은 것들이 바람에 날리듯 우수수 떨어졌다. 전부 때였다. 난 기겁을 하고 말았다. 발을 자세히 들여다보게 되면서 심장까지 쿵쿵 뛰었다. 열 개 발톱 중 성한 발톱이 하나도 없었다. 무좀균으로 인해 열 개 발톱이 모두 상하여 하얗게 변해 있었고, 또 두껍게 들떠 있었다. 발의 때는 마치 진흙이 말라붙어 있는 것처럼 덮여 있었다. 툭 건드리면 부서져 떨어질 것만 같았다. 손으로 떼어보니 우수수 떨어졌다. 발등 또한 새까만 때로 덮여 있었고, 혹시나 해서 올려다보니 아랫배도 똑같이 때가 까맣게 끼어 있었다. 급한 대로 우선 옷장 앞에서 바닥에 수건을 깔고 대충 발의 때를 덩어리째로 떼어냈다. 그 다음 곧바로 탕으로 끌고 들어가 몸을 불리고 다시 탕 밖으로 데리고 나와서 때밀이 타월로 가장 신경 쓰였던 발부터 문질러 닦기 시작했다. 목욕탕 직원으로부터 각질 제거 도구를 빌려 때를 제거해보려 했지만 잘 되지 않았다. '에라 모르겠다' 하는 마음으로 내친김에 그냥 열 손톱으로 발의 때를 마구 긁어냈다.

'오늘 아주 뿌리를 뽑아보자!' 하는 생각이 미치자 다시 또 탕으로 데리고 들어갔다. 그는 군소리 없이 나를 따라주었다. 몸을 푹푹 불려 탕에서 나와서는 목덜미, 겨드랑이, 아랫배, 등 할 것 없이 목욕 수건으로 사정없이 박박 밀어냈다.

좀 쉬어야 되겠다 싶어 한숨 돌리며 문득 내 손톱을 들여다보았을 때 또 한 번 깜짝 놀랐다. 열 손톱 모두에 시커멓고 누런 때가 꽉 차 있었다. 그 순간 '내가 지금 무슨 일을 했던 거지?' 하는 생각이 들었다. 이내 가슴이 떨려왔고 눈물이 핑 돌았다. 난 몸을 수그린 채로 고개를 떨구고 말았다.

생각지도 않게 어머님 얼굴이 떠올랐다. 부끄러운 고백이지만 솔직히 어머님 생전에 나는 어머님 발 한 번 닦아드리지 못했다. 어떤 신부님은 어머님이 돌아가시기 전 몇 달 동안 기저귀를 갈아드리며 소변, 대변 다 받아내고, 뒤도 닦아드리곤 했다는데…. 오늘 갑자기 왜 이런 생각이 드는 걸까…? 아무것도 모르는 변식이가 혹시나 눈치를 챌까 참고 또 참았던 눈물을 왈칵 쏟고 말았다.

그동안 난 어떻게 살아왔지…? 갑작스레 나 자신에 대해 실망스럽고 부끄러운 마음이 일기 시작했다. 변식이는 내 마음을 알까…? 그는 마냥 좋아하고 신이 나 있었다.

'변식아! 넌 내가 누군지 아니…?'

'오늘 난 네 순수한 눈동자를 통해 나를 들여다볼 수 있었어. 아주 오랜만에…. 나의 초라하고 불쌍한 모습을…. 너를 통해 지금껏 내가 어떻게 살아왔는지 나밖에 모르는 나 자신을 들여다볼 수 있었거든. 변식아 고마워. 난 정말 사람들을 어떻게 사랑해야 하는지 잘 모른단다. 그런데 네가 오늘 그것을 조금, 아주 조금 내게 가르쳐주었거든….'

탕에서 나와 내복과 양말을 새것으로 갈아입히고 밖으로 나와 우리는 산뜻한 마음으로 식사를 하였다. 집으로 돌아오면서 물었다.

"변식아! 우리 오늘 어디 갔다 오는 거지?"

"이천 온천!"

"아니, 이천이 아니고 앙성 온천이야. 다시 말해봐, 앙성 온천!"

금방 또 큰 목소리로 외친다.

"이천 온천!"

"야, 임마! 앙성 온천이래두. 앙성 온천!"

이천을 자주 가기 때문인지 여전히 이천 온천이다. 명칭이야 어떠하든 무슨 상관이 있으랴….

갑자기 예수님의 말씀이 뭉실뭉실 들려온다. "지금부터 나는 너희를 종이라 부르지 않고 친구라고 부르겠다!"고 하신 말씀이….

◆ ◆ ◆

「전단향 나무처럼」이라는 시와 함께 본 장을 마감하고자 한다.

전단향 나무처럼

나 아닌 것들을 위해
마음을 나눌 줄 아는 사람은
아무리 험한 날이 닥쳐오더라도
스스로 험해지지 않는다.
부서지면서도 도끼날을 향기롭게 하는
전단향 나무처럼

마음이 맑은 사람은
아무리 더러운 세상에서라도
그 마음이 흐려지지 않는다.

뱀들이 온몸을 칭칭 휘감아도
가슴에 독을 품지 않는
전단향 나무처럼

재연스님 엮음, 『수바시따』 중에서[14)]

14) 『수바시따』는 인도 민중들 사이에 오랜 세월 동안 입으로 전해 내려오는 고전 시가이다. 위의 시는 류해욱 신부님의 『그대는 받아들여졌다』로부터 인용하였다.

3.

후설의 에포케와 '반보(半步, a half step)'의 차이

후설과 함께

1. 삶이 내게 말을 거는 순간

중국 춘추시대에 공자의 제자 중 한 사람이었던 노나라 출신의 유학자 증자(曾子)[15]라는 인물이 있다. 그는 효행가(孝行家)이면서 동시에 반성가(反省家)로서 유명을 떨쳤다.

그는 매일 다음의 세 가지를 반성하면서 '진실하고 성실한 마음'을 갖추고자 끊임없이 자신을 채찍질하며 자기수양에 최선을 다하였다.

15) 증자(曾子, BC 505~436)의 성은 '증'이고, 아름은 '삼(參)'이며, 자는 '자여(子輿)'이다. 공자로부터 가르침을 받았고, 『대학(大學)』을 직접 저술하였다. 또한 공자의 권유를 받아 스승 공자와의 문답 가운데 효(孝)와 관련된 내용을 정리하여 『효경(孝經)』을 집필하였으며, 그의 제자들은 유학의 기본 경전인 『논어(論語)』를 저술하였다. 특별히 공자의 손자인 자사(子思)는 스승인 증자로부터 할아버지인 공자의 학문과 덕행을 배우고 익혀 그 가르침을 맹자에게 전수하는 다리의 역할을 담당하였다.

吳日三省五身(오일삼성오신)
爲人謨不忠乎(위인모불충호)
與朋友交而不信乎(여붕우교이불신호)
傳不習乎(전불습호)
나는 매일 나 자신에 대하여 세 가지를 반성한다.
즉, 일을 수행함에 있어 성실하지 못함을 행하지는 않았는지
친구들과의 사귐에 있어 믿음을 잃는 행동은 하지 않았는지
스승으로부터 배운 공부를 잘 학습하지 못한 것은 아닌지
(『논어(論語)』, 「학이(學而)」편)

증자는 세숫대야의 바닥에조차 '일일삼성(一日三省)'이란 글자를 새겨 넣어 매일매일 아침저녁으로 세면을 할 때마다 그것을 들여다보며 자신을 반성하였다. 그는 여러 방법들을 통해 그날그날의 자신의 잘못과 부족함, 그리고 아둔함을 다시금 되새기며 이를 극복하고자 최선의 노력을 다하였다.

◆ ◆ ◆

지금으로부터 대략 30여 년 전쯤 여름방학을 이용하여 뉴욕 롱아일랜드의 그레이트넥 성당에서 교포 사목을 하고 계신 한 동창 신부님을 방문하게 되었다.

며칠 후 본당 사무실 2층에 위치한 주임신부의 집무실을 둘러보게 되었다. 바로 이곳에서 나를 깜짝 놀라게 했던, 정말 당황했던 아주 특이한 경험을 하게 되었다. 너무나 특별한 경우였기에 솔직히 고백건대, 지금까지 그 글귀는 물론, 느낌표와 따옴표, 쉼표까지도 하나 틀리지 않고 생생하게 기억하고 있을 정도이다.

다름 아닌 신부님의 집무실 문을 여는 순간, 대각선 정면으로 커다란 책상 오른쪽 끝의 모서리에 신부님께서 직접 손으로 쓴 것이 틀림없는 검은색 굵은 매직 글씨의 "서두르지 말고, 화내지 말고, 반말하지 말고!"라는 글귀가 뭐라고 할 것도 없이 제일 먼저 눈에 확 빨려들어왔기 때문이다.

그때 깜짝 놀람과 동시에 무척 황당하기까지 했다. 집무실에 들어오는 신자들 모두가 그것을 보았을 텐데…. 영문을 전혀 몰랐던 나는 지체 없이 말을 던졌다.

"김 신부! 이거 치워버리는 게 어때…?"

"아냐, 아냐… 일단 그냥 놔둬. 내가 알아서 할게!"

순간적으로 그 말 속에 담긴 그의 단호한 결심과 실천의 의지가 내 머릿속에 확 꽂혔다. 어떤 방법을 이용해서라도 이번 기회에 자신의 잘못된 성격들을 꼭 고쳐보려 하는 신부님의 확고한 신념이 번개처럼 내게 전해졌기 때문이다. 모든 상황들이 명료해졌다. 그것은 어떻게 해서든 앞으로 살아가면서 '서두르지 말고', '화내지 말고', '반말하지 말고', 그래서 언제나 신중하고 온유하며, 또 침착하고 예의바른 성품을 갖추고자 최선을 다해 노력하겠다고 하는 신부님의 결연한 의지와 각오의 굳건한 약속의 표현이었던 것이다.

2. 철학사상: 후설과 함께

현대 독일의 철학자 에드문트 후설(Edmund Husserl, 1859~1938)[16)]은 인간실존의 삶 안에 최종적 반성(反省)의 개념으로서 '에포케(εποχῆ, epoche, la suspension du judgement)'의 개념을 도입하였다.

이 용어는 단어의 뜻 그대로 '판단중지(判斷中止)'라는 의미이다.

어원적 근원은 피론(Phyron)에 의해 창시된 고대 그리스 시대의 회의주의자들로부터 유래한다. 이들에 의하면, 우리 인간의 감각이나 판단은 절대로 완벽한 것이 아닌 까닭에 사물이나 사건에 대하여 명확히 그 상태를 정의하기 어렵다는 것이다. 물론 틀린 주장은 아니다. 왜냐하면 보는 사람의 능력과 관점, 그리고 환경의 속성과 변화에 따라 사물의 실재와 우주의 진리가 달리 파악될 수 있기 때문이다. 그런 이유에 의거하여 마지막의 판단은 여러 차례에 걸쳐 검토의 검토를 유보하는 것이 바람직하다는 것이다. 그러므로 이들의 핵심적 결론에 따르면 최종의 결정적 판단은 일단 유보하고 중지(中止)하자는 것이다.

이런 주장의 철학적 방법론은 근대로 이어지며 데카르트에게 있어 '방법론적 회의(의심, Dubium)'로 표현되었고, 후설에 이르러서는 '현상학적 판단중지(phäomenologische Epoke)'의 개념으로 표현되었다고 말할 수 있다.

현대에 있어 후설의 '판단중지'의 개념은 고대 회의론자들이 주장한 의심과 부정의 단계에 머무르는 것을 넘어서서 조정(措定)과 숙고의 완전한 확신을 위한, 곧 현상학의 고유 영역인 순수의식의 내재세계에 도달하기 위한 '괄호를 치다'의 의미를 갖게 된다.

후설의 용어인 '괄호를 침'의 '현상학적 판단중지'의 사고는 사실상, 그의 현상학적 환원(또 다른 표현으로는 '선험적 환원'이라고도

---

16) 후설은 처음 수학을 공부했지만 브렌타노의 강의와 매력에 이끌려 철학으로 전향하였다. 그의 사상 내용은 아우구스티누스, 데카르트, 로체, 볼차노 등의 영향을 받았다. 후설 시대의 개막을 알리는 『논리연구』를 출간함으로써 20세기에 있어 '현상학'이라는 철학 사조를 창안하였다.
할레대학 강사, 괴팅겐대학과 프라이부르크대학의 교수를 역임하였고, 1928년 교직을 그만둔 후에도 연구를 계속하였으며, 프랑스 소르본대학을 비롯한 여러 곳에서 강의와 강연을 하였다.

한다)[17]으로도 이해할 수 있다. 그러므로 이 두 표현은 서로 떨어질 수 없는 일체적 개념으로 파악될 수 있다. 왜냐하면 '판단중지'(단순하게 '환원'의 뜻으로 이해해도 무방하다)의 개념은 후설의 현상학적 방법론 중 하나로서 이는 그의 현상학 그 속으로 들어가는 필연적 관문이자 기초로도 이해될 수 있기 때문이다.[18]

후설의 판단중지 또는 환원의 개념은 일종의 '여과의 틀'로 보아도 좋다. 어떤 상황에 대하여 철저한 회의와 검증에 입각하여 고찰하였음에도 불구하고 충만하며 만족스러운 명증성이 보장되지 아니한다면, 또 그 무엇에 대한 미심쩍은 부분이나 의심이 여전히 남아 있다고 생각된다면 확정적 의견 내지는 최종적 결과를 도출하기 위하여 가장 마지막으로 다시 한 번 판단을 유보시키거나 혹은 정지시키는 '최후의 관문'의 의미, 곧 '판단중지'의 개념은 필요할 것이다.

후설의 판단중지란 이런 통과 과정의 단계를 거침으로써 그의 언급 그대로 '믿게 되고', '지각되고', '사념되고', '상기되고', 그리고 '판단되는' 결과를 갖게 된다.[19] 그리고 마지막으로 판단중지의 여과 과정을 통해 환원된 결과물들이 탄생되면 그것은 사고의 원칙 내지는 근거로 우뚝 서게 되는 것이다.

3. 신앙과의 관계 안에서

남을 심판하지 마라. 그래야 너희도 심판받지 않는다. … 너는 어

17) 후설은 '현상학적(phenomenological)' 이란 말과 '선험적(transcendental)' 이란 말을 교차적으로 표현하고 있는데, 어떤 시점 안에서는 같은 뜻으로 이해해도 문제가 없다.

18) 홍승식, 『현대철학입문』, 서울: 철학과현실사, 2009, pp.106~165. 「에드문트 후설의 현상학」 참조.

19) 위의 책, 같은 쪽.

찌하여 형제의 눈 속에 있는 티는 보면서 네 눈 속에 있는 들보는 깨닫지 못하느냐? 네 눈 속에 들보가 들어 있는데 어떻게 형제에게 "가만, 네 눈에서 티를 빼내주겠다."고 말할 수 있느냐? (마태 7:1~5)

위의 성경 내용을 다시금 새롭게 들여다보게 되면 "남을 심판하지 마라." "너는 어찌하여 형제의 눈 속에 있는 티는 보면서 네 눈 속에 있는 들보는 깨닫지 못하느냐?" 또는 "네 눈에서 티를 빼내주겠다."는 말씀이 유난히 우리의 눈길을 끌고 있음을 알 수 있다. 이 말씀들의 진의는 어떤 판단을 내리거나 행동을 하기에 앞서 무엇보다 먼저 마음속 깊이 자신을 되돌아보고, 자신에게 먼저 엄정한 잣대를 적용시켜보라는 뜻으로 해석할 수 있다.

'들보'의 개념은 내 속에 자리 잡고 있는 나의 고정관념, 나의 주관, 나의 편견, 나의 선입견, 그리고 나의 이기심과 고집 등으로 해석해볼 수 있다. 바로 이런 요소들이 자신과 타인, 나아가 사물과 세계의 참모습을 볼 수 없게 훼방을 놓는다. 그렇기에 '들보'를 없애야 하는 것이 가장 시급히 해결해야 할 선결과제이다. 다시 말해 상대와 타자를 탓하기에 앞서 나 자신의 문제를 무엇보다 먼저 들여다보아야 하는 것이 가장 중요한 문제란 뜻이다.

위의 성경 내용과도 맥을 같이하여 어떤 관점에서 비교해볼 때 후설의 '판단중지'의 이론은 증자의 '반성'의 개념과 매우 유사하다. 그리고 이는 우리의 삶 전반에 걸쳐 꼭 필요한 조건이자 요소가 된다.

증자에게 있어 삶의 수련방법인 '반성'의 개념과 후설의 사고작용에 있어 '괄호치기'의 본질인 '판단중지'의 개념을 삶과 연관시켜볼 때 삶의 영위와 복잡한 환경들의 상황 안에서 순수하고 본래적인 '나'로 돌아가게 만든다. 그러므로 후설과 증자의 두 개념은 삶의 행동방식과 본질을 이해함에 있어 더욱 깊이 다가갈 수 있게 하는 근원적 요인이 된다.

4. 살며 사랑하며

대인과 소인의 구별은 바로 현재 삶 안에서 반보(半步) 걸음의 차이로부터 비롯될 수 있다고 한 현자는 말하고 있다. 바로 이 반보의 사소한 차이가 인생 안에서 그토록 엄청난 변화를 이끌어낸다. 대인과 소인의 차이는 무슨 혁신적, 획기적 계획과 방법을 통해 이루어지는 것이 절대로 아니다. 그야말로 아주 작은, 극히 미세한 간발의 차이가 시간이 흐르며 그런 결과를 만든다.

거의 차이를 찾아내기 어려운 미세한 사색과 반성, 그리고 이에 따른 꾸준한 실천의 노력이 자신도 모르는 어떤 순간에 지나온 삶을 되돌아보게 되었을 때 엄청난 간격의 결과를 벌려놓게 된다는 것이다. 그때에는 이미 처음으로 되돌아갈 수도, 물릴 수도 없고, 다시 시작할 수도 없다.

어느 날 공자가 제자 자공과 산책을 하다가 문득 혼잣말로 중얼거렸다.

"이제 되도록 말을 하지 말아야겠어."

그 말을 듣고 자공이 놀라며 응수하였다.

"스승님! 스승님이 말씀을 하지 않으면 저희가 어떻게 배울 수 있겠습니까?"

그러자 공자가 자공에게 말하였다.

"내가 말을 하지 않는다고 그대들이 배울 수 없는 것은 아니야. 하늘이 언제 무슨 말을 함으로써 우리에게 가르침을 주던가? 하늘은 아무런 말도 하지 않지만 때가 되면 자연히 나무에 잎이 돋고 푸르러지고 열매를 맺게 되지. 세상의 온갖 조물이 각기 제자리에서 배움을 터득함으로 각자의 할 일을 알게 되지 않는가 말이야. 하늘이 어찌 말을 했었는가?" (『논어』, 「양화(陽貨)」편)

위의 공자와 자공의 일화에서 보면, 아무리 천하의 성현인 공자라 할지라도 말을 많이 하게 될 때 실수하게 되는 일, 또 후회하게 되는 일을 만듦은 어떠한 경우에도 피할 수 없음을 엿볼 수 있다. 결과적으로 삶 안에서 숙고와 사색, 신중의 자세는 언제나 우선적이고 필요한 것임을 명심해야 한다.

그러므로 위에서 언급한 '판단중지'와 '반성'의 방법론을 내 삶에 실제로 적용시켜 행동하는 것이 무엇보다 중요하다. 나아가 그런 행동의 지속적 실천을 통해 그 결과물을 만들어나가야 한다. 생활 속에서 이 같은 노력을 한결같이 실천해나갈 수 있다면 우리의 삶은 실로 몰라보게 달라질 것임은 틀림이 없다.

끝으로 조로아스터 경전으로부터 전해오는 '여섯 가지 참회'의 구절을 새롭게 되새겨보며 본 장을 마감하도록 하자.

여섯 가지 참회

내가 생각해야만 하는데도 생각하지 않은 것과
말해야만 하는데도 말하지 않은 것
행해야만 하는데도 행하지 않은 것

그리고 내가 생각하지 말아야 하는데도 생각한 것과
말하지 말아야 하는데도 말한 것

행하지 말아야 하는데도 행한 것
그 모든 것을 용서하소서.[20]

20) 류시화 엮음, 『사랑하라 한 번도 상처받지 않은 것처럼』, 서울: 오래된 미래, 2005, p.112. 젠드 아베스타(기원전 6세기경) 페르시아 조로아스터 경전의 기도문 참조.

4.

윈저 공의 명언과 막스 셀러의 공감의 개념

셸러와 함께

1. 삶이 내게 말을 거는 순간

거의 38년 전 유학생 신부 때 방학을 이용하여 영국의 윈저 성을 방문한 적이 있다. 여기에는 영국 국왕이었던 에드워드 8세 윈저 공과 그의 아내 심프슨 부인의 시신이 함께 안치되어 있다. 이곳은 윈저 공과 미국 태생의 여인 심프슨의 세기적 사랑으로 유명세를 떨치며 세상에 널리 알려지게 되었다. 지금은 세계의 각지에서 몰려오는 수많은 방문객들로 인해 발길이 끊이지 않는 관광명소 중 하나이다.

당시 에드워드 8세 국왕은 두 번씩이나 결혼과 이혼 경력이 있는 심프슨 부인을 과감히 아내로 선택함으로써 영국 왕실의 국왕 자리를 잃게 되었다. 그로 인하여 이 사건은 세기의 스캔들이 되었고, 한편으로는 금세기 최고의 사랑의 상징이 되기도 하였다.

윈저 공은 심프슨 부인을 선택하고 국왕의 자리에서 물러나게 되면서 아주 유명한, 후대에 영원히 기억될 명언을 남겼다.

사랑의 법칙에는 오직 한 가지만이 존재할 뿐이다. 그것은 상대방이 원하는 것을 원하는 대로 해주는 것이다.

윈저 공의 사랑의 법칙이란 상대방의 마음과 입장을 먼저 헤아려 봄으로써 그의 감정이 어떤 상태인지 미리 파악하고 상대방의 처지가 되어보고자 하는 역지사지의 상황으로부터 출발한다. 그 다음으로 상대방이 원하는 것을 정확히 예측하고 그것을 잘 준비할 필요가 있다. 예컨대, 상대방과 함께하는 공감과 소통의 마음을 만들어가지 못한다면 상대방과 가까워지기는커녕 점점 멀어지며 소원해질 수밖에 없다. 공감과 사랑의 마음이란 진심으로 마음속 깊은 곳에서부터 함께 느끼고, 함께 생각하고, 함께 행동하는 협력과 일체적, 포용적 정신에서부터 시작될 수 있기 때문이다.

◆ ◆ ◆

'인도의 성자'로 일컬어지는 마하트마 간디의 삶에 관한 일화 한 가지를 소개하고자 한다.

열차가 플랫폼을 막 출발했을 때였다. 무엇 때문인지 바쁘게 서두른 탓에 열차의 승강대를 딛고 올라서려던 순간 간디는 그만 한쪽 신발이 벗겨지며 그 신발을 땅에 떨어뜨리고 말았다. 열차의 속도가 붙기 시작하니 내려서 그 신발을 주울 틈도 나지 않았다. 동행하던 친구가 포기하기를 권하였다. 바로 그때 간디는 신고 있던 한쪽 신발을 얼른 벗어 들더니 금방 떨어졌던 신발 쪽을 향해 힘차게 내어 던졌다. 간디의 돌발적인 행동에 깜짝 놀란 친구가 왜 그랬는지 까닭을 물었다. 간디는 웃음 띤 얼굴로 대답했다.

"누군가 저 신발을 줍는다면 잘 사용할 수 있을 거 아닌가? 한쪽만 갖고는 아무짝에도 쓸모가 없을 테니까 말이지."

간디의 이러한 행위는 그저 자그마한 행동 한 가지에 지나지 않을지 모르나 그 이면을 들여다보면 매우 큰 뜻이 숨겨져 있음을 알 수 있다. 그의 행동은 누구나 쉽게 실천할 수 있는 그런 행동은 아니었다. 왜냐하면 그것은 평상시 몸에 밴 습관으로부터 자연스럽게 나올 수 있는 행동이기 때문이다. 언제 어디서나 내 마음 안에 이웃에 대한 배려와 사랑의 마음이 미리 갖춰져 있지 않으면 불가능하다. 곧, '타인'에게 '나'를 온통 내주고자 하는 그런 내면의 마음이 무의식적으로 마음 깊숙이 자리 잡고 있지 않으면 절대로 이루어질 수 없는 행동이었다.

2. 철학사상: 셸러와 함께

독일의 철학자 막스 셸러(Max Scheler, 1874~1928)[21]는 현상학과 인간학에 깊은 탐구와 열정을 보여준 독일의 현대 사상가들 중 한 사람이다.

---

21) 막스 셸러는 오이켄(Rudolf Eucken)의 지도를 받았고, 후설의 영향을 받아 현상학에 대한 깊은 탐구를 하게 되었다. 그 결과, 현상학적 방법론을 다른 여러 학문들, 예를 들어 윤리학, 심리학, 종교철학, 정신과학, 지식사회학 등의 연구에 적용하기도 하였다. 1919년 이후 쾰른대학 교수를 지냈다.
그는 철학적 체계의 완성자의 계열에 속하지는 않으나 순간적 체험이나 생기하는 사상(事象)들 가운데 초시간적 가치를 수용하고 탐구함으로써 그런 생철학자로서 평가를 받기도 한다.

셸러는 당시 현대 서양철학의 주도적 사조였던 이성적 합리주의에 이의를 제기하였다. 곧, 이성적 합리주의가 인간의 감성과 이에 따른 인간적 삶을 간과한 측면이 있음을 지적한 것이다. 그 결과, 감정의 독자성을 중심으로 한 윤리학적 공감론을 주장하게 된다.

셸러의 공감윤리학은 모든 인격들의 존재와 본질, 행동, 의욕, 태도양식 등의 특징에 관하여 도덕적 가치를 부여하는 학문의 입장이 아니라, 다른 사람들의 체험과 태도에 관하여 감정적으로 반응을 표출하는 가치 관찰자의 태도에 대하여 도덕적 가치를 판단 내리는 학문의 입장이다.

셸러의 저서 『공감의 본질과 형식(*Wesen und Formen der Sympathie*)』에 의하면 '공감'의 일차적 개념은 '공통으로 갖게 되는 감정' 내지는 '함께하는 감정'의 의미이다. 좀 더 구체적으로 무엇에 대해서 두 사람 이상이 함께 느끼는 감정, 또는 타자에 대한 감정체험을 그의 감정 체험 그대로 상대방의 입장이 되어 이해해보고자 노력하는 사고의 개념을 의미한다.

우리는 공감을 동감과 구분하여 이해할 필요가 있다. 셸러에 따르면 '동감(Mitfühlen)'은 '같이 서로 느끼는 것(同感, Miteinander-

---

그의 철학은 전반적으로 가톨릭적 사상을 바탕으로 하고 있고, 형이상학을 지지하는 입장에 섬으로써 실증주의와 신칸트학파의 인식론을 반대하였다. 윤리학적 관점에 있어서는 현상학의 방법론에 의거하여 칸트의 형식주의(形式主義)를 비판한다. 그 결과, 실질적 사실의 가치를 중시하게 되었다. 그 가치는 쾌락(快), 생명성, 정신성, 성(聖)의 4단계로 구분된다. 그리고 인간 본질로 파악한 '인격'은 제4단계에 해당하는 개념으로서 성(聖)의 가치를 추구한다. 이 가치는 '신적(神的)인 것'으로 접근을 가능케 하는 주체로 파악된다.

그 밖에 사회 안에서 인간과 삶에 영향을 미치는 윤리학적 요인들은 실재적 요인과 관념적 요인으로 구분할 수 있다. 그중에서 실재적 요인의 경우, 사회와 정치, 경제와 성(性)으로부터 비롯되는 '충동' 등의 개념이 있다. 이런 요인들로부터 규정되는 최고의 원리를 '정신'으로 보았다.

fühlen)', 곧 동일한 고통이나 기쁨을 누군가와 같이 슬퍼하고 기뻐하는 느낌을 말하고, '공감(Mitgefühl)'은 '타자의 체험 속에 나타나는 고통과 기쁨에 관한 느낌을 타자와 함께 지향하는 것'을 말한다.

예를 들어 동감의 경우, 아버지와 어머니가 불의의 사고로 숨진 아들의 시신 곁에 서 있을 때, 그 부모는 똑같이 서로 동일한 고통을 느끼고, 서로 동일한 슬픔에 젖는다. 즉, 가치태로서의 고통과 기능하는 질(質)로서의 고통이 동일하기 때문이다. 그런 까닭에 두 사람은 마음의 고통을 똑같이 느낀다.

한편, 공감이란 '함께 느끼는 것'의 지향의 의미로, 타자의 고통이나 기쁨에 당면하여 타자의 고통이나 기쁨을 '생각하고', 타자의 고통이나 기쁨을 느끼는 '기능 그 자체를 생각해본다고 하는 사실의 지향'을 의미한다. 그러므로 공감 안에는 대상에 대한 고통과 기쁨이 내재되어 있다는 사실과 그리고 그 사실에 대한 나의 관심과 연민이 있다고 하는 사실도 함께 공존한다. 그러므로 현상학적으로 두 개의 실재가 존재한다. 동감의 경우에는 하나의 사실로서 '함께 사는 것'과 '함께 느끼는 것'의 기능이 동시적으로 발생됨으로써 사는 것과 느끼는 것의 두 기능이 체험 속에서 서로가 분리되는 경우는 거의 발생되지 않는다. 그러나 공감의 경우에는 '따라 느끼는 것(Nach-fühlen)'과 '같이 느끼는 것(Mitfühlen)'의 두 기능이 체험 속에서 분명히 분리되어 있다. 말하자면 상황의 정리 후 그 결과에 대하여 동조하는 관점과 동조하지 않게 되는 입장의 경우가 발생될 수 있기 때문이다. 그런 까닭에 셸러에 따르면 이런 개념은 '감정전염', '감정이입', '연민' 또는 '일체감'의 뜻과 다소 구별된다.[22]

---

22) 막스 셸러, 이을상 옮김, 『공감의 본질과 형식』, 서울: 지식을 만드는 지식, 2009, pp.40~46.

셸러에 따르면 일체감, 따라 느끼는 것, 공감, 인간애, 인격과 신(神)에 대한 무우주론적 사랑 등의 개념 안에는 상호 간 서로의 연관성과 토대를 이루는 본질적, 법칙적 관계가 존재한다. 그리고 이것은 다음과 같은 '정초의 법칙'으로 정리해볼 수 있다.

첫째, 공감은 일체감에 따라 느끼는 것에 정초한다.

둘째, 공감은 따라 느끼는 것의 감성에 정초한다.

셋째, 공감은 인간애에 정초한다.

넷째, 인간애는 인격과 신에 대한 무우주론적 사랑을 정초한다.

셸러는 공감에 대한 주요 기능들로서 일체감, 따라 느끼는 것, 공감, 인간애, 무우주론적 인격 사랑 등을 여러 차례에 걸쳐 강조하고 있다.

셸러는 위의 정초법칙을 인식할 때 심정적 힘의 가치 서열에 근거하는 규범적 상황을 사랑의 질서(ordo amoris)와 연결되어 있는 것으로 이해한다.[23)]

셸러는 현상학적 방법론에 입각하여 '감정적으로 타자의 체험을 이해하는 것이 가능한가?' 또는 '나는 어떻게 하면 타자의 감정 체험을 있는 그대로 느낄 수 있겠는가?'의 문제에 대하여 고민한다. 그의 주장에 의하면 타자에 대한 감정 체험은 본질 직관과 현상학적 경험을 통해서 가능할 수 있다는 것이다. 감정작용에도 나름대로의 고유한 논리가 존재한다고 판단하여 이에 입각한 일련의 논리적 합법칙성에 대한 분석과 이해를 통해 타자의 체험에 동참할 수 있다고 생각한다.

23) 위의 책, pp.75~76.

셸러는 공감의 가장 밑바탕에는 감정의 여러 요소들 가운데 하나로서 사랑의 개념이 자리하고 있다고 판단하며, 이 사랑이란 제일차적이며 근원적인 정신작용으로 이해된다. 사랑은 주도적으로 감정작용, 이성작용 등이 원활하고 능률적으로 작용할 수 있도록 돕는 역할을 하게 된다. 나아가 사랑은 의식 지향이 표출될 수 있도록 지원하는 근원적 정신작용으로서 모든 객관에 대한 관심 지향의 바탕이 된다. 사랑은 자발적으로 가치를 발굴하고자 하는 마음(심정)의 작용이며, 나아가 자신의 가치 발굴의 경험을 통해 가치의 영역을 넓혀주는 창조성의 기능을 지닌다. 따라서 사랑의 원활한 활동은 감정 활동의 가치 층위를 높여줄 뿐만 아니라 세계에 대한 열린 마음을 더욱 폭넓게 갖출 수 있도록 이끌어준다. 셸러에 따르면 이러한 '사랑의 질서'를 만들어주는 힘은 우리의 인간 각자의 심정에 선천적으로 주어져 있는 본래적 개념으로서 스스로 자신의 인식의 범위를 확장시켜나간다.

이렇듯 공감의 바탕과 뿌리가 되는 '사랑'의 개념은 근원적 정신작용의 원천으로서, 이 '사랑'을 잘 수행해나갈 때 더 높은 감정의 활동이 더욱 활발해짐으로 말미암아 타자의 감정에 더욱 적극적으로 참여할 수 있게 된다. 그 결과, 타자와의 공감에 대한 이해가 더욱 깊어지며, 그 타자와 친밀하게 하나가 될 수 있다.

'공감'의 개념은 타자, 즉 상대방인 주변과 이웃 사람들에 대한 이해와 감정에 대한 나의 참여를 전제로 한다. 그래서 공감은 항상 나보다 타자 또는 이웃 사람에 대한 사랑을 염두에 두는 역지사지의 개념으로도 해석할 수 있다. 그러므로 '공감'은 보편적 인간애의 실현에 있어 그 바탕과 토대가 된다. 여기에서 인간애의 개념은 인격과 신에 대한 우주론적 사랑의 속성이기도 하다.

셸러는 사회 형태와 관련한 지식들에 대하여 세 가지로 구분하는

데, 첫째, '노동의 지식'은 실증과학에, 둘째, '교양의 지식'은 형이상학에, 셋째 '구제(救濟)의 지식'은 종교에 봉사해야 한다고 주장한다. 그의 이러한 지식사회학에 관한 내용들은 그리스도교적 사상의 바탕 위에서 '물질적 역사의 사회는 인격적 개인들에게, 또 인격적 개인들은 절대적 신(神)에게 봉사해야 함'으로 연결된다.

이제 아래의 언급을 통해 셸러의 그리스도교적 사상에 입각한 우주론적 일체감의 의미를 음미해보자.

> 고대 그리스 세계에서 우주 전체에 대하여 가능했던 저 '합일'이 그리스도교에서도 가능하게 된다.
>
> 주의 십자가를 '자기 스스로 짊어지는 것', '주 속에서' 고뇌하고 '주 속에서' 부활하고, '주 속에서' 고양되는 이 모든 것이 참된 의미에서 공감과 조금도 다르지 않다고 하는 것은 매우 자명한 사실이다. 이것 또한 참된 일체감이다. 그리고 이 일체감은 인격적 사랑을 정초시킨다.[24]

셸러에게 있어 사랑의 개념은 첫째로, 정신의 지향적 작용으로 파악된다. 곧, 사랑은 '느끼는 것'(하나의 기능)을 넘어서서 하나의 작용이고 운동인 것이다. 공감은 여러 감정들의 가치와 상태, 예컨대, 사랑하다, 미워하다, 견디다, 괴로워하다 등의 내용들을 이해하고 느끼는 기능이다. 그러나 사랑과 공감, 둘 사이에는 긴밀한 관계가 성립되어 있다. 곧, 모든 공감의 활동들이 필연적으로 어떤 종류의 사랑의 요인들에 기초하고 있기 때문이다. 그런 까닭에 어떤 행위에 있어서든지 사랑이 결여되게 되면 공감도 자연스럽게 소멸되게 된다.

---

24) 위의 책, pp.74~75.

공감의 감정이 없어지게 되면 사랑이 계속적으로 존재하게 되는 상황은 절대로 발생하지 않는다. 왜냐하면 사랑은 공감 활동을 정초시키며, 감각적, 생명적 감정의 중심 층을 구성하고 있기 때문이고, 그리고 해당 층을 지향한다는 것은 사랑의 지시 방향을 따르는 것이 되기 때문이다.[25]

이러한 작용들의 과정은 이성이나 충동으로부터 표출되는 영혼의 심적 기능과는 다른 사랑의 고유한 의식작용으로부터 이루어질 수 있다. 바로 이런 이론이 셸러가 파악하고 있는 현상학의 한 체계이기도 하다.

둘째로, 사랑은 삶의 가치를 고양시켜주는 작용을 담당한다. 곧, 보다 높은 차원의 선취적 가치는 도덕적 가치를 지향한다고 볼 수 있는데, 이런 지향의 실현을 가능케 해주는 근원적 작용이 바로 사랑이다. 반대의 경우로 보다 낮은 가치를 얻게 만드는 근원적 작용이 있는바, 이는 '미움'의 감정이 담당한다.

셋째로, 사랑은 자발적이며 창조적인 작용으로 이해할 수 있다. 어떤 가치를 취득함에 있어 우연히 그것이 우리에게 주어지는 경우는 없다. 그런 까닭에 우리는 그러한 가치를 발굴해나감에 능동적이고 자발적으로 참여해야 한다. 이렇듯 높은 차원의 가치를 발굴하고자 하는 자발적 작용의 근원은 다름 아닌 사랑임을 유념해야 한다. 그 결과, 사랑의 창조성의 역할을 통해 가치 발굴의 방법을 통한 가치 영역은 더 넓게 확장되어나갈 수 있다.

넷째로, 사랑의 작용의 활동에 있어서 만족함은 없다. 즉, 사랑의 작용이 완성되어 사랑의 활동이 끝나버리거나 중지되어버리면 지속적으로 우리에게 사랑과 연관된 더 이상의 가치는 발생되지 않기 때

25) 위의 책, pp.87~88.

문이다.

셸러에 의하면 충동의 개념과의 관계 안에서 볼 때 충동이 사랑을 발생시켜주지는 않는다. 어떤 가치를 얻고자 사랑의 지향작용과 함께 나아갈 때 '사랑의 현실화'를 만들어낸다.

다섯째, 사랑은 사회적 사교작용이 아닌 까닭으로 타자를 지향하는 것이 아니라 의미 있는 가치를 지향한다. 만약에 타자를 개별적으로 지향할 경우, 어떤 경우 호의와 좋은 뜻이 담겨 있을 수 있지만, 시기, 질투, 악의, 심술도 담겨 있을 수 있기 때문이다. 이러한 나쁜 성향들이나 부정적 의도의 작용은 건전한 사교작용을 해칠 뿐, 올바른 공감이 될 수 없다. 이런 작용의 표현은 공감으로 환원될 수 없을 뿐 아니라 공감의 토대 역시 될 수가 없다.[26]

셸러에 따르면 동정(Sympathie)으로부터는 사랑으로의 전이는 불가능하다. 사랑이 내재되지 않은 동정은 상대방의 마음을 움직일 수 없을 뿐만 아니라 때로는 상대방에게 모욕적이 될 수 있기 때문이다. 반대로 사랑으로부터 동정으로의 이행은 가능하다. 그 이유는 바로 사랑이 언제나 궁극적으로 '같이 느끼는 것(Mitfühlen)' 내지는 '함께 느끼는 것(Mitgefühlen)'의 의미인 공감의 뿌리가 되기 때문이다.[27]

타자와의 관계에 있어 예컨대, 상대방인 이웃 사람들에 대한 이해와 그들의 감정에의 참여는 곧 그 사람들과의 좋은 만남 내지는 좋은 친교를 유지할 수 있는 매우 중요한 요건이 된다. 따라서 공감의 활동이 진행되면서 이웃과의 화목한 관계가 성립되어나갈 때 '공감'은 인간의 도덕성을 유발시키고 삶의 규범을 확립시켜주는 바탕이 된다.

---

26) 위의 책, pp.14~17.
27) 위의 책, 같은 쪽.

결과적으로 막스 셸러의 '공감'의 뿌리와 바탕은 '사랑'이며, 그 '사랑'의 개념은 인간존재의 정신작용을 의미한다. 나아가 관심과 배려, 포용과 형제애, 그리고 행동과 자유의 실천적 원인이자 근거가 된다.

3. 신앙과의 관계 안에서

그때에 예수님께서 제자들에게 말씀하셨다. "남이 너희에게 해주기를 바라는 그대로 너희도 남에게 해주어라. 이것이 율법과 예언서의 정신이다." (마태 7:12)

위의 성경 구절 안에서 "남이 너희에게 해주기를 바라는 그대로 너희도 남에게 해주어라."는 말씀의 참뜻은 '정확히 주고받자' 또는 '타산적으로 정확히 똑같은 양만큼 서로 주고받아야 한다'는 뜻이 아니다.

여기에서 우리는 두 가지 정도의 의미를 생각해볼 수 있다. 첫째, 상대방인 타자 역시 나 자신의 경우와 마찬가지로 내가 그에게서 원하는 것을 그도 나에게서 원하고, 또 내가 생각하는 것을 그도 나와 똑같이 생각할 수 있다는 사실을 염두에 두어야 한다는 것이다. 둘째, 나 자신이나 또는 상대방의 경우도 마찬가지로 서로가 자신들의 주장을 가장 옳은 의견인 것처럼 무조건적으로 밀어붙이지 말아야 한다는 것이다. 곧, 나 자신의 의견을 고집스럽게 이기적으로 앞세우기보다는 먼저 상대방의 입장이 되어 상대방이 무엇을 원하는지 비운 마음으로 겸허하게 숙고해보는 자세가 무엇보다 먼저 선행되어야 한다는 뜻이다.

관심과 이해, 관용과 일치의 삶을 완성하기 위해서는 막스 셸러가 강조하는 '공감'과 '인간애'의 마음가짐이 무엇보다 중요하다. 삶 안에서 언제나 서로가 상대방의 마음을 먼저 헤아려보고, 이해해보고, 또 느껴보고자 하는 공감과 인간애의 자세는 필수적이다. 그런 자세로부터 비롯되는 행동은 어떤 의무감 또는 책임감으로부터 나오는 것이 아니라 능동적이고 자발적인 기쁜 마음으로부터 이루어질 수 있다. 그럴 때 그것은 예수님 말씀의 참뜻인 사랑의 행위를 온전히 실천하는 것이 되어 보다 높은 가치의 차원으로 승화될 수 있다.

인간이란 태어나는 순간부터 사랑받고 싶어 하고, 또 사랑할 수밖에 없는 존재이다. 그러므로 나와 같은 마음으로 상대방도 똑같이 생각할 수 있도록 긍정적인 유도를 할 수 있다면 더욱 바람직할 것이다. 사랑이란 쌍방이 서로 어우러져 완성을 이룰 때 금상첨화를 만들 수 있기 때문이다.

사랑의 빛깔은 참으로 복잡하고 다채롭겠지만, 그것의 참 본질은 궁극적으로 예수님께서 우리를 사랑하셨던 그 모습 안에서 찾아볼 수 있을 것이다. 다시 말해 예수님께서는 세상과 죄 많은 우리 인간을 온전히 받아들여주셨고, 사랑의 완성을 위하여 당신 생명까지 기꺼이 바치셨기 때문이다.

위의 성경 구절이 깨우쳐주는바, 우리는 삶을 살아가면서 남으로부터 무엇인가를 기대하기에 앞서 내가 먼저 상대방의 입장과 처지가 되어 능동적이며 적극적으로 사랑의 실천을 헌신적으로 기쁘게 행할 수 있어야 한다. 그리고 그런 행동의 실천은 사회 곳곳에 만연되어 있는 미움과 불신을 눈처럼 서서히 녹아내리게 하며, 한 걸음 더 나아가 우리의 공동체들을 맑고 밝게 변화시켜줄 것이다. 이는 하느님께서 우리에게 바라시는 지상명령이기도 하다.

솔직히 말해서 공감과 사랑의 본질은 논리적 또는 보편적 규정의 타당성의 차원을 뛰어넘는 것이다. 그리고 그 정신의 실천은 참으로 나를 낮추고, 참으로 나를 비우는 바탕으로부터 비롯될 수 있다. 곧, 열린 마음과 비운 마음 안에서 하나가 되고자 하는 배려와 관심, 그리고 형제애와 포용의 행위를 통해서만 완성될 수 있다.

4. 살며 사랑하며

인간이란 세상에 던져진 순간부터 그 누군가를 사랑할 수밖에 없는 존재이고, 사랑해야만 하는 존재이며, 사랑 없이는 살아갈 수 없는 존재이다. 또한 그 타자들과 함께 끝까지 갈 수밖에 없다. 그렇기에 우리는 삶 안에서 타자의 모습을 눈으로만 보고, 그의 음성을 단지 귀로만 듣고 있지는 않았는지 반성해볼 필요가 있다. 우리가 정성을 다해 우리 주변을 마음의 눈으로 보고 마음의 귀로 들을 때 타자는 '거기에 떨어져서'의 존재가 아니라 '내 안으로 들어와 나와 함께 살아 움직이는' 나의 생명과 사랑의 한 부분들이 되어줄 것이기 때문이다.

◆ ◆ ◆

우리에게 이미 친숙한 이름이 되어버린 미국의 매사추세츠 공과대학(MIT)은 이공 분야에 관한 한 세계 최고의 천재적 두뇌들이 집결되어 있는 곳이다. 이 대학 안에 '미디어랩(Media Lab)' 연구소가 설치되어 있다. 이 연구소는 컴퓨터, 전자, 바이오 기술 등을 디자인과 건축, 그리고 예술 등과 접목시켜 미래에 있어 인류에게 꼭 필요한 첨단기술을 창출해냄으로써 '꿈의 연구소'라고까지 칭송받고 있다.

2001년 4월, 이 미디어랩 연구소의 제4대 소장으로 일본인 출신 벤처 사업가인 조이 이토(Joi Ito, 45세)가 전격 발탁됐다. 과연 그

전격 발탁의 이유는 무엇이었을까?

모든 사람들의 예측을 뒤엎고 세계 최고의 연구소 소장으로 조이 이토가 임명됨으로써 당연히 세간의 이목은 '조이 이토는 누구인가?'에 집중될 수밖에 없었다. 그러나 연구소의 규모와 비중에 비추어볼 때, 그는 기본적인 학사학위도 없는 일본계 대학 중퇴자로서 그 흔한 논문 한 편조차 없는 것은 물론, 영어로 된 저서는 눈을 씻고 찾아봐도 찾을 수 없는 일개의 벤처 사업가에 불과한 사람이었다.

그렇다면 그를 무엇 때문에 채용하였을까? 그것은 인터넷에 관한 여러 사업을 성공적으로 이끈 그의 능력을 인정한 것도 좋은 참고가 되었겠지만, 연구소의 최상의 목표인 미디어랩의 융합과 상호 간 연결의 전략을 추진해나감에 있어 무엇보다 중요한 것은 열림과 소통, 대화와 공감의 정신이 가장 필요하다는 것이었다. 그를 채용함에 있어 가장 큰 점수를 준 것은, 그의 인생 안에서 그가 겪어낸 수많은 도전과 패배, 여러 사업들에 대한 다양하고 폭넓은 경험, 그리고 소통과 융화의 열린 마음으로 조직의 구성원들을 하나로 만드는 리더십 때문이었다.

그는 대학을 두 번이나 중퇴한 인물이었다. 그리고 자신이 좋아했던 스쿠버다이빙, 클럽 디스크자키, 인터넷 게임 등을 마음껏 즐겼던 괴짜이기도 하였다.

1990년 중반부터는 인터넷의 무한한 가능성에 무섭게 집중하여 트위터, 플리커(Flickr), 위키아(Wikia) 같은 회사에 과감히 투자를 하며 사업가로서 엄청난 성공을 거두기도 하였다.

이토 소장은 "혁신이란 공유와 소통으로부터 나올 수 있다."라고 말한다.

그는 자신의 블로그와 각종 언론에 기술혁신, 리더십에 관한 많은 글을 기고하였다. 그는 소통의 일환으로 시간 시간마다 자신이 어디에서, 어떻게, 무엇을 하고 있는지 알렸다. 그는 미국 내는 물론, 전 세계인들과 가능할 때마다 소통과 대화를 나누며 공감을 이끌어내고자 노력했다. 일을 추진해나감에 있어 소통과 공감의 마음이 얼마나 중요한 요소인지 매 순간마다 강조하였다. 즉, 하루 24시간, 1년 365일 내내 '열린 마음'과 '자유'를 실천하였다. 그 밖에도 그는 스스로 먼저 저작권의 자물쇠를 풀어버리는 모범을 보임으로써 모든 사람들과 자신들의 결과물을 함께 나누는 운동을 펼치기도 하였다.

반면에, 발전과 성장을 위한 비판에도 망설임이 없었다. 예컨대, 세계 최고의 독보적 기업이었던 소니사가 브레이크 없이 추락한 이유에 대해서는 기업의 교만함과 독선, 그리고 소통의 부재 때문임을 통렬히 비판하였다. 그러므로 모든 기업은 이를 반면교사로 삼아 소니사가 주는 교훈을 잊지 말아야 함을 강조한다. 조이 이토의 주장은 다음과 같다.

> 인터넷은 열고, 맺고, 소통하지 않으면 살아남기 힘든 '생태계'이다. 인터넷뿐만 아니라 모든 것은 열리면 더 큰 생명력을 얻게 된다.[28]

◆ ◆ ◆

고(故) 장영희 교수는 그의 저서 『다시, 봄』에서 에리히 프롬의 『사랑의 기술』에 대하여 자신의 소감을 언급하였는데, 에리히 프롬은 사랑에 대하여 다음과 같이 기술하고 있다.

---

28) 『조선일보』, 2012년 8월 25일자, 「Weekly Biz」 참조.

미성숙한 사랑은 '당신이 필요해서 당신을 사랑합니다' 라고 말하고, 성숙한 사랑은 '당신을 사랑해서 당신이 필요합니다' 라고 말한다.

다시 생각해보건대, 사랑의 기본적 원칙은 함께 살아가는 공동체 안에서 상대방의 존재 자체를 있는 그대로 받아들이고 인정하는 것이다. 그렇게 할 때 세상의 중심이 내 안에서 바깥으로 이동하게 되어 내 마음이 한없이 커져가고 순해져갈 수 있다.

장영희 교수는 그의 저서『어떻게 사랑할 것인가』에서 다음과 같이 말한다.

내가 살아보니, 늙는다는 것은 딱 한 가지 조금은 다르게 느껴지는 것이 있습니다. 이전에는 보이지 않던 것이 보입니다. 즉, 세상의 중심이 나 자신에서 조금씩 밖으로 이동하기 시작한다는 것입니다. … 내가 살아보니 정말 그렇습니다. 결국 중요한 것은 껍데기가 아니라 알맹이입니다. 겉모습이 아니라 마음입니다. … 사람은 단지 인(人)에서 끝나지 않고 인간(人間), 즉 사람과 사람 사이의 관계가 형성되어야 그 존재 의미가 있습니다. … 아마도 사랑할 줄 알고 온 세상을 품는 성숙한 사람이 되십시오.[29]

그녀는 또한『다시, 봄』에서 이렇게 표현하고 있다.

사랑하기 때문에 그 사람이 꼭 필요해서 '나와 당신' 이 아니라 '나의 당신' 이라고 부르게 되는 것, 그것이 사랑입니다.[30]

---

29) 장영희,『어떻게 사랑할 것인가』, 서울: 예담, 2012, pp.118~123.
30) 장영희,『다시, 봄』, 서울: 샘터, 2014, p.123.

에밀리 디킨슨의 「만약 내가…」라는 시는 어떤 관점에 있어 공감과 사랑의 의미를 잘 표현해주고 있는 것 같다. 다시 한 번 "남이 너희에게 해주기를 바라는 그대로 너희도 남에게 해주어라."라는 성경 구절과 한 걸음 더 나아가 "내가 너희를 사랑한 것처럼 너희도 서로 사랑하여라."라고 하신 예수님의 가르침을 우리의 삶 속에서 성실하게 실천해나감은 아름다운 일이 아닐 수 없을 것이다.

만약 내가…

에밀리 디킨슨

만약 내가 한 사람의 가슴앓이를
멈추게 할 수 있다면,
나 헛되이 사는 것 아니리.
만약 내가 누군가의 아픔을
쓰다듬어 줄 수 있다면,
혹은 고통 하나를 가라앉힐 수 있다면,
혹은 기진맥진 지친 한 마리 울새를
둥지로 되돌아가게 할 수 있다면,
나 헛되이 사는 것은 아니리.[31)]

31) 위의 책, p.95.

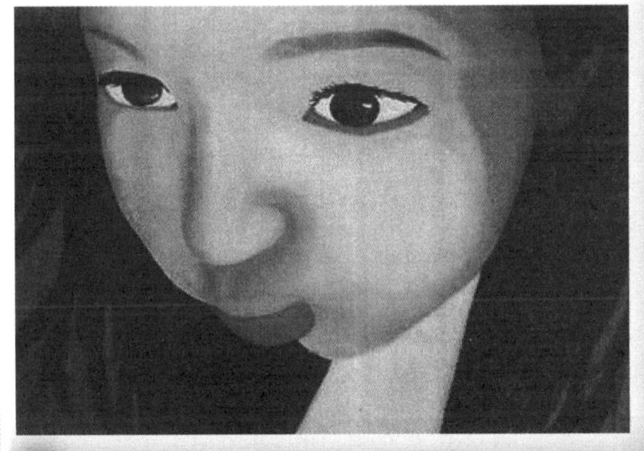

5.

나는 행복합니다. 그대들도 행복하십시오

아리스토텔레스와 함께

1. 삶이 내게 말을 거는 순간

법정스님은 그의 저서 『오두막 편지』에 다음과 같은 표현을 전하고 있다.

> 사람이 하늘처럼 맑아 보일 때가 있다. 그때 나는 그 사람에게서 하늘 냄새를 맡는다. 사람한테서 하늘 냄새를 맡아본 적이 있는가? 스스로 하늘 냄새를 지닌 사람만이 그런 냄새를 맡을 수 있다.

위의 서술은 시적이며 은유적이다. 풍자적인 면도 없진 않다. 사람으로부터 사람 냄새가 아닌 하늘 냄새를 맡는다고 하는 표현부터가 예사롭지 않다. 스님께서 의도하는바, 하늘 냄새란 뜻하지 않게 누군가와 마주했을 때 그로부터 뿜어져 나오는 인품과 사람됨의 느낌과 향기를 뜻할 것이다.

어떤 때 전혀 예상치 않게 마주한 사람을 통해 하늘을 보고 자유를 보게 될 수가 있다. 곧, 그로부터 푸르고, 곱고, 맑고, 넓고, 그리고 깊음이 느껴진다. 그리하여 나도 그 어느 것과도 비교할 수 없는 행복감에 젖어든다. 곧, 그 사람의 인간성과 성품, 삶의 여유와 자유로움, 그리고 그의 인간적 매력에 영향을 받아 나 역시도 마음이 비워져 평화로움을 느끼게 된다.

법정스님의 표현에 따르면 우리가 인생에서 만나고 또 부딪히는 수많은 사람들 중에 전혀 생각지 못했던 어떤 이들에게서 문득 '하늘 냄새'가 난다고 하였다. 왜인지 모르겠지만 그런 사람을 만나게 되면 나도 모르게 마음이 설레고, 무심코 하늘을 바라보게 된다. 그런 사람은 나무를 가꾸듯 행복을 가꾸어가고 있고, 하늘 속 행복을 이웃에게 나눠주고 심어주는 그런 사람들일 것이다. 과연 그런 사람들은 누구를 말하는 것일까…?

◆ ◆ ◆

이곳저곳에서 소개된 적이 있어 잘 알고 있는 내용일 수 있겠지만 다시금 되새겨보아도 좋을 주제이기에 한 번 더 소개해보고자 한다.

톨스토이는 그의 단편 「세 가지 질문」이란 글 안에서 세 가지의 질문을 던져놓고, 이에 대한 세 가지의 답변도 함께 제시하고 있다. 그 내용은 다음과 같다.

[질문]

세상에서 가장 중요한 때는 언제인가?

세상에서 가장 필요한 사람은 누구인가?

세상에서 가장 중요한 일은 무엇인가?

[답]

세상에서 가장 중요한 때는 지금이고,

세상에서 가장 필요한 사람은 내가 지금 만나고 있는 사람이며,

세상에서 가장 중요한 일은 바로 내 옆(주위)에 있는 사람에게 선을 행하는 것이다.

위의 질문에 대한 답변의 행위들이야말로 '나 자신'을 행복하게 만들어줄 수 있고, 우리의 삶을 풍부하고 충만하게, 또 평화롭고 여유있게 만들어줄 수 있는 그런 열쇠가 될 수 있다.

◆ ◆ ◆

2013년 5월호 『월간 산(山)』에는 3박 4일에 걸쳐 정신과 의사 이홍식 교수와 동양학자인 조용헌 박사가 참가자 30여 명과 함께 산행을 하며 나누었던 '지리산 힐링 트레킹(Healing Trekking)'의 내용이 게재되어 있다. 이 산중 대화 내용들을 간추려 소개해보고자 한다.

참석자들이 '트레킹'의 목적지인 쌍산재까지 걸어가면서 주고받았던 이 '힐링 트레킹'의 주제는 현대 정신과학과 동양학과의 만남, 또는 현대와 고전의 만남의 의미로 해석될 수 있다.

좀 더 구체적으로, 현대의학의 정신과학에 입각하여 현대인의 여러 질병들을 정신학적 방법으로 치유할 수 있다고 하는 입장과 동양학적 관점에 입각하여 인간의 오랜 경험을 통해 축적된 지혜와 기술을 현대의 삶에 적합하게 응용함으로써 인간의 여러 질병들을 치유할 수 있다고 하는 동양학적 치료방법의 입장에 대하여 상호 협력적으로 대화를 나누는 모임의 성격으로 이해할 수 있다.[32)]

처음 이홍식 교수는 다음과 같은 언급으로 대화의 물꼬를 텄다.

"지금 나한테 무슨 힐링이 필요한지, 그것을 찾고자 하는 마음만으로도 오늘의 힐링 트레킹은 성공적이라고 말할 수 있습니다."

이에 조용헌 박사가 다음과 같이 응수하였다.

"현상이란 인연의 축적인 까닭에…, 오늘 만난 사람들은 (아마도…) 전생에 한 번쯤은 서로 만난 인연이 있었을 수도 있죠."

화제를 바꾸어 이 교수가 조 박사에게 질문하였다.

"조 박사님은 행복합니까?"

"행복한 것 같지는 않은데…, 행복한 척하려고 합니다. 이 교수님은 행복하십니까?"

"행복해지려고 발버둥치고 있습니다. 하하하!"

두 사람의 대화의 흐름은 자연스럽게 개인과 가족, 그리고 사회 안에 있어 '행복의 문제'로 연결되었다. 더불어 요즘의 세태에 대한 평가도 덧붙여졌다.

---

32) 이홍식 교수는 서울 세브란스 병원에서 35년간 정신과 의사로 재직하면서 우울증과 스트레스 환자를 돌보고 치료해왔다. 2004년 '한국자살예방협회'를 창설하였고, 지금 세브란스 명예교수, 자살예방협회 이사장으로 재임 중이다.
조용헌 박사는 현재 『조선일보』의 「조용헌 살롱」의 집필자로 활약하고 있으며, 동양학 관련 저서 20여 권을 출간했다. 그는 동양학을 현대 상황에 맞춰 재해석하려 시도하였다. 이런 시도로 동양학을 실생활에 도움이 되도록 현실화함으로써 동양학을 실용적 학문의 영역으로 들여왔다는 평가를 받고 있다.

많은 시간이 흐르고 환경의 변화를 맞으며 오늘의 시대는 과거와는 달리 세상인심과 이웃 간의 정(情)은 한층 더 각박해지고 삭막해져가고 있으며, 사람들 상호 간의 소통과 대화 역시 과거에 비해 더욱 줄어들고 메말라져가고 있다는 비판이 언급되었다. 또 베이비부머(baby boomer) 세대의 제도권 밖으로의 소외문제와 직장인들에게 있어 생존을 위한 치열한 경쟁으로부터 야기되는 극심한 스트레스와 부작용의 문제도 진단되었다. 그리고 가정 안에 있어서의 의미있고 행복한 삶은 어떻게 만들어나갈 수 있는지에 대한 토론도 자연스럽게 이어졌다.

문제점들의 지적은 다음과 같았다.

요즘 현대인의 삶이 과거에 비해 모든 점에 있어 옛날보다 훨씬 좋은 조건, 풍요롭고 편리한 시설의 혜택을 누림에도 불구하고 왜 개인의 삶이 옛날보다 순수하거나 정겹지 못한가? 또 삶에 있어서 보람과 기쁨을 느끼기보다는 삶이 우울하고 고통이 많다고 평가되는 이유는 무엇인가? 왜 진심으로 행복하다고 느끼기가 그토록 어려울 수밖에 없는 것일까?

오늘날 기존의 가치체계와 윤리관이 그렇게 힘없이 무너져가고 있는 이유는 과연 무엇인가? 또 가장의 권위가 점점 실추되고, 형제간의 우애가 엷어지고, 가정 안에서 가족 간 공통의 관심사가 현격히 줄어들어가고 있는 이유는 무엇인가? 또 사람과 사람 간의 관계가 더욱 소원해져가고 무관심해져가는 원인들은 무엇인가?

사회 역시 이와 크게 다르지 않음도 토론되었다. 현대교육에 있어서 효율성과 실용성의 가치만을 지나치게 강조한 나머지, 감성과 배려, 양보와 인내의 가치는 여지없이 뒷전으로 밀려나고 있는바, 이는 과연 바람직한 교육의 모습인가? 또 산업화와 기계화의 가속화 내지 최고를 목적으로 한 경쟁력의 강조화로 정작 삶에 있어 본질적 요소가 되는 친구나 선후배, 동료들 사이의 따뜻한 우정의 관계, 직장 내의 상사와 부하 직원들 사이의 친밀한 격려와 응원의 관계가 점점 더 식어가고 있음을 어떻게 회복해야 할까?

해결책의 차원에서 무엇보다 선행되어야 하는 것은 한국사회의 집단적 신드롬과 이로부터 파생되는 문제들에 대한 분석이 시급히 이뤄져야 한다는 것이었다. 그런 검토와 연구의 바탕 위에 필요한 치유책이 마련될 수 있다고 진단하였다. 곧, 이런 해결책들이 단계적으로 꾸준히 실천될 때, 행복한 삶을 구현할 수 있는 기초와 바탕이 만들어질 수 있다고 결론지었다.

'힐링 트레킹'에서 언급된 결론들 가운데 몇 가지 구체적 치유책을 예로 들자면, 좌선과 명상을 통한 정적인 방법들, 걷기와 등산을 통한 동적 명상의 치유방법 등이 제시되었다. 이런 종래의 치유방법과는 전혀 다른 색다른 방법들을 통해 상처 받은 몸과 마음이 점진적으로 치유될 수 있다는 것이다. 나아가 이런 방법론은 직장과 공동체 안의 소속감, 정체감을 회복시켜줌은 물론, 삶의 가치와 행복을 되찾을 수 있는 바람직한 수단이 될 수 있는 것으로 진단한 것이다. '힐링 트레킹' 프로그램의 의도이자 궁극적 목적은 바로 이러한 특별한 치유의 방법을 통하여 참다운 삶의 가치와 의미를 깨닫게 하는 데 있었다.

이상의 법정스님의 말씀이나 '힐링 트레킹'의 내용을 철학적 상황들과 연결시켜 고찰해본다면 이는 논리학이나 형이상학, 또는 미학이나 인식론 등의 입장이 아닌, 윤리학 안에 있어서의 윤리학적 단계의 방법론임을 알 수 있다.

2. 철학사상: 아리스토텔레스와 함께

아리스토텔레스(Aristoteles, BC 384~322)는 플라톤과 함께 고대 그리스 사상의 양대 산맥 중 하나로 서양철학의 바탕을 구축했다는 평가를 받고 있다.

그는 자신의 대표적 저서 『니코마코스 윤리학』[33]에서 윤리적 사유의 체계들에 대한 내용들, 삶과 전통적 도덕 속의 윤리적 재료들, 그리고 고대 그리스 문명의 도덕적 세계관을 언급하고 있다.

그의 윤리학적 사상들은 이론철학과는 달리 사람들의 실제 행동과 삶의 방식에 대한 원리들을 취급하는 '실천철학'으로 분류된다.

아리스토텔레스의 도덕적 담론들을 언급하고 있는 윤리학적 사상의 핵심 주제는 인간의 '행복(eudaimonia)'의 문제이다. 그의 저서 『니코마코스 윤리학』의 세부적 문제와 논변들은 전체적으로 볼 때 대략적으로 '어떤 삶이 좋은 삶인가? 어떤 삶이 행복한 삶인가?'에 대한 내용들을 취급하고 있다.

아리스토텔레스에 따르면 세상에 있어 모든 기능, 모든 탐구, 그리고 모든 행위의 선택은 '좋음'의 추구를 목표로 한다. 그의 경우, '좋음'은 인간존재의 삶 안에서 펼쳐지는 인간의 행위들 중에서 '잘함'의 기능을 통해 드러난다. 그리고 세상의 모든 '좋음'들 중에서 상위의 가치를 지니는 탁월한 '좋음'이란 바로 행복의 취득을 뜻한다. 그런 까닭에 그에게 행복은 '최상의 좋음(최고선)'으로 해석된다. 그리고 이런

---

33) 아리스토텔레스의 대표작으로 삶의 실천적 문제들을 분석하고 풀이하고 있다. 실제적 삶의 원리들을 발견하고 그 당위성을 탐구하는 실천철학의 내용들을 취급하고 있다. 그의 실천철학은 내용들의 특징에 따라 윤리학과 정치학으로 구분되기도 한다. 아리스토텔레스, 강상진 · 김재홍 · 이창우 옮김, 『니코마코스 윤리학』, 서울: 도서출판 길, 2011, pp.336~339.

행복은 완전하고 자족적인 어떤 것으로서 삶 안에서 다양한 행위를 통해 성취될 수 있다. 이는 삶의 최종적 목적이 될 수 있는 것이며, 그 목적으로 가는 과정의 활동과 비판은 효과적인 성과물로 파악한다.[34)]

> 모든 종류의 앎과 선택은 어떤 좋음을 욕구하고 있다. 정치학이 추구하고 지적하는 좋음은 무엇인지, 또 행위를 통해 성취할 수 있는 모든 좋음들 중 최상의 것은 무엇인지, 그것은 … 거의 모든 사람들이 동의하고 있는 (곧) 대중들과 교양 있는 사람들 모두가 (한결같이) 말하고 있는 행복(eudaimonia)이다.
>
> '잘 사는 것(en zēn)'과 '잘 행위하는 것(eu prattein)'은 '행복하다는 것'과 같은 것으로 생각할 수 있다.[35)]

아리스토텔레스의 윤리학의 내용 중 가장 중심적 주제가 되는 것은 단연 '행복'의 개념이다. 행복의 내용은 모든 인간들의 행위들과 이들 상호 간의 연관성과 체계들, 그리고 이런 행위들로 구성되는 인간적 삶을 통해 진술된다.

아리스토텔레스에 따르면 행복은 사람들이 추구하는 다양한 목적에 따라 각기 다르게 나타날 수 있다. 예컨대, 어떤 이들에게 있어 타인으로부터의 명예와 인정, 또는 부의 축적이 자신이 추구하는 삶의 목적이라면 그 목적에 걸맞은 명예와 인정, 그리고 많은 재산의 축적이 그들에게는 행복이 될 수 있다. 그 밖에도 '정치적인 삶',[36)] '정의

---

34) 위의 책, pp.13~32. 제1부 1~7장 참조.

35) 위의 책, pp.17~19.

36) 그는 모든 학문들 중 으뜸으로 정치학을 꼽았다. 폴리스 안에서 모든 시민들이 어떤 종류의 학문을 얼마만큼, 어떻게 배워야 하는지를 정치학만이 규정할 수 있다고 보았기 때문이다. 그 까닭으로 형법, 가정경제학, 수사학 등 높은 평가를 받는 능력의 학문들도 정치학 밑에 놓이는 것으로 판단하였다.

를 발휘하는 삶', '쾌락과 즐거움을 추구하는 삶', 그리고 자신의 고유한 기능을 뛰어나게 발휘하는 활동, 즉 어떤 탁월한 기능을 갖춘 뛰어남의 추구, 또 선과 명상을 통한 맑은 영혼의 소유 등이 각자 자신들이 목표했던 목적이었다면 그 목적을 합당히 달성하는 것 또한 행복이 될 수 있다. 그리고 그런 목적을 성취하기 위한 행동들이 선덕(善德)이냐 혹은 악덕(惡德)이냐 하는 구별은 인간 고유의 기능의 발휘가 긍정적이고 정의로운가, 또는 소극적이며 부정적인가 하는 평가와 판단에 따라 달라질 수 있다.[37)]

원인이 무엇이든 아리스토텔레스에게 있어 인간 삶의 최종 목적은 '행복의 소유'이다. 그것은 모든 좋음 중 최상의 것을 뜻한다. 나아가 그에게 있어 '최상의 좋음'은 '최고의 선'으로 이해된다.

인간은 세상에 태어나 무엇을 위해 사는가? 이에 대한 답으로 아리스토텔레스는 주저 없이 인간은 행복해지기 위해 산다고 답하고 있다. 그에 따르면 인간의 모든 활동 목적은 최고로 좋은 것인 '선'의 추구에 있다. 더불어 '선'을 추구해나가는 과정 또한 이에 못지않게 중요하다. 그 과정이란 세상 안에서 우리가 추구해야 할 목적 그 자체로 가는 길이기 때문이다. 궁극적으로 아리스토텔레스에 따르면 '행복을 얻는 것'이 '선'들 중 '최고의 선'이 됨을 알 수 있다.

아리스토텔레스가 말하는 행복은 플라톤(Platon, BC 427~347)이 말하는 선의 이데아와는 달리, 현상계 안에서 인간의 힘과 노력으로 얻을 수 있는 선을 뜻한다. 말하자면 플라톤은 현실세계 저 너머 피안의 세계에 존재하는 완전함 그 자체인 이데아 세계의 이상(理想)을 주장한다. 곧, 플라톤의 이데아는 현실세계의 사물들과 인간의 물질적 조건이 없이도 홀로 존재가 가능한 그런 선의 개념이다. 이와는

---

37) 위의 책, pp.431~433.

달리 아리스토텔레스의 경우, 그는 현실세계 안의 구체적인 선과 행복을 주장하고 있다.

행복을 선으로 해석한 아리스토텔레스는 선으로서의 행복을 '완전한 덕에 따르는 마음의 활동'으로 규정한다. 그런 까닭에 덕이란 합리적인 행위를 선택하는 품성임과 동시에 중용을 추구하는 인품이라고 이해한다.

중용이란 실천적 이성을 가진 사람들이 어떤 행동을 결정할 때 그 기준이 되는 척도의 성격이다. 중용은 지나침으로 발생하는 악덕과 부족함으로 발생하는 악덕 사이에 있어 제어와 조절의 기준 장치가 된다. 곧, 이 장치는 악덕으로부터 비롯되는 감정을 경계하도록 일깨워주고, 또 행위에 있어 옳은 것에 미치지 못할 경우에는 이에 다다를 수 있도록 고무시켜주는 역할을 한다. 예컨대, 그 기준을 지나치게 넘어설 때 그 지나침을 절제시켜주거나, 또 부족할 때 이를 적절하게 보충하는, 그러므로 중간의 합리적 방향을 선택하게 만드는 역할을 담당한다. 그렇게 함으로써 덕은 그 실체와 본질에 있어서 언제나 원만하고 안정된 중용의 길을 선택할 수 있게 만든다. 아리스토텔레스가 판단하는바, 중용의 덕이 추구하는 것은 자연스럽게 최선의 것과 가장 옳은 것으로 귀결된다.

아리스토텔레스는 덕을 인간다운 존재를 만드는 기술로도 이해하였다. 예를 들어 누구든지 처음부터 피리를 잘 불 수는 없다. 피나는 노력과 연습을 통해 잘 불 수 있게 되는 것이다. 사람의 성품을 만들어나감에 있어서도 마찬가지다. 다시 말해 인격적이며 품위를 지닌, 곧 덕행을 갖춘 사람이 되기 위해서는 인간다운 존재가 될 수 있는 그런 연습과 기술을 잘 연마할 필요가 있다는 뜻이다. 저명한 음악가의 경우 꾸준한 연습과 고된 수련을 통해 탁월한 예술성과 테크닉을 갖게 되는 것처럼, 인간의 인격과 품성을 갖춤에 있어서도 수많은 연습과 수양을 통해 자기 자신을 갈고닦아나갈 때 이에 맞갖은 능력일 수 있는 탁월한 덕을 옳게 갖출 수 있게 된다는 의미이다. 결론적으로 아리스토텔레스의 경우, 덕이란 행복에 이르기 위한 '기술 연마'의 차원이라고 이해한다.

아리스토텔레스는 덕을 도덕적인 덕과 지적인 덕으로 구분하고 있다. 그리고 이 둘은 균형을 이루면서도 상호 의존적인 것으로 파악한다. 곧, 지적인 덕은 이성의 숙고를 통해 갖추어진 덕으로서 인간 행동에 있어 올바른 목표를 설정하는 역할을 담당한다. 이에 반해 도덕적인 덕은 욕구와 성격이 내재된 덕으로서 설정된 목표를 구체화하고 실현시키는 행동을 이끌어가는 역할을 맡게 된다. 이 덕은 습관의 결과로 만들어질 수 있다. 지적인 덕의 경우, 이는 교육과 훈련에 의해 성장되고 이루어질 수 있는 덕으로 후천적으로 학습된 품성으로 이해할 수 있다.

인생을 살아가면서 누구에게나 보편적으로 적용되는 진정한 삶과 행복한 삶에 대한 정답이나 기준은 있을 수 없다. 사람마다 처해진 상황에 따라 각기 다를 수 있기 때문이다. 아리스토텔레스가 앞서 언급했듯이 어떤 사람은 권력이나 부, 혹은 쾌락이나 명예를 행복으로 생각할 수 있다. 또 몸이 약한 사람들은 건강을, 가난한 사람의 경우 부유하고 풍족한 삶을 행복으로 생각할 수 있다. 또 자신의 무지를 자각한 사람들은 해박한 지식의 동경과 이에 대한 추구를 행복으로 생각할 수 있다. 예를 들어, 황혼에 이르기까지 학문을 추구하는 사람들의 경우가 이에 해당한다.

행복에 대한 절대적인 정의는 한마디로 정의될 수 없다. 무엇보다 '행복'에 대한 다양한 여러 주장들은 폭넓게 수용되고 존중되어야 하기 때문이다. 어떤 주장이 일방적으로 최고의 가치를 지닌 것으로 판단되거나 고집되는 것도 지양되어야 한다. 가장 많은 사람들이 보편적으로 관심을 갖고 생각하고 추구하는 '행복'이란 과연 어떤 것인지, 또 세상에서 항구적이고 절대적인 참된 행복은 존재할 수 있는 것인지, 사려 깊고 통찰력 있는 탐색과 토론이 긍정적으로 계속되어야 할 필요가 있다.

3. 신앙과의 관계 안에서

행복하여라, 마음이 가난한 사람들! 하늘나라가 그들의 것이다.
행복하여라, 슬퍼하는 사람들! 그들은 위로를 받을 것이다.
행복하여라, 온유한 사람들! 그들은 땅을 차지할 것이다.
행복하여라, 의로움에 주리고 목마른 사람들! 그들은 흡족해질 것이다.
행복하여라, 자비로운 사람들! 그들은 자비를 입을 것이다.
행복하여라, 마음이 깨끗한 사람들! 그들은 하느님을 볼 것이다.
행복하여라, 평화를 이루는 사람들! 그들은 하느님의 자녀라 불릴 것이다.
행복하여라, 의로움 때문에 박해를 받는 사람들! 하늘나라가 그들의 것이다.
(마태 5:3~10)

위의 성경 구절은 예수님의 진복팔단(眞福八端)의 산상수훈 말씀이다. 이는 갈릴래아 지방에서 여러 기회에 걸쳐 행하신 강화 말씀 중 하나이다. 이 진복팔단의 말씀은 성경 전체에 걸쳐, 또 세계문화 전체에 걸쳐 하느님과 인간, 그리고 인간과 인간 사이에 있어 가장 완벽한 수준의 윤리적 규범과 사상체계를 보여주고 있다고 평가받고 있다.

위의 성경 말씀은 복음 저자가 예수님의 강화 말씀에 대한 어록을 토씨 하나 틀리지 않게, 또는 주관적으로 해석하여 나름대로 적당한 글로 표현해놓은 기록이 아니다. 곧, 예수님의 많은 가르침들을 질서 있고 간결하게 핵심 부분만을 간추려서 체계적으로 정리해놓은 기술로 이해해야 한다.

진복팔단이란 예수님께서 갈릴래아의 한 산지에서 말씀하신 '여덟 가지 행복'에 대한 선언문이다. 예수님께서는 이 선언을 통해 행복한 자의 조건과 행복의 내용에 대해 말씀하고 있다.

매번 서두에 "행복하여라"라는 말씀으로 시작되는 여덟 가지 행복 선언의 내용은 그 내면을 들여다볼 때 행복의 의미가 지상의 일시적인 물질과 명예, 그리고 쾌락을 뜻하는 것이 아니고, 최종적으로 종말론적인 내세의 영원한 행복을 의미하는 것으로 알아들어야 한다.

위의 여덟 가지의 행복은 모두 지상의 삶이 끝나고 내세에 있어 선인들에게 주어지는 지복직관의 영원한 천국의 기쁨을 뜻한다. 철학적으로 판단할 때 피안의 세계에 존재하는 '초월적 복'으로 이해할 수 있다. 종교적으로 말한다면 누구든지 이 행복에 맛들이게 될 때 우리가 세상에서 그동안 누려왔던 세속적 행복은 그야말로 비교도 되지 않는다는 것이다. 지상에서의 행복이란 한순간 먼지 티끌 정도에 지나지 않는다. 다시 말해서 천국에 있어서의 영원한 행복은 지금 이 세상에서 누리고 있는 모든 행복을 뛰어넘는, 곧 우리가 피상적으로 누리고 있는 그런 행복과는 감히 비교할 수조차 없는 그런 최상의 행복이란 뜻이다.

예수님의 "행복하여라"라는 산상설교의 선언에는 차안(此岸)에서와 피안(彼岸)에서의 삶의 목표가 이미 정해져 있다. 곧, 인생의 목적은 어떤 경우에서든지 행복한 삶의 추구로 볼 수 있다. 당연히 인간은 세상에 태어나 행복을 목표로 삶을 살아가고 있고, 그렇기에 인생은 행복한 삶을 실현하는 과정이기 때문이다.

사실상 위의 성경 구절에 있어 천국의 의미가 종말론적이기는 하지만 영적으로 이 땅에서 우리가 이미 그 천국에 참여하고 있다는 사실도 간과해서는 안 된다. 곧, 세상에서 부분적으로 그 천국을 느끼며 살아갈 수 있다는 것을 절대로 잊어서는 안 된다는 의미이다.

예수님은 구체적으로 차안의 세상에서나, 지상의 삶 이후에 이어지는 피안의 세계에 있어서나 인간이 행복해질 수 있는 방법으로서 산상수훈의 참뜻을 성실히 실천해야 함을 촉구하고 있다. 세상에서 천국을 느낄 수 있는 조건은 다름 아닌 하느님을 향한 항구하고 한결같은 믿음의 자세에 있음을 우리는 다시금 새롭게 깨달아야 한다는 뜻이다.

4. 살며 사랑하며

눈보라 치는 어느 겨울 날 미국의 저명한 설교사 필립스 브루커스가 한 거리를 걷고 있었다. 그러던 중 한쪽 길모퉁이에서 갑작스럽게 걸음을 멈추었다. 남루한 옷차림으로 벌벌 떨고 있는 한 신문팔이 소년이 눈에 들어왔기 때문이다. 그는 지체 없이 그 소년에게 다가갔다. 그리고 신문 몇 부를 집어 들며 다정한 목소리로 소년에게 말했다.

"오늘은 무척 춥구나. 괜찮니?"

소년이 환한 얼굴로 답했다.

"조금 전까지요, 아저씨를 만나기 전까지는 너무나 추웠거든요. 그런데 지금은 괜찮아졌어요. 이상하게도 마음까지 따뜻해졌어요."[38]

38) 프랭크 미할릭 엮음, 성찬성 옮김, 『느낌이 있는 이야기』, 서울: 바오로딸, 2010, pp.122~123.

소년의 환한 얼굴과 따뜻해진 마음은 추위까지 잊게 만든 친절의 '선'으로부터 비롯된 것이리라. 이것이 바로 행복의 상태인 것이다. 그러므로 행복은 우선적으로 어떤 좋은 감정이나 느낌으로부터 올 수 있다. 곧, 행복은 '선'의 실천의 결과물로서 삶의 기쁨이며 환희이기도 하다. 물론 그것은 사람들의 개성이나 주어지는 조건에 따라 다양한 모습으로 표출될 수 있다. 궁극적으로 우리가 지향해야 할 행복은 '선'함에서 비롯되어야 하며, 참된 기쁨을 선사해줄 수 있어야 한다.

브루커스 설교사가 소년에게 관심을 보이고, 신문을 몇 부 사주었던 아주 작고 사소한 행동들 안에는 이미 진심과 친절, 그리고 사랑 실천의 선한 마음이 내재되어 있었다. 바로 이런 요소들이 소년의 마음을 움직일 수 있었고, 소년을 행복하게 만들 수 있었다.

◆ ◆ ◆

문제는 세상 안에서의 행복은 물론, 피안의 세계의 영원한 행복을 얻기 위해 지금 우리에게 주어진 현실적인 삶을 어떻게 살아나가야 할 것인가이다. 기본적으로 우리는 인생의 목표를 설정하고 삶의 영위를 통해 '행복'을 실현시켜나갈 수 있어야 한다. 여기에서 삶의 영위란 행동으로 옮기는 실천을 의미한다. 그리고 행복의 실현을 위한 행동의 실천에는 인지적 각성, 균형 잡힌 감정, 그리고 굳건한 의지가 반드시 함께 동반되어야 한다.

어떤 경우, 인생에 있어 꼭 실천해야 할 필연적인 행동이 용기 있게 행해져야 함에도 불구하고 의지와 판단의 부족함, 또는 감정의 나약함으로 인해 실행으로 옮겨지지 못하는 경우가 종종 발생한다. 그런 까닭에 강인한 심성의 유지와 굳건한 의지의 고취는 오직 부단한 연습과 훈련을 통한 습관화로서 만들어질 수 있다. 바로 이렇게 갖추어진 습관이 덕을 만들고 또 인격을 만드는 밑거름이 되어 참된 행복을 향해 나아갈 수 있는 원동력이 될 수 있기 때문이다.

◆ ◆ ◆

공자(孔子)와 그 제자들의 언행록인 『논어(論語)』에 보면 행동과 습관의 중요성을 다음과 같이 강조하고 있다.

> 學而時習之 不亦說乎(학이시습지 불역열호)
> 시간이 주어질 때마다 배우고 익히면 어찌 기쁘지 아니하겠는가.

이 뜻은 학문 연마에서 뿐만 아니라 다른 경우에 있어서도 적용시켜볼 수 있다. 곧, 어떤 일에 있어서든지 반복해서 공부하고 연습하여 목표한 바를 자기의 것으로 만들어나갈 수 있다면 그것보다 큰 기쁨이 어디에 있겠는가! 바로 수양과 인격 도야에 있어서도 마찬가지다. 이러한 노력의 결실이 쌓여 인품을 만들고 사람됨을 만들어나가게 되기 때문이다. 결과적으로 이와 같은 습관화의 자기화 과정은 곧 인간의 삶 안에 있어 우리 인생이 목표로 하는바 '행복'을 찾아갈 수 있게 하는 튼튼한 통로를 구축하는 것과 같다.

◆ ◆ ◆

2004년 4월 2일, 긴 시간을 통해 숱한 일화와 감동을 남기신 요한 바오로 2세 교황께서 84세의 일기로 승하하셨다. 교황께서는 유서와도 다름없는 다음과 같은 편지를 남기셨다.

바티칸 공의회로 주님은 나를 인도하셨습니다.

벨지움에서 사목을 할 때 나는 젊은이들의 열정에 찬 모습도 봤습니다.

세계 여러 나라를 방문하고 변화를 위해 기도로 의탁하기도 했습니다.

새 천 년의 문을 열어놓고 이제 나는 주님께 나를 바칩니다.

이제 새 천 년의 시작은 여러분이 해야 합니다.

나는 너무 많은 일을 했습니다.

많은 고통도 겪었습니다.

쉴 시간이 없었습니다.

늘 기도했습니다.

너무 오랫동안 고독 속에서 주님이 원하시는 일을 실천하느라 고통스러웠습니다.

이제 그 십자가를 여러분에게 넘기고 나는 쉬러 갑니다.

지금은 쉬고 싶습니다.

너무 힘들고 외로웠습니다.

나에게 친구가 필요했습니다.

즐기고 싶었으며, 울고 싶기도 했고, 방황도 하고 싶었습니다.

나는 이제 그대들 곁을 떠나지만 내가 하던 일은
하느님의 이끄심에 의해 계속될 것입니다.
나는 이제 모든 짐을 벗어버리고, 편히 주님께 갈 수 있어서
"나는 행복합니다."
"그대들도 행복하십시오!"

위의 글은 요한 바오로 2세께서 교황이기에 앞서 우리와 똑같은 한 인간으로서 나름의 깊은 고뇌와 갈등을 갖고 있었음을 보여주고 있다. 세상 사람들처럼 즐기고 싶기도 했고, 울고 싶기도 했으며, 방황하고 싶기도 했다고 말씀하시는 교황님의 고백은 '아! 그분도 사람이셨구나!' 하는 연민과 동정을 갖게 하기도 한다.

그럼에도 불구하고 교황께서는 자신에게 주어진 삶과 자신에게 맡겨진 소명에 대해 최선을 다했음을 보여주고, 또한 세상을 사는 우리에게 최선을 다해 인생을 살아보라고 격려와 용기를 주는 응원의 메시지도 함께 보내고 계신다. 그분께서는 우리 또한 인간적이며 행복한 삶을 잘 살아갈 수 있길 진심으로 바라고 계시며, 천국에서도 우리에게 계속적으로 기도해주실 것을 믿어 의심치 않는다.

우리도 언젠가 살아서 숨 쉴 수 있는 마지막 순간을 맞이하게 될 때 "나는 사는 동안 정말 행복했습니다!" "여러분도 행복하십시오!"라고 말할 수 있는 삶을 살아갈 수 있길 기원해본다. 그리고 언제 닥칠지 모르는 죽음의 순간 어떤 두려움과 공포 없이 그 시간을 은총의 시간으로 맞이할 수 있기를 기도할 뿐이다.

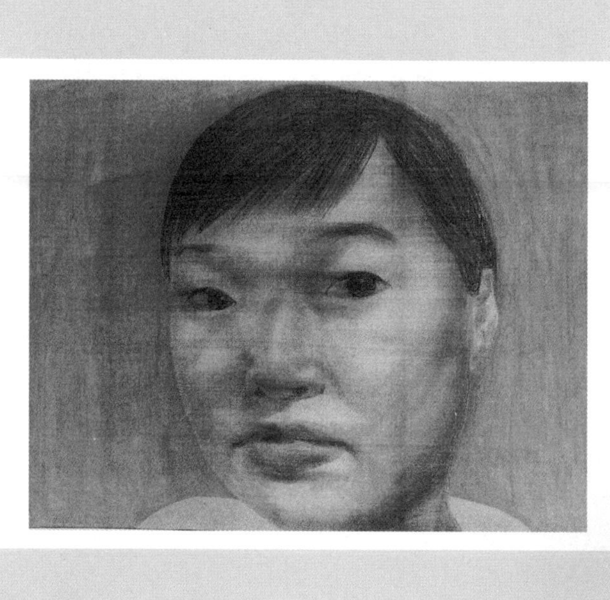

6.

나의 동창 김재문 신부님

야스퍼스와 함께

1. 삶이 내게 말을 거는 순간

나는 지금 이 지면을 통해 우리 동창 김재문 신부님에 관한 이야기를 했으면 한다.

언제 그렇게 세월이 흘러갔는지 꼭 엊그제의 일만 같은데…, 벌써 39년이란 시간이 지나갔다. 김재문 신부님이 이 세상을 떠나 하느님 품에 안긴 지가….

이제 그의 죽음을 되새겨본다고 하는 것이 낯설게 느껴지지 않는다. 왜냐하면 그동안 여러 명의 동창 신부들이 세상을 떠났고, 김재문 신부님의 죽음은 너무나도 먼 시간의 기억이 되었기 때문이다. 죽음의 실재 역시 나에게조차 지금은 아주 가깝게 다가와 있음을 실감하기 때문이다.

김재문 신부님의 삶과 죽음의 실존은 야스퍼스의 삶 그리고 그가 생각하는 실존의 의미와 너무 밀접히 관련이 되어 있다. 야스퍼스 역시 그의 삶의 역사 안에는 공포와 죽음의 그늘이 늘 드리워져 있었고, 그 역시 또한 내세의 존재와 하느님의 존재를 굳게 믿는 충실한 신앙인이었기 때문이다. 두 사람의 경우, 하느님을 굳게 믿고, 그분께 모든 것을 의탁하는 신앙인으로서의 자세는 똑같았다. 곧, 야스퍼스의 철학적 신앙의 사상과 김재문 신부님의 삶과 죽음의 실재는 '실존(existentia)'의 범주 안에서 고찰할 때 서로 같은 의미를 공유하고 있기 때문이다.

김재문 신부님은 병역 판정 신체검사 결과, 좋지 않았던 시력 등의 문제로 병역 면제를 받아 우리보다 3년 먼저 사제가 되었다. 그리고 보좌신부로 발령을 받아 사제 직무를 시작하였다.

보좌신부 생활을 해나가던 중 뜻하지 않게 '신부전증'이란 병을 얻게 되었다. 병은 전혀 뜻밖으로 악화되어갔다. 급기야 두 눈의 시력까지 빼앗기는 상황으로 치달았다. 콩팥이 제 기능을 전혀 못하게 되어 자주 피를 보충해주거나 투석해주어야 했다. 눈이 거의 보이지 않게 되자 필요한 무엇을 찾을 때나 화장실 등을 가게 될 때 타인의 도움이 없이는 전혀 움직일 수가 없게 되었다.

엎친 데 덮친 격으로 이런 가혹한 육체적 고통은 그의 신앙에 대한 갈등과 회의의 깊은 수렁 속으로 그를 빠뜨렸다. 하느님을 원망하기도 했고, 때로는 부인하기까지도 하였다.

"왜 나한테 하느님께서 이런 병을…? 왜, 무엇 때문에, 무슨 이유가 있어 이런 고통을 주시는 겁니까…?"

시간이 흘러가면서 신부님께서는 안정과 평정심을 되찾아갔다. 그러나 병은 전혀 호전됨이 없었다. 하느님께 모든 것을 의탁하는 것 외에는 이 세상에 다른 방법이라고는 전혀 존재하지 않았다. 이제 남은 것은 죽음을 잘 준비하는 일뿐이었다.

죽음이 임박했음을 깨달은 신부님께서는 세상에서의 마지막 미사를 병원이 아닌 성당에서 지내기를 원하셨다. 때는 사순기간 중이었다. 전해지는 말에 따르면 이 기간에 죽게 될 때 누구든지 천국에 갈 수 있다고 하는 은총과 영광의 시간이기도 했다.

사순기간 중 어느 주일 날, 신부님은 보호자들의 부축을 받아 마침내 성당에서 미사 참례를 할 수 있게 되었다. 미사는 김수환 추기경님께서 주례하시는 미사였다. 영성체 시간이 되자 추기경님께서 직접 성합을 들고 신부님 자리로 가셨다. 먼저 추기경님께서 신부님께 성체를 영해드렸다.

"그리스도의 몸"

신부님께서 답하셨다.

"아멘"

이 일이 끝나자마자 추기경님께서는 성합을 복사에게 건넸다. 그리고 두 손으로 앞을 전혀 보지 못하는 신부님의 두 손을 움켜잡으며 안부를 물으셨다.

"아? 추기경님!"

깜짝 놀란 신부님은 그만 눈물부터 왈칵 쏟고 말았다. 그리고 잠시 심정을 가라앉힌 다음 울먹이며 말을 이었다.

"추기경님! 왜 예수님께서 당신을 두고 '나는 길이요, 진리요, 생명이니라'라고 하셨는지 이제 아주 조금은 알 수 있을 것 같습니다."

추기경님께서 좀 더 굳건히 손을 잡은 채 더 가깝게 다가가셨고, 신부님을 품으로 껴안으며 말씀하셨다.

"신부님은 사제 생활을 채 1년도 하지 못하셨지만 30여 년이 훌쩍 넘게 사제 생활을 해온 나보다 하느님을 더 깊이, 더 가까이 체험하고 계십니다."

몇 주 후 신부님은 주위 분들의 기도 가운데 평온히 하느님 품에 안겼다. 신부님께서는 그를 알고 있는 모든 분들께 굳건한 의지와 용기, 그리고 깊고 흔들림 없는 믿음을 값진 선물로 남겨주었다.

2. 철학사상: 야스퍼스와 함께

모처럼 칼 야스퍼스(Karl Jaspers, 1883~1969)[39]의 저서『철학적 신앙』을 다시금 읽어볼 기회가 주어졌다. 30년 전쯤 학생들에게 그의 철학을 가르쳤을 때와는 달리 지금의 느낌은 '야스퍼스와 그에 대한 생각이 이렇게 다른 느낌으로도 다가올 수 있는 것이구나!' 하는 생각이 들었다. 만약 지금 야스퍼스에 대한 강의를 다시 또 하게 된다면 어떻게 하게 될까 하는 자문도 해보게 된다.

---

39) 독일 출신의 현대 실존주의(Existenzphilosophe) 사상가이다. 야스퍼스는 의학 박사학위를 받고 국가 승인 의사면허를 취득한 후 하이델베르크대학의 정신병리학 교수로 재직하게 되면서부터 본격적인 학문의 길을 걷기 시작하였다. 이 시기를 통해 막스 베버(Max Weber)와의 만남과 교제가 이루어지며, 그로부터 인격적으로, 신앙적으로 지대한 영향을 받게 되었고, 이로 인하여 철학에 관심을 갖게 된다. 이후 키에르케고르, 니체 등의 사상과 접하게 되면서 이런 상황들은 결정적으로 의학에서 철학으로 그의 진로를 바꾸게 하는 결정적 계기가 된다. 이후 후설, 하이데거 등과 친분을 쌓으며 사상의 폭을 더욱 넓혀가게 되었다.
1922년에는 철학교수의 자격을 얻게 되어 하이델베르크대학 철학부 정교수로 취임하였고, 이후 당시 강단철학을 지배했던 신칸트학파의 인식론적 철학사조를 비판하기도 하였다.
나치 정권 하의 교수직 면직 이후, 1945년 복직과 함께 하이델베르크대학과 스위스 바젤대학 교수를 역임하게 된다. 이 시기에 야스퍼스는 역사적이며 구체적인 삶 한가운데에서 인간존재들이 헤쳐나가지 않으면 안 되는 주체적이며 내면적인 현존재의 실존의 문제를 탐구하여 정립케 되는데, 이때의 결정체가 바로 '야스퍼스의 실존철학'이라 말할 수 있다.
한 걸음 더 나아가 그는 강단의 철학만을 강의하는 철학교수를 뛰어넘어 정치와 경제, 그리고 과학과 종교의 세계와의 폭넓은 소통에 이르기까지 그의 탐구를 확장시켜나감으로써 인류의 정신 속에 내재한 이성적 양심과 보편적 의지의 개념을 유럽의 세계에 고취시키고자 최선의 노력을 다하였다.

실제적 삶의 관점에서 볼 때, 야스퍼스는 나치즘의 박해를 현실 안에서 온몸으로 겪어내면서 기독교의 배타적 계시신앙과 우상화된 과학주의를 거부했던 인물이다. 이런 사조 안에서는 유럽의 허무주의의 사조 역시 거부하게 됨은 당연한 귀결이었다. 이런 흐름에 대한 반감과 환멸이 야스퍼스에게 있어 참된 철학의 길과 충실한 신앙을 갖게 만드는 근본적인 원인이 되었다.

야스퍼스는 한때 자신의 부인(Getrud Mayer)이 유대인이라는 이유로 나치스 정권 하에서 교수직과 출판의 자유를 박탈당했다. 이 시기가 바로 그에게 있어 그의 부인과 함께 헤쳐나가지 않으면 안 되었던 가장 고통스럽고 위협적인 공포와 불안의 수난 시기였다. 종교적인 측면에서 볼 때, 이 시기는 그들로 하여금 초월자와 신앙에 대한 믿음을 더욱 굳건히 하고 깊이 있게 만드는 소중한 시간이 되어주기도 하였다. 이런 비극적 참상의 목격과 무참한 파괴의 직접적 체험은 야스퍼스가 신앙의 성숙과 함께 자신의 사상의 깊이를 더하게 만들고, 나아가 그의 '철학적 신앙'의 확고한 신념을 더욱 확고히 뿌리내리게 하는 획기적 전환점이 되었다.

그런 관점에 더욱 큰 비중을 둔다면 그를 평가하는 사상가들의 말처럼 야스퍼스의 철학은 지식의 체계가 아니라 '신앙의 표현'일 수 있으며, 그의 사상 또한 '철학적 신앙'일 수도 있다는 비판을 되새겨 볼 필요가 있다.

야스퍼스는 그의 실존철학 안에서 인간의 실체 규명과 삶의 목직을 탐구하고 있다. 곧, 그의 탐구는 철학이 현대인들에게 물어야 할 근본적 주제가 된다. 다름 아닌 '삶과 존재란 과연 무엇인가?'가 아니라 '세상 안에서 나는 어떤 목적을 갖고 어떻게 살아가야만 할 것인가?'라는 것이 우선적이며, 이는 '무엇(was)인가?'가 중요한 것이 아니라 '어떻게(wie)?'의 문제가 더 중요하다는 뜻으로 해석할 수 있다.

야스퍼스가 고심하여 정립시킨 실존철학의 방법론이라 할지라도 인간존재의 모든 고민과 목표에 대하여 누구에게든 적합한, 합리적이며 보편타당한 해답을 제공해줄 수는 없다. 아니 그것은 불가능할 뿐더러 이루어질 수도 없다.

야스퍼스에 따르면 인간존재란 자신의 실존 안에서 내면적, 외면적 사고의 행위를 추구해나가는 자유스러운 주체자로서 궁극적으로 초월자에 대한 체험과 확신으로 인도된다. 그 결과, 그의 사상은 모든 인간을 초월자의 현존 앞에 서게 하는 결단과 믿음의 '철학적 신앙'의 특별한 내용들을 함축하게 된다. 야스퍼스의 판단에 따르면 철학하는 사람은 지식이나 종교적 계시에 근거하여 사는 것이 아니라 자신의 자발적 철학적 탐구로부터 얻어지는 초월자의 신앙에 근거하여 살 수 있어야 한다. 그러므로 야스퍼스의 철학은 철학적 개념들로부터 비롯되는 지식과 이론들의 관점보다는 종교와 신앙의 신념에 입각한 '종교적 철학'의 관점에 훨씬 가깝다.

야스퍼스의 사상 안에서 '철학적 신앙'이란 용어가 처음 등장하는 것은 그의 저서 『이성과 실존(*Vernumft und Existenz*)』을 통해서이다. 그리고 철학적 신앙에 대한 특징과 언급들이 본격적으로 다루어지게 된 것은 『철학적 신앙』이란 저서가 출간되고 난 이후부터이다.

『철학적 신앙』에서 야스퍼스는 자신의 철학이 기존의 전통적 교리체계 안에 표현된 신(神)의 개념이나 그에 대한 순명의 뜻을 의미하는 '종교적 신앙'과는 다소 차이가 있음을 밝히고 있다. 야스퍼스의 경우, 사유의 한계를 넘어선 초월자에 대한 이해는 적극적인 앎의 의지와 더불어 이성적 지식의 차원 안으로 문제점들을 수용하여 해결 방안을 풀어나가고자 한다. 그 결과, 이런 접근 방법은 '지성의 모험'이란 비판을 받게 되기도 한다. 여하간 야스퍼스는 현실과 이성적 영역 안에서 '철학적 신앙'을 지향하고 이를 추구해나가고 있다는 것이다. 초월자의 개념의 경우, 이는 현상계의 탁월한 존재의 뜻으로 이해함과 동시에, 인간의 인식과 이성으로는 절대로 완전한 파악을 할 수 없는 그런 존재이다. 말하자면 '초월자'에 대한 완전한 사유와 이해는 그 시초부터가 불가능할 수밖에 없음을 인정한다. 이는 인간의 이성과 논리로서의 완전한 접근과 이해가 가능하지 않은 차원의 영역임을 수긍하는 것과 같다.

그렇기에 야스퍼스 철학의 목표는 초월자에 대한 객관적 지식이나 보편타당한 이해의 취득에 있는 것이 아니라 초월자에 대한 실존적 체험을 얻게 하는 데 있다. 야스퍼스는 자신의 사상을 '철학적 신앙'으로 표현한바, 그의 철학 안에 신앙의 내용들이 속속들이 녹아들어 있다. 그러므로 야스퍼스의 철학적 신앙은 이성적 실존의 신앙이자 이성에 의한 실존의 신앙이라고 말할 수 있다.

야스퍼스는 중세의 전통적 철학 안에서 보여져왔던 것처럼 이성을 신앙의 적으로 생각하지 않는다. 오히려 이성과 실존의 원만하고 조화로운 융합이 이뤄져야 함을 강조한다. 이런 노력과 고심의 과정 등이 바로 그의 전체적 사상체계가 '실존으로부터의 철학'임과 동시에 '이성으로부터의 철학'이라는 평가를 받게 하는 이유들이 되고 있다.

야스퍼스의 철학은 '실존(實存, Existenz)'이 가장 중심이 되는 사상이다. 그가 여러 차례 강조한바, 우리가 삶 안에서 물어야 하는 근본문제는 '인생과 존재란 무엇인가?'에 있어서의 '무엇(was)'이 문제가 아니라, 세계 안에서 '우리는 어떻게 살아야 할 것인가?'의 '어떻게(wie)'가 문제라는 뜻이다. 달리 표현하자면 어떻게 사는 삶이 인생 안에서 가치 있고 의미 있는 삶을 사는 것인가 하는 것이 더욱 중요하다는 의미이다.

이에 대해 정답은 없다. 야스퍼스에 의하면 운명적으로 주어진 삶 안에서 끊임없이 질문하고 끊임없이 이에 답하며 각자 자신의 본래의 모습과 정체성을 꾸준히 찾아나가는 과정이 '어떻게 살아야 할 것인가?'에 대한 답이 될 수 있다는 것이다.

> 도처에서 우리는 세계의 불확실성, 폐쇄성, 세계상의 좌절, 세계 안에서의 계획, 인간의 기도와 실현의 실패, 인간존재 자체의 한계와 미완결성 등에 부딪히고, 결국은 심연 앞에 당도할 때 무(無) 또는 신을 체험하게 된다.
>
> 이 같은 한계상황에서 과학적 강제력을 가진 증명은 전혀 있을 수 없다. 증명된 신은 신이 아니다. 그러므로 오직 신으로부터 출발하는 자만이 신을 찾을 수 있다.[40]

야스퍼스의 철학적 신앙은 초월자와 마주하는 실존의 존재 자체와 필연적 관련을 맺고 있다. 그의 철학적 신앙은 보이지 않는 초월자와 실재적 존재 사이에 있어 생생한 세계의 현실을 매개로 하여 상호 간 발생되는 생생한 현실적인 관계에 대한 암호존재(暗號存在)로서의 인식의 내용을 함축한다. 그러므로 그의 철학은 숨은 초월자의 객관적 불확실성과 가능적 실존의 내면적 확신 사이의 긴장과 고백, 그리고 결단의 엄숙성 등을 내포한다.

야스퍼스의 철학은 '가능적 실존에 의한 초월자의 탐구'라고 하는 실존과 초월자 사이의 필연적 연결 구조를 성립시킨다. 그 결과, 실존의 자유의식에 대한 파악으로부터 초월자의 확인으로 연결된다. 그런 까닭에 초월자와의 관계를 떠난 실존의 자유에 대한 언급은 불가능해질 수밖에 없다. 왜냐하면 야스퍼스의 사상은 실존적 존재의

40) 칼 야스퍼스, 신옥희 옮김, 『철학적 신앙』, 서울: 이화여자대학교 출판부, 1979, p.40.

근거는 초월자를 탐구하는 형이상학의 영역으로부터 독립적으로 분리될 수 없기 때문이다.

야스퍼스가 언급하고 있는 초월자란 현상세계 안에서 인간의 이성적 방법으로는 영원히 파악이 불가능한 숨겨져 있는 절대적 존재자이다. 여기에서 야스퍼스가 주장하는바, 철학의 역할은 초월자에 대한 객관적 파악이나 논리적 이해, 또는 초월자에 대한 직접적 지식의 인지 등에 있는 것이 아니다. 다시 말해 객관적이며 과학적인, 또는 보편타당한 방식으로의 초월자에 대한 접근은 가능할 수 없다는 뜻이다. 그러므로 오직 가능한 것은 사유 불가능한 초월자에 대한 실존적, 종교적 체험을 통해 절대자에게 나아갈 수 있다.[41)]

앞에서 야스퍼스의 철학적 신앙이란 실존의 신앙임과 동시에 이성에 의한 신앙, 또는 이성적 실존으로서의 신앙이라고 언급한 바 있다. 이처럼 그의 철학 안에서는 이성의 의미가 뚜렷하게 철학의 바탕으로서 강조되고 있다. "실존은 단지 이성에 의해서만 밝음에 도달하고 또 이성은 실존에 의해서만 내용을 얻는다."라는 야스퍼스의 언급이 이를 입증해준다.

야스퍼스가 주장하는바, 이성이란 모든 존재를 포괄하는 일자(一者) 안에서 통일을 추구하는 의지로, 또는 무제한한 개방성과 무제한한 교제에의 의지로 표현되기도 한다.

그러므로 초월자의 현존에 대한 파악은 자유의 체험을 통해 생동적 관계로서 드러난다. 초월자와 인간 사이에 있어 현존의 체험은 자발적인 인간의 자유의 행사를 통해 가능하며, 인간이 참으로 자유로운 존재인 한에 있어서 현존의 체험을 얻을 수 있고, 그 당위성을 인정받을 수 있다.

---

41) 위의 책, pp.177~178.

야스퍼스의 경우, 철학적 신앙의 정점에 위치한 초월자와 인간적 삶의 범주 안에 속한 실존과의 상호 연관성은 신비적 합일 안에서 우리가 필요로 하는 해답을 찾게 되는 것이 아니라, 보편타당한 이성적 지식의 합리적 당위성 위에서 성립되는 서로의 관계와 만남의 체험 안에서 해답을 찾게 된다. 그리고 이런 상황은 나의 자유에 대한 무제약적 확신 안에 살아 있는 초월자와의 현존에 대한 생생한 체험을 가능케 한다.

야스퍼스가 주장하는바, 초월자에 대한 확신은 나 자신의 비대상적이며 내면적인 활동의 행위 안에, 곧 본래적 근원 안으로 초월자가 들어올 때 가능케 된다. 초월자에 대한 체험이 나 자신 밖에서 독립적으로 또는 객관적으로 주어지는 경우는 없다. 다시 말해 나의 실존이 자발적으로 초월자 안에서 자신의 본래적 모습을 발견해나가고자 노력하는 적극적이고 진실한 내면적 행위의 과정 안에서 초월자에 대한 인지가 가능할 수 있다. 그렇기에 초월자에 대한 신앙은 실존에 대한 신앙, 곧 자신이 선택하고 자신이 결정하는 자발적 주체로서의 본래적 신념과 행동의 바탕 위에서 이뤄질 수 있다.[42)]

이런 여러 정황에 입각하여 폴 리쾨르(Paul Ricoeur)는 야스퍼스의 철학을 '종교철학'으로 규정하기도 하였다. 또 레오나르 에를리히 등의 사상가는 그의 철학 전체를 신앙의 관점으로 지나치게 치우친 신학적 사상으로 비판하기도 한다. 그 밖의 여러 철학자들도 이런 사고들과 판단들에 동조하여 그의 철학을 냉혹하게 '기독교 신학'이라고까지 비판하고 있다.[43)]

---

42) 위의 책, pp.179~193. 해설논문 내용 참조.
43) 위의 책, pp.176~179.

그런 비판에도 불구하고 야스퍼스는 그의 저서 『철학적 신앙』에서 참된 신앙으로의 길이 어떤 것인가를 확신을 갖고 강조한다. 곧, 철학적 신앙이란 사색하는 사람들의 신앙이며, 그것은 항상 이성적 지식과 분리할 수 없는 밀접한 관계를 맺고 있는 '그 어떤 것'임을 강조한다.

야스퍼스의 철학적 신앙은 우리가 일반적으로 생각하는 종교적 신앙과는 별개로 나름대로의 특징 있는 요소들을 함축하고 있다. 그런 가운데서도 종교적 신앙 안에 예배와 전통적 의식의 존재를 인정한다. 또한 그러한 종교적 의식을 중심으로 믿음의 신앙 공동체가 성립될 수 있음을 인정한다. 그러므로 종교적 신앙의 핵심적 구조가 되고 있는 초월자인 하느님과 피조물인 인간 사이의 실재적 관계를 받아들이고 있다.

그러나 그의 철학적 신앙의 개념에 있어 특정한 예배의식이나 신앙 공동체와의 결합적 관계가 철학적 사상의 중심이 되는 형식이나 원리가 됨을 뜻하는 것은 아니다. 야스퍼스에 따르면 철학적 신앙은 철학하는 사람이 그의 사색과 자유의 도상에서 얻을 수도 또 잃을 수도 있는 살아 있는 경험과 확신에 근거하여 얻게 되는 '그 무엇인 것'으로 해석할 수 있다. 그렇다고 해서 종교적 신앙과 철학적 신앙이 서로 전혀 무관하거나, 또 적대적으로 대립되는 것으로 해석되어서는 안 된다.

야스퍼스는, 인간실존의 길이란 그의 삶의 여정과 자유의 도상에 있어 초월자의 음성에 귀를 기울이며 끊임없는 모험을 향해 도전해 나가는 '인생길'이라 표현하고 있고, 그 인생길 또한 '철학적 신앙의 길'임을 분명히 밝히고 있다.

야스퍼스는 현존재의 실존 안에서 철학적 신앙의 문제들을 규명해 나가고자 하는 시도를 하고 있다. 신앙의 실재란 보편타당한 논리적 지식의 차원이 아니라 확신과 믿음을 통하여 나에게 내면적으로 내재화되는 그 무엇인바, 여기에서 중요한 것은 '그 무엇'이 확실하고 의식적인 철학적 탐구의 과정 안에서 체험될 수 있음을 강조하고 있다는 사실이다.

야스퍼스가 말하고 있는 신앙이란 믿음의 확신을 갖기까지 주체적인 입장의 나의 신앙의 행위와 내가 철학적 신앙의 과정을 통해 파악하고 있는 상대적 대상인 객관적 실재, 곧 절대적 존재자인 신앙의 대상과의 밀접한 상호 관계 안에서 성립될 수 있다. 그러므로 믿음의 주체적인 면과 객체적인 면의 상호 결합이 신앙이라고 하는 하나의 통합적 결과물을 만들어내고 있다고 판단한다. 다시 말해 신앙의 실재가 주체적인 면 한쪽에서만 파악될 때, 신앙은 믿음의 대상이 없는, 홀로 주체자의 입지가 매우 강화되는 일방적 신앙이 될 수밖에 없고, 이와 반대로 객관적인 대상적 측면 한쪽만을 지나치게 강조하게 될 때, 이런 경우의 신앙은 믿음의 신봉자인 주체자가 존재감을 잃게 되는 일방적 믿음의 대상으로 기울게 된다. 즉, 어떤 신조, 교리체계, 종교적 활동 등만을 강조하는 주체자가 꼭두각시처럼 설 자리가 없게 되는 대상적 신앙뿐인 것으로 전락해버리고 만다.

야스퍼스는 주관자의 신앙의 행위만을 강조하는 입장도 아니고, 그렇다고 객관적 신앙의 대상인 초월자만을 고집하는 것도 아니다. 신앙이란 양자를 조화롭게 합일시키는 일자, 즉 포괄자(包括者, das Umgreifende)를 통하여 얻게 되는 주객의 통합물로 이해해야 한다. 야스퍼스에 의하면, 신앙이란 "포괄자에 근거하여 사는 것이며, 포괄자에 의하여 인도되고 성취되는 그 무엇인 것이다."[44]

야스퍼스에 따르면 사람들이 신앙을 소유하게 될 때 신앙의 대상

44) 위의 책, pp.180~183.

인 객관적 진리가 독자적으로 사람들의 신앙을 결정지어주는 것은 아니며, 반대로 믿음을 갖게 되는 신앙적 주체가 마음대로 신앙의 대상을 선택할 수 있는 것도 아니다.

모범적이며 바람직한 신앙의 행위들은 언제나 한결같이 초월자를 지향하는 신뢰와 그에 대한 사랑 실천의 삶을 통해 주관과 객관의 조화로운 통합적 일치 안에서만 영위될 수 있기 때문이다.

3. 신앙과의 관계 안에서

네가 만일 내 말을 받아들이고 내 계명을 네 안에 간직한다면, 지혜에 네 귀를 기울이고 슬기에 네 마음을 모은다면, … 그때에 너는 주님 경외함을 깨닫고 하느님을 아는 지식을 찾아 얻으리라.

주님께서는 지혜를 주시고 그분 입에서는 지식과 슬기가 나온다. … 그때에 너는 정의와 공정과 정직을, 모든 선한 길을 깨닫게 되리라. (잠언 2:1~2, 5~6, 9)

위의 성경 말씀은 성서학적 해석에 의하면 한 편의 독립된 시(詩)로 평가할 수도 있다. 종교적 관점으로 볼 때, 위 내용은 하느님과의 관계 안에서 지혜의 의미로 알아들어야 한다. 즉, 참된 지혜의 궁극적인 목적은 하느님을 알고 그분을 경외하기 위함이다. 한 걸음 더 나아가 간절한 마음으로 인내심을 갖고 지혜를 추구해나간다면 하느님께서는 기도자의 요청 그 이상의 것을 넘치도록 후하게 내려주신다는 뜻으로도 해석될 수 있다.

성서 주해에 따르면 지혜의 근원은 하늘에 계신 하느님의 말씀으로부터 오는 것이다. 지혜의 길은 그리스도의 계명을 충실히 지킴으로 영원한 생명을 얻게 하는 길과 상통한다(집회 1:5).

야스퍼스의 신(神) 개념과 비교할 때 절대자인 신 존재의 인정에 있어서는 성서적 해석과 반대되는 문제는 없다. 야스퍼스는 이성적 바탕 위에서 신 존재를 인식하고자 노력하며, 성서학자들의 입장에서 본다면 우선적으로 이성보다는 믿음의 바탕 위에서 신을 해석해 나가고자 하는 방법론을 취하고 있다.

신앙인의 입장에서 볼 때, 위에서 언급한 지혜를 사랑하고 또 지혜를 추구하는 삶을 살아가야 함은 당연한 의무이다. 나아가 말과 행동으로 실천해나가는 것은 만물의 근원이며 절대적 초월자인 하느님을 증거하는 것이 된다. 이것은 참으로 하느님을 알고 하느님을 경외하는 자의 삶의 모습임과 동시에 하느님의 뜻을 헤아리고 그 뜻을 부단히 완성시키고자 노력하는 하느님 백성의 모습이기도 하다.

사도 바오로가 갈라티아인들에게 말씀하신 내용들 중에 다음과 같은 구절의 고백이 들어 있다. 이 고백은 모범적이며 충실한 그리스도인의 전형적 삶이 어떤 것인지를 보여주는 말씀으로 이해된다.

> 이제는 내가 사는 것이 아니라 그리스도께서 내 안에 사시는 것입니다. 내가 지금 육신 안에서 사는 것은, 나를 사랑하시고 나를 위하여 당신 자신을 바치신 하느님의 아드님에 대한 믿음으로 사는 것입니다. (갈라 2:20)

'존재(being)는 행위(doing)에 선행한다'는 철학적 명제가 있다. 우리의 모든 행동들이 자신들의 살아 있는 존재자들로부터 뿜어져 나오는 까닭에 그 행동들은 당연히 자신들의 성품과 개성적 성격들을 표현하게 되는 것이고, 이 모든 것들의 뿌리는 존재자 자체가 된다는 뜻이다.

앞에서 살펴보았던 잠언 2장과 사도 바오로의 갈라티아서 2장의 말씀에 의하면, 하느님의 지혜로부터 비롯된 존재는 삶 안에서 매 순간마다 그리스도의 은총으로 주어지는 선한 사랑의 선택과 결단을 드러내게 되어 있다. 또한 이런 행동들은 세상 삶의 마지막 단계에 가서 영적으로 풍성한 결실을 맺어 하느님의 영원한 영적 상급을 받게 만든다는 것이다.

일반적으로 열매의 결실을 보고 그 나무의 성장 과정이 어떠했는지를 미루어 짐작해볼 수 있다. 신앙생활이나 사회생활에 있어서도 그 사람의 현재의 삶을 어떤 결실로 간주한다면 그 현재의 모습을 보고 우리는 그가 그동안 얼마나 성실과 인내, 그리고 회개와 결단의 삶을 살아왔는가를 어렵지 않게 추측해볼 수 있다. 그것이 바로 '행위들은 존재들로부터 비롯된다'고 하는 명제의, 곧 '행위들은 존재의 참모습의 반영이다'라는 의미를 깨닫게 해주고 있다.

야스퍼스의 경우, 철학적 판단 안에서는 신 존재의 해석과 내세의 존재의 문제에 대해서는 이성과 과학으로서의 완전한 접근은 불가능한 것으로 파악한다. 그러나 독실한 신앙인의 관점 안에서는 위의 신앙적 내용들을 인정하고 수용한다.

모든 인간에게 있어 현재의 삶은 과거 삶의 거울인 까닭에 우리는 주어진 시간과 환경을 꾸준히, 그리고 창조적으로 나의 것으로 만들어갈 수 있어야 한다. 더불어 그분의 뜻을 깨닫고 실천함으로써 우리의 신앙을 한층 더 깊이 있고 굳건하게 만들어나갈 수 있어야 한다.

4. 살며 사랑하며

박용식 신부님의 수필집『예수님 흉내내기』의 내용 중 이따금 자연스럽게 떠오르곤 하는 '아프리카 부족'과 '불타버린 술집'의 일화가 있다. 하느님의 존재와 초자연성을 직간접적으로 인정하는 내용으로도 해석해볼 수 있다. 가끔 들여다볼 때마다 웃음을 머금는다.

◆ ◆ ◆

아프리카 어떤 부족들 중 한 부족의 지역에 오랫동안 비가 오지 않아 가뭄이 극심할 경우 온 부족민들이 모여 하늘에 제사를 바쳤다.

문제는 부족민들이 하늘에 비를 청하는 제사를 드릴 때, 일단 기도를 시작하면 며칠, 몇 주, 몇 달이고 비가 올 때까지 기도를 계속한다. 그러다가 마침내 비가 오게 되면 하느님께서 자신들의 기도를 기꺼이 들어주셨다고 그렇게 기뻐할 수가 없다. 다름 아닌 하느님의 능력, 초자연성, 그리고 자신들의 기도의 영험(靈驗)을 추호의 의심도 없이 굳건히 믿고 있었던 까닭이다.

◆ ◆ ◆

미국의 외딴 시골 마을 산등성이에 예쁜 교회가 있었다. 마을 사람 대부분은 주일이면 교회에 모여 하느님께 기도와 예배를 드리며 평화로운 나날들을 보내고 있었다.

그러던 어느 날, 뜻밖에 마을 읍내에 술집 하나가 들어서게 되었다. 젊은 아가씨들이 접대를 하는 그런 종류의 술집이었다. 점차 시간이 흐르면서 술집에 남자 손님들이 북적이기 시작했다. 그렇게 되니 상대적으로 마을 여인들의 걱정도 함께 쌓여갔다. 우선은 자신들의 남편이 술집 아가씨들의 유혹에 빠질까 걱정이 되었고, 아이들 교육문제에도 지대한 악영향을 미칠 것은 불을 보듯 뻔할 것이라고 판단했기 때문이다.

뜻을 함께하는 아내들이 모여 이 문제를 다각도로 심도 있게 의논

하였다. 그래서 신앙심이 매우 깊었던 마을 여인들이 내린 결론은 그 술집이 망해서 없어져버리든지 아니면 불이라도 나서 술집이 사라져버리든지 간에, 무엇보다 먼저 하느님께 열심히 기도를 바치는 것부터 시작하면서 문제를 해결해나가자는 것이었다.

결정이 내려진 후 마을 여인들은 매일 저녁 교회에 모였고, 정성을 다해 하느님께 기도를 바치기 시작했다. 그러자 하느님께서 기도를 들어주시기라도 한 듯 어느 날 갑작스럽게 술집에 큰 화재가 발생하고 말았다. 번창하던 술집은 하루아침 한 줌의 재로 변해버리고 말았다. 이런 연유를 알게 된 술집 여주인은 노발대발하였고, 분노를 금치 못했다. 그리고 즉시 경찰에 고소를 하였다. 술집이 불타 이렇게 망해버린 가장 중요한 이유는 마을 여인들의 기도 때문이란 것이었다.

경찰 조사가 진행되면서, 마을 여인들은 자신들이 아무리 이런저런 지향을 갖고 기도를 드렸다고 하지만 진짜 불이 나서 술집이 그처럼 한순간 사라지게 될 줄은 생각지 못했다고 진술했다. 또한 솔직히 술집이 그런 식으로 없어지기를 바란 것은 아니었다고 고백하였다.

전체적인 내용을 간략히 정리해본다면 술집 여주인은 어떤 면에서 하느님의 존재와 그 능력을 믿었다고 말할 수 있다. 반면에 마을 여인들은 사실상 기도의 힘을 믿지 않았거나, 아니면 그 의미를 기도는 기도대로, 현실은 현실대로, 자신들이 원하는 대로 해석하고 있었다고 말할 수 있다.

◆ ◆ ◆

신앙과 함께하는 그 길은 자신과의 치열한 싸움과 역경 가운데 피어나는, 곧 초월자이며 사랑 자체이신 하느님과 함께하는 행복한 동행의 삶이다. 그리고 초월자 하느님과 함께하는 삶은 많은 갈등과 고난을 극복케 해주며, 결단을 내릴 용기를 갖게 해준다. 나아가 그 삶은 기쁨이 샘솟는 아름다운 인생길을 만들어줄 창조와 자유의 길이기도 하다.

우리의 삶이 미래에 어떻게 펼쳐질지 정확히 예측할 수 있는 사람은 아무도 없다. 일반적으로 인생의 여정이란 사실상 순탄하고 안전한 길이기보다는 험난한 가시밭길이 더 많을 수 있다. 불교에서 인생을 '고해(苦海)'라 일컫는 이유가 바로 여기에 있다. 즉, 삶을 영위해 나가다 보면 행복하고 평화로운 순간들보다는 고난의 시간들을 더 많이 만나게 된다. 때로는 가시덤불을 헤쳐나가야 하고, 가까운 친구의 죽음도 체험해야 하고, 세찬 비바람도 견뎌내야 하며…, 그러면서도 앞으로 나가야만 하고, 또 견디어내야만 한다.

그런 가운데서도 희망의 끈을 놓을 수 없음은 그 길에서 우리와 함께하는 신앙의 빛이 낮에는 태양으로, 밤에는 별빛으로 우리를 인도해줄 것을 확신하고 있기 때문이다. 그 빛은 우리의 내면을 들여다보게 해주고, 우리가 앞장서 나아갈 수 있도록 끊임없이 격려를 해줄 것이며, 언제나 변함없이 우리를 이끌어줄 것이다. 그 신앙의 빛은 우리를 언제나 비춰줄 것이며, 우리와 늘 함께할 것이다.

◆ ◆ ◆

바쁜 일상 속에서 이제 어느 정도 달려왔나 싶고, 흘러가는 구름에 마음을 실어 보내고 싶은 순간, 지나가는 바람에 땀 한번 식혀보고자 잠시 길가에 앉아 생각에 잠기면, 또 가야 할 길이 저만치 아스라이 다시 펼쳐지고 있음을 바라보게 된다. 그리고 '이것이 바로 인생'임을 깨닫게 된다.

아래 조이스 킬머의 「나무들(Trees)」이란 시와 해제로 장을 마감하고자 한다.[45]

나무들

조이스 킬머

나무처럼 아름다운 시를
내 결코 보지 못하리
...
온종일 하느님을 바라보며
잎 무성한 두 팔 들어 기도하는 나무
...
나무의 품 안으로 눈이 내리고
비와는 다정히 어울려 살고.
시는 나와 같은 바보가 만들지만
나무를 만드는 건 오직 하느님뿐

나무 종류들 중에 '주목'이란 나무가 있다. 이 나무는 뿌리가 원래 매우 약해 물을 잘 흡수하지 못한다고 한다. 그런 이유 때문에 표피는 매우 단단하여 물을 밖으로 버려지지 않게 한다. 다시 말해 물과 영양분을 자신 안에 흡수하게 되면 단 한 방울의 물도 절대로 낭비하지 않는다는 뜻이다. 그리고 자신이 빨아들인 물은 온전히 보관하여 완전히 자신의 영양분으로 만들어나간다. 그 결과, 주목은 천 년 이상을 살아갈 수 있는 나무로 변신을 하게 되었고, 각고의 노력으로 자신의 약점을 장점으로 승화시킨 훌륭한 나무의 표본이 되고 있다.

45) 장영희, 『생일(영미시 산책)』, 「나무처럼 아름다운 詩 쓰고 싶다」 참조.

시에서처럼 가끔씩 나무가 꽃보다 더 아름답다는 생각이 들 때가 있다. 화려함을 뽐내지 않고 자기가 서 있어야 하는 그 한 자리에서 묵묵히 수십 수백 년, 또는 천 년 이상의 풍파와 고통을 견디어낸 인고의 시간들이 그 안에 고스란히 녹아들어가 함께하고 있기 때문일 것이다. 곧 향기로움과 시각적 아름다움을 찬양하기에 앞서 두 팔 높이 들어 기도하며 세상을 한결같은 눈길과 애정으로 뜨겁게 껴안는 그 겸허함이 오히려 그 무엇에 비할 수 없는 깊은 아름다움으로 다가오고 있기 때문이다.

하늘과 땅을 연결하고, 거기에 달이 걸리고 어깨 위로 해를 뿜어 올리는 그 나무의 모습이야말로 오직 신만이 창조할 수 있는 조화로움과 아름다움의 절정이라 해도 과언은 아니리라.

우리 모두 그런 나무 한 그루를 마음속에 심어 나무의 강인함과 생명에의 의지를 키워나가봄은 어떨지….

제2부

철학으로 세상을 그리다

1. 미국 대사관으로 보낸 편지와 행동의 철학 _ 블롱델
2. 네가 날 길들여준다면 난 정말 신날 거야 _ 사르트르
3. 먹어도 좀 지나면 금방 또 배고파질 텐데 _ 카뮈
4. 하루에 단 15분만이라도 일을 멈추고 _ 키에르케고르
5. 희망이란 '정확히 시간을 신뢰하는 인내'인 것을 _ 마르셀
6. 머시 굿페이스와 칸트의 도덕률 _ 칸트

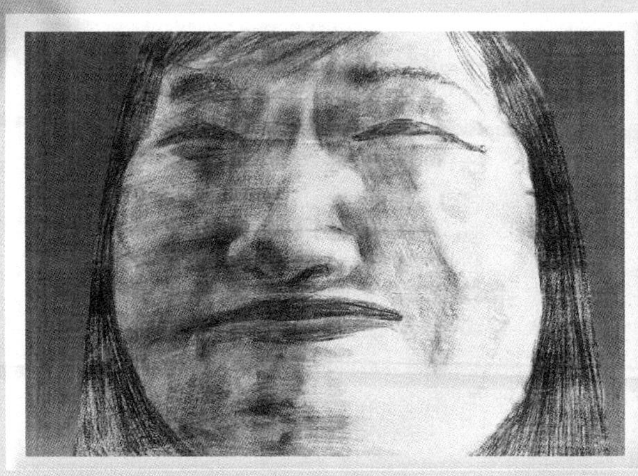

1.

미국 대사관으로 보낸 편지와 행동의 철학

블롱델과 함께

1. 삶이 내게 말을 거는 순간

1980년대 초반 필자가 프랑스 파리에서 유학하던 시절에 있었던 일화로 지금까지도 잊히지 않는 어제의 일처럼 기억되는 한 사건이 있다.

학위 과정이 거의 마무리되어갈 무렵, 유럽에서의 마지막 여름방학을 보다 효과적으로 의미 있게 지내기 위해 여러 장소를 물색하면서 긴 고민을 하던 끝에 미국에서 영어 공부를 좀 더 깊이 있게 하는 것이 가장 최선이라는 결론을 내리게 되었다.

우선 연고가 있는 뉴욕과 LA 그리고 샌프란시스코 등을 두루 점검해본 다음, 숙고 끝에 샌프란시스코로 결정하였다. 이렇게 결정을 내린 후 바로 행동으로 옮겼다. 입국비자 신청을 위해 가능한 날짜에 맞춰 필요한 서류를 빠짐없이 챙겨 파리 주재 미국 대사관으로 갔다.

대사관 근처에 도착하니 이른 아침부터 꼬리에 꼬리를 물고 길게 늘어선 줄이 멀리서부터 눈에 들어왔다. 말할 것도 없이 비자 신청을 위해 서 있는 줄임을 직감하였다.

당시는 경제가 매우 어려운 때여서 많은 사람들이 직장과 일거리를 찾아 미국으로 가기를 간절히 원하고 있었던 시기였다. 그토록 많은 사람들이 미국 입국을 원하는 까닭에 입국비자를 받는다는 것은 까다롭기 그지없었고 하늘의 별따기처럼 어려웠다. 거의 대부분 사람들이 입국 허가를 받지 못했다.

장장 서너 시간을 기다리면서 왠지 불안한 예감이 엄습해왔다. 배정을 받은 영사에게 서류를 제출하고 짤막하게 몇 마디 대화를 나눈 끝에 나는 '미국 입국 불가' 판정을 받았다. 눈앞이 캄캄해졌고, 낙담한 마음은 이만저만이 아니었다. 어떤 표현으로도 부족할 정도였다. 유럽에서의 마지막 여름방학의 계획들이 산산조각 나는 순간이었다.

그날 이후 어떤 일도 손에 잡히지 않았다. 그렇다고 넋 놓고 시간만 보낼 수도 없는 일이 아닌가! 또 모든 것을 포기한 채 손을 놓을 수도 없는 노릇이었다. 그저 난감할 뿐이었다. 그렇다면 지금 무엇을 해야 할까? 과연 이 시점에 어떤 행동을 취해야만 하는가?

한 가지의 '무모한' 방법이 뇌리를 스쳤다. 그것은 프랑스 주재 미국 대사에게 직접 편지를 써서 나의 사정을 있는 그대로 솔직히 하소연해보자는 것이었다. 망설일 것도 없이 바로 행동으로 들어갔다.

편지글의 내용은 다음과 같았다. 내가 누구인지, 파리에서 무엇을 했는지, 공부가 끝나면 어떤 계획을 갖고 있는지, 미국에는 왜 가는지, 가서는 무엇을 할 것인지… 등에 대하여 조목조목 간결하면서도 짜임새 있게 구성하였다. 무엇보다 미국에 가면 세계 최고의 선진국의 장점들을 잘 보고 배울 것이며, 미국에서 장기체류 내지 불법체류를 절대로 하지 않을 것임을 몇 차례에 걸쳐 확실하게 강조하였다.

편지의 내용은 물론 격식, 그리고 에티켓에도 신중을 기하였다. 또 나의 현재 상황과 계획을 있는 그대로 진솔하게 표현하되, 만년필의 손글씨로 정성을 다해 썼다.

그런 후에도 마음이 놓이지 않아 여러 번 소리 내어 읽어가며 검토를 하였다. 그리고 제일 비싼 등기로 안전하게 미국 대사 앞으로 부쳤다. 이제 남은 것은, 일면식도 없고 어떤 누구인지 전혀 알지도 못하는 미지의 미국 대사로부터 답장을 기다리는 일뿐이었다.

이후 '일각이 여삼추'란 말을 실감할 정도로 이제 오나 저제 오나 목이 빠지게 답장을 기다렸다. 그리고 시간이 가며 그런 기다림과 기억이 잊혀갈 무렵, 기적처럼 답장이 왔다. 무엇보다 깜짝 놀라고 신기했던 것은 허가 여부를 떠나 답장이 왔다는 사실이었다. 일말의 기대를 완전히 저버린 것은 아니었지만 미국 대사관에서 수천수만 명의 파리 유학생 중 하나인 내게, 그것도 어떤 연고도 전혀 없는 내게 답장을 보냈다는 사실이다. 뜯어보려 편지를 집어 드는데 갑자기 가슴이 쿵쿵거리며 몸에 가벼운 떨림이 왔다. 주의를 기울여 봉투가 손상되지 않게 조심스럽게 편지를 뜯었다.

내용은 의외로 따뜻한 표현의 문장으로 간결하게 쓰여 있었다. 왠지 나에 대한 관심과 배려가 느껴져 왔다. 내용인즉, 보내준 편지를 관심 있게 잘 읽어보았다는 것, 서류를 준비해서 대사관으로 다시 오라는 것, 그리고 총영사와 면담을 갖도록 하라는 등의 내용과 함께 행운을 빌어주는 표현이 담겨 있었다.

나는 약속된 날짜에 대사관으로 갔고, 총영사와의 면담 약속이 선약되어 있었으므로 줄을 서서 기다리는 수고로움 없이 총영사를 바로 만날 수 있었다. 화애하고 편안한 면담 끝에 감동스럽게도 그토록 고대했던 미국 입국비자를 총영사의 격려와 함께 바로 그 자리에서 받을 수 있었다.

◆ ◆ ◆

석가모니가 늘 곁에 가까이 데리고 다니던 제자들이 있었는데, 그 중에 반특이라는 사람이 있었다. 어느 날 한 제자가 스승께 물었다.

"스승님께는 머리가 좋고 뛰어난 제자들이 많은데 어찌하여 그들은 다 멀리 두고 제자들 중 머리가 제일 나쁜 반특을 항상 곁에 두고 계시는지요?"

"언젠가 그런 말이 나올 줄 알았느니라. 다른 제자들의 경우, 열 개, 스무 개를 일러줄 때 금방 알아듣고 이해한다. 그러나 알아듣고 이해하는 그만큼 실천하지 못한다. 그러나 반특의 경우, 그는 그들처럼 총명하게 잘 알아듣고 이해하진 못한다. 그러나 내가 그 어떤 것 하나를 가르칠 때 그는 그 가르침을 마음속 깊이 간직하고 되새겨서 그것을 행동으로 틀림없이 실천한다. 이것이 바로 너희들과 반특이 다른 점이고, 반특이 내 곁에 있는 이유니라."

질문을 던졌던 그 제자는 부끄러움과 죄송함으로 그만 고개를 떨구고 말았다.

2. 철학사상: 블롱델과 함께

모리스 블롱델(Maurice Blondel, 1861~1949)[1]은 현대 프랑스의 유신론적 실재론자이며, 실존주의자이고, 도덕론자이기도 하다. 한편으로 현대 실존주의의 기초를 놓은 사람, 또는 '크리스천 정신의

1) 프랑스의 철학자 모리스 블롱델은 올레 라프륀(Léon Ollé-Laprune)의 제자이며, 대학에서는 앙리 졸리 교수의 도움으로 라이프니츠 사상에 대한 연구를 하였다. 파리 고등사범학교 시절에는 철학교수인 에밀 부트루(Émile Boutroux)와 올레 라프륀의 절대적 영향을 받았다. 부트루는 블롱델의 사상적 동반자가 되어주기도 하였으며, 또한 박사학위

철학자(Philosophe de l'esprit chrétien)'로 평가를 받기도 한다.

라쉴리에가 언급한 것처럼 "철학의 역할이란, 모든 것에 대하여, 곧 종교까지도 이해하는 것이다."라는 말대로 블롱델은 『행동』으로부터 시작해서 『철학과 크리스천 정신』에 이르기까지 철학적 영역의 저술들 전반에 걸쳐 그의 사상적 지향과 종교적 의미를 담고 있다.

블롱델에 따르면 인간의 삶은 '행동에 관한 형이상학'이다. 그는 현대에 있어 삶은 곧 철학 그 자체를 의미하는 것으로 이해한다. 그의 형이상학은 인간의 삶과 행동들을 형이상학적 원칙에 입각하여 분석하는 것에서부터 출발한다.

그런 까닭에 앙리 뒤메리(Henry Duméry)는, 블롱델은 철학적 탐구 안에서 '행동의 의미를 회복시켜준 철학자' 라고 말하고 있다. 블롱델에게 있어 '실제적 행동'이란 우리의 지향들을 구체화시켜 그 지향들을 보다 분명하고 효과적인 것으로 드러나게 해주는 표현들이 된다. 이는 블롱델이 이성주의와 경험적 철학의 영역으로 하여금 전통적 철학 안에서 그동안 소홀히 다루었던 철학적 양심, 초자연적 요구를 새롭게 상기시킴으로써 그만큼 더 철학의 영역을 넓혔다는 뜻으로 해석할 수 있다. 나아가 '행동' 에 대한 보다 깊은 반성을 통해 '본질적 영성(Spiritualité essentielle)'의 이해에까지 도달케 하는 역할을 하였다고 말할 수 있다. 철학자 장 라크루아는, 현대인들이 '실존'이라 부

논문이 주신을 맡은 바 있다. 리프린은 그가 행동과 사색, 그리고 실전에 관한 반성을 깊이 함에 있어 큰 힘과 도움이 되어주었다.

릴대학에서 철학 강의를 하였으며 1896년 고향인 엑상프로방스대학의 교수가 되어 31년간 강단을 지켰다. 그 결과, 블롱델은 그의 고향 이름을 본떠 '엑스의 철학자, 디조네(Dijonnais: 디종 사람을 일반적으로 지칭하는 말)' 라 불리기도 한다.

대표적 저서로는 『행동』, 『편지』, 『역사와 교의』, 『철학과 크리스천 정신』, 『가톨릭 철학의 문제』, 『사고』, 『크리스천 이름에 대한 철학적 요청들』, 『존재와 존재자들』, 『역사적 불가사의』, 『내 말의 수첩: 유고 일기 글』 등이 있다.

르는 것은 블롱델에게 있어 '행동'으로 정의될 수 있다고 비평한다.

> 그런 물질적 습관[2]이 요청하는 의지의 노력을 통해 거기에 쏟는 지향과 그것으로부터 내가 만들어내는 봉헌(奉獻)을 통하여, 또 거기에서 내가 쓰고자 원하는 그것의 특징과 내가 계획하고 있는 방법을 통해(내가 적고 있는) 나의 노트는 이론의 글이 아니라 하나의 행동(C'est une action)이 된다.[3]

블롱델의 행동의 철학은 심리적 방법이 아닌 반성적 분석의 방법을 통해 이해될 수 있다. 이것이 바로 '논리적 결과들에 대한 분석의 변증법에 입각한 블롱델의 철학적 방법론'이다. 문제는 바로 철학의 범주 안에 이런 방법론을 통하여도 끝까지 명백하게 밝혀낼 수 없는, 곧 철학 자체의 힘만으로는 완전하게 풀어낼 수 없는, 곧 물리적, 이성적 영역을 넘어서는 어떤 영역의 존재이다. 그것은 블롱델의 생각처럼 어쩌면 '신적 조명' 없이는 밝혀낼 수 없는 것들이다. 그럼에도 불구하고 블롱델이 강조하는바, 그것들은 인간의 삶에 진실한 의미를 줄 수 있는 삶의 궁극적 목적과 필연적 관련을 맺고 있기에 절대로 그냥 지나쳐서는 안 된다는 사실이다.

이에 대한 이해를 돕기 위해 블롱델은 비유적으로 그의 『철학적 연구들(*Etudes philosophiques*)』(1946)에서 로마의 아그리파의 판테온 신전의 건축과 그 건축 기술을 예로 들고 있다. 이 설명에 따르면

---

2) Maurice Blondel, *Carnets Intimes*, I(1883~1894), Paris: PUF, 1961, p.6, mars 1884. '물질적 습관(habitude matérielle)'이란 인간이 행하는 동물적, 기계적 차원의 모든 행동 일체를 뜻한다. 대립되는 개념으로 '정신적 습관(habitude spirituelle)'이 있는데 이는 이성과 판단, 그리고 사고, 반성, 명상의 행동을 의미한다.

3) 위의 책, 같은 쪽.

이 신전 내부의 천장 꼭대기에는 하늘을 향해 뻥 뚫린 동그란 구멍이 있다. 언뜻 보면 미완성 건축물인 것처럼 보인다. 그러나 이런 미완성처럼 보이는 건물 천장의 구멍은 찬란한 자연의 빛이 안으로 들어오게 하는 목적을 갖고 있고, 그 결과, 신전 내부를 환하게 밝히며 공기를 순환시키는 역할을 담당한다. 따라서 이런 건축 기법은 건물의 완성도를 질적으로 한 차원 더 끌어올리는 중요한 방법이라는 평가를 받게 만들었다. 어떤 관점에서 볼 때 온전히 완성된 작품이란 꼼꼼하고 치밀하게 완벽히 지어진 건물을 통해서가 아니라 미완성처럼 보이는 빈 공간 하나를 남겨둠으로써 더 훌륭하고 아름다운 작품으로 만들 수 있다는 것이다.

장 라크루아는 이런 상황을 판테온에 대한 비유와 함께 블롱델의 '철학의 참불충분성(véritable insuffissance)'으로 표현한다. 그런 시각에 입각할 때 블롱델의 철학은 '미완성품 자체(inachèrement même)'로도 설명될 수 있다.

사실상 '빈 공간'은 블롱델의 표현 그대로 절대로 없어서는 안 될 '필연적 빈 공간'을 뜻한다. 곧, 그 빈 공간의 실재를 통해 신적 조명이 우리에게 비춰질 수 있기 때문이다. 블롱델에 따르면 이 신적 조명 없이는 어떤 철학도 본연의 임무를 완성할 수 없다. 또 인간의 삶에 있어 올바르고 참된 길을 제시해줄 수 있는 본질적 목적을 향해 나갈 수도 없다. 이러한 블롱델의 철학적 방법론은 그에게 삶의 로고스(Verbe)임과 동시에 행동의 철학이 되고, 종교의 철학이 되고 있다 하겠다.

이성의 구성과 자유의 사고 안에서 행동의 역할은 아주 적게 언급되었지만 그것은 그 어떤 것보다 본질적인 것이다. 그렇다면 결과적으로 무엇이 능동자에게 고유한 능력을 갖춘 명백한 무한자를 의식

안으로 이끌어 들일 수 있게 하겠는가? 그것은 다름 아닌 행동 자체를 통해서라고 말할 수 있다. 행동은 자신 안에서, 자신을 통하여 스스로 실현된다. 무엇이 그(행동)에게 욕망과 고유한 힘의 감정을 불어넣고 있는가? 그것은 행동의 무한자에 대한 사고로부터이다. 무한자는 행동으로부터 그의 의지적 결단들의 근원을 만들고 있기 때문이다. 또한 자유와 반성이 성립될 수 있는 근원을 만들고 있기 때문이기도 하다.

자유와 반성이 성립될 수 없는 거기에는 행동함(agir)의 능동성보다는 타에 의해 이끌어지는 행동됨(agi)이 나타날 수밖에 없다. 그 이유는 자유로운 활동이 존재하는 곳에서만 오직 무한자에 대한 자각과 이성과 반성된 의식이 존재할 수 있고, 또 능동적으로 행동함의 의식이 존재하는 곳에서만 오직 자유로운 활동이 함께할 수 있는 까닭이다.[4)]

위의 언급에서와 같이 블롱델의 경우에 '행동'은 인간존재를 정의하는 첫 번째 조건이자 바탕이 된다. 블롱델에게 '인간은 행동한다'는 개념은 '인간이란 무엇인가?' 하는 말과 동의어가 되기 때문이다.

인간은 철학을 시작하는 첫 순간부터, '왜 나는 존재하는가?' '무엇을 해야 하는가?' '무엇을 위해 살아야 하는가?' 등등 자신의 행위의 이유를 묻고 탐구한다. 이 같은 물음들은 인간존재의 구조와 전체성에 비추어볼 때 가장 두드러진 한 가지의 공통된 특징을 보여주고 있는바, 그것은 바로 '인간은 언제나 행동하고 있다'는 것이다. 즉, 인간의 삶이란 정지되게 하거나 기계적으로 흘려보내게 해서는 안 된다는 의미이다.

---

4) 장 라크루아, 홍승식 옮김, 『모리스 블롱델의 행동과 자유의 철학』, 수원가톨릭대학교 출판부, 1990, p.129.

그러므로 현실 속에서 질문을 갖게 되는 물음들 안에서 우리는 인간 행동의 변증법적 발달과정을 추적하고 탐구함으로써 현존재의 정체성, 그리고 삶의 본질, 삶의 목적을 이해하고 해석할 수 있게 된다.

블롱델은 『행동』이라는 대표적 철학 입문서와 그 이후의 저술들을 통하여 '명문화된 하나의 교의'로서의 철학을 어떻게 완성할 것인가를 깊이 고민한다. 블롱델은 이 같은 사고와 통찰의 바탕 위에 자신만의 고유한 철학적 방법론에 입각하여 철학의 전통적인 문제들뿐 아니라 존재와 사고, 그리고 종교의 문제에 이르기까지 다양한 주제들에 대하여 폭넓게 탐색해보고자 노력한다.

그의 저서 『행동』을 통하여 볼 때 어떤 인간이든지 자신의 능력을 통해 필적할 만한 어떤 위치를 확보하려 시도하지만 혼자의 힘으로는 절대적으로 목적한 바 그 정점에 다다르기는 불가능하다. 인간적 행동으로 만들어지는 여러 사건들과 상황들은 목표로의 완벽한 접근이 불가능하다. 왜냐하면 그것은 행동의 시작 자체에서부터 이미 불완전함과 부족함을 내포하고 있기에 완전자와 똑같이 닮을 수가 없기 때문이다.

인간 행동의 모든 과정은 원칙적으로 의지적 활동의 원리에 맞춰 이상적 의지들의 목표를 완성하고자 하는 목적을 지닌다. 그러나 그 목적에 온전히 다다를 수는 없다. 왜냐하면 언제나 인간은 어쩔 수 없는 자연적, 불치적 유한성을 갖고 있기 때문이다. 블롱델이 주장하는바, 이를 극복하기 위해서는 우리 본성 안에 '그리스천직 삶'과 '열린 틈'을 되살려내어, 절대자의 초자연성에 우리를 참여토록 만들 수 있는 풍요로운 행동의 영역을 만들어나갈 수 있어야 한다.

나는 그 비밀의 일기가 내가 사랑하는 모든 영혼들과의 관계 안에서 내가 티 없이 깨끗한 바탕의 역할을 해주길 원한다. … 아직 나를

> 성찰해볼 수 있기 원하고, 또 나 자신으로부터 나를 포기할 수 있기를 원한다.[5)]

블롱델에 따르면 행동을 이끌어가는 사고적 주체는 다름 아닌 자유의 실재다. 필연적으로 산출된 자유, 그리고 우리 안에서 필연적으로 운동하는 자유는 결정과 의무, 그리고 행동의 형식 밑에서만 오직 자신의 고유한 자유로움을 만들어나갈 수 있다. 그리고 자유를 움직이게 하는 힘으로서의 의지가 성실하게 활동하게 하기 위해서는 초월자와의 관계 안에서 자율이 타율로, 지향의 형식주의가 행동의 산출로 넘어가야 한다. 그런 과정을 통하여 행동의 주체인 자유는 의식의 영역을 초월할 수 있기 때문이다.

블롱델에 의하면 행위의 이유는 의식의 영역 안에서 모든 결정론과 관계를 갖는다. 결정론은 초월할 수 있는 능력을 지닌 자유 안에서만 그 존립 근거가 성립될 수 있다. 이 안에서 자유는 결정론을 전폭적으로 받아들이며 그 결정론을 이끌어가게 된다.

이것이 바로 모리스 블롱델의 자유의 바탕 위에 정립된 '행동의 형이상학'이다. 결과적으로 인간의 삶 안에 형이상학적 원칙의 행동을 부여할 수 있는 사고에 대한 반성(反省)과 그 반성의 과정에 대한 탐구가 바로 블롱델의 철학적 사상의 핵심이 되고 있는 것이다.

3. 신앙과의 관계 안에서

> 누가 믿음이 있다고 말하면서 실천이 없으면 무슨 소용이 있겠습니까? 그러한 믿음이 그 사람을 구원할 수 있겠습니까? …

5) Maurice Blondel, *Carnets Intimes*, I, p.28.

아, 어리석은 사람이여! 실천 없는 믿음은 쓸모없다는 사실을 알고 있습니까? …

그대도 보다시피 믿음이 그(아브라함)의 실천과 함께 작용하였고, 그 실천으로 그의 믿음이 완전하게 된 것입니다. …

여러분도 보다시피, 사람은 믿음만으로 의롭게 되는 것이 아니라 실천으로 의롭게 됩니다. 영이 없는 몸이 죽은 것이듯 실천이 없는 믿음도 죽은 것입니다. (야고 2:14~26)

나에게 "주님, 주님!" 한다고 모두 하늘나라에 들어가는 것이 아니다. 하늘에 계신 내 아버지의 뜻을 실행하는 이라야 들어간다. (마태 7:21)

위의 야고보서간과 마태오복음의 성경 말씀은 당연히 행동이 뒷받침되는 믿음, 곧 실천적 행동을 강조한 내용으로 이해할 수 있다. 야고보서간에서는 "실천이 없는 믿음은 아무런 쓸모가 없는 믿음이고 죽은 믿음"이라고까지 말하고 있다. 사실상 신앙이 살아 있는 믿음이 되기 위해서는 블롱델이 주장한 바대로 그 믿음이 정지되어 있지 않아야 하며, 계속해서 움직이고 행동해야 한다. 신앙의 삶에 있어서도 마찬가지다.

종교적 관점에서 볼 때, 믿음으로 깨달은 것을 말과 행동으로 틀림없이 실천한다는 것이 얼마나 중요하고 필요한 것이며, 또 얼마나 어렵기도 한 것인가를 새삼 일깨워주는 말씀으로 알아들을 수 있다. 어떤 관점에서 참 신앙이란 순종의 한 양식으로도 이해할 수 있다.

예를 들어 "주님, 주님!" 하면서 하느님께 열심히 기도하고 매달리는 것도 신앙을 가꾸어가는 데 있어 필요한 조건은 될 것이나 충분조건은 되지 못한다. 입으로만 하는 기도나 머릿속에만 가득히 머물러 있는 지식은 성숙하고 살아 있는 신앙과 믿음으로 볼 수 없다. 그런 상태는 신앙의 온전한 모습이 아닌 반쪽 믿음에 불과할 뿐이다. 모름지기 온전한 신앙이란 입으로 하는 기도나 신앙에 대한 이론적 지식의 차원을 넘어서서 하느님의 계명에 대한 전적인 순종과 행동의 실천을 통해서만 가능하다. 이는 몸과 마음으로 하느님의 가르침을 삶으로 드러냄을 뜻한다.

이 모든 과정의 근원적 원리는 블롱델의 행동의 형식과 일치한다.

4. 살며 사랑하며

독일의 철학자 임마누엘 칸트에 의하면, '인간은 누구인가?'라는 주제 앞에 서게 될 때 다음의 세 가지 질문을 하게 된다고 한다.

첫째. 나는 무엇을 알 수 있는가?
둘째. 나는 무엇을 할 수 있는가?
셋째. 나는 무엇을 바랄 수 있는가?

◆ ◆ ◆

오랜만에 많은 신자들과 함께 성당 제대 앞에 흰 스크린을 걸고 영화 한 편을 관람하게 되었다. 영화의 제목은 『울지 마 톤즈』였다. 성당 기둥이나 실내 벽에 부착한 광고 포스터에서 고(故) 이태석 신부님의 얼굴은 환히 웃는 모습을 띠고 있었다. 영화를 보면서 나는 여러 차례 눈물을 흘렸다.

전쟁의 상흔이 그대로 남아 있고 가난과 질병이 난무한 아프리카 수단의 남부 지방 톤즈…. 이처럼 척박하기 그지없는 시골마을에서 이태석 신부님은 사제로서, 의사로서, 교육자로서, 그리고 그들의 진정한 친구로서 자신의 삶을 다 바치셨다. 이제 그 사랑의 꽃은 세상에서는 지고 말았다.

그럼에도 불구하고 오늘날 이태석 신부님의 사랑과 봉사, 그리고 헌신의 모습은 그의 삶과 정신을 되살리는 여러 기념사업과 행사로서 되살아나고 있다. "밀알 하나가 땅에 떨어져 죽지 않으면 한 알 그대로 남아 있고, 죽으면 많은 열매를 맺는다."는 성경 말씀처럼 이런 것들은 또 다른 모습으로 세상에 살아 있음을 보여주고 있는 것이다. 영화 상영 중에 이따금 스치는 짧은 순간들이긴 했지만, 신부님의 삶은 2천 년 전 이 땅에 '사랑'으로 오셨던 예수님을 떠올리게 하기에 부족함이 없다는 생각이 들었다.

그의 삶은 우리로 하여금 세상 안에서 진정한 삶의 참뜻이 무엇인지를 가르쳐주고 있다. 블롱델의 '행동의 철학'에 있어 행동의 본질과 그 정신은 이태석 신부님께서 보여준 삶의 모범, 행동의 실천과 크게 다르지 않다.

지금, 바로 여기 내 앞의 타자에게 사랑을 몸소 실천하는 것…. 그 실천의 행동은 우리의 아픈 눈물 속에 한 송이 꽃으로 다시 피어 살아 숨 쉬고 있는 그분의 가르침의 결실일 것이며, 가슴과 행동이 하나 되어 이루어낸 그분의 아름다운 향기일 것임이 틀림없다.

◆ ◆ ◆

도종환 시인의 「담쟁이」라는 시와 이 시에 대한 필자의 느낌의 설명을 정리, 소개해보고자 한다.

담쟁이

도종환

저것은 벽
어쩔 수 없는 벽이라고 우리가 느낄 때
그때
담쟁이는 말없이 그 벽을 오른다.
물 한 방울 없고 씨앗 한 톨 살아남을 수 없는
저것은 절망의 벽이라고 말할 때
담쟁이는 서두르지 않고 앞으로 나아간다.
한 뼘이라도 꼭 여럿이 함께 손을 잡고 올라간다.
푸르게 절망을 다 덮을 때까지
바로 그 절망을 잡고 놓지 않는다.
저것은 넘을 수 없는 벽이라고 고개를 떨구고 있을 때
담쟁이 잎 하나는 담쟁이 잎 수천 개를 이끌고
결국 그 벽을 넘는다.

어떤 날 고개를 돌려 창밖을 둘러보니 옆 건물 벽을 담쟁이가 가득 휘감고 있었다. 담쟁이는 '척박한 땅'의 벽에 붙어살면서도 저렇게 푸를 수가 있는 것인지…, 담이란 곳은 흙 한 톨도 없고 물 한 방울도 나오지 않는 곳인데…, 어떻게 저런 곳에서 죽지 않고 살아 있을 수 있을까? 세상을 원망도 했겠지! 주위에 산도 있고, 숲도 있고, 비옥한 땅도 널려 있는데 왜 우리만 이런 곳에서 살아야 하느냐고 원망도 했을 것이다. 그럼에도 어떻게 해서든 앞으로 나아갈 길을 찾는 것이 신기할 뿐이다.

뿌리로 벽을 뚫고 들어갈 수는 없다. 그럼에도 벽을 붙들고 버티고 있으니 줄기들도 힘들겠지만 이파리인들 힘들지 않으랴…. 그런 까닭에 저렇게 서로서로 손에 손을 붙잡지 않을 수 없을 것이다. 저만큼 자라기까지 견딜 수 없이 힘든 날도 많았을 것이고, 또 벽에 살기 때문에 성장 속도 또한 늦을 수밖에 없다. 그러나 절대로 서두르는 법이 없고, 조급해하는 법이 없다. 줄기와 이파리들이 똘똘 뭉쳐 서로 격려하고 도와가며 벽을 오르고 또 오른다. 자신과 서로를 굳게 믿으면서 마침내 잿빛의 절망적인 환경을 푸른색의 아름다운 환경으로 바꾸어놓게 되는 것이다.

우리 인간의 삶 안에서도 언젠가는 피할 수 없는 그런 벽을 만날 수밖에 없다. 나날의 일상에서 그렇게 벽을 만나게 되었을 때 담쟁이처럼 벽을 벽으로 인정하고 받아들이고, 담쟁이같이 절대로 포기해서는 안 된다. 이왕지사 이렇게 된 것 느긋한 마음으로 인내하며 서로가 서로를 인정하고 받아들일 수 있도록 노력해야 한다. 그렇게 할 때 마치 담쟁이가 벽을 홀연히 넘어서고 힘차게 뻗어나갈 수 있는 것처럼 우리 역시 절망적인 우리의 환경을 아름답고 멋진 풍경으로 바꾸어놓을 수 있음을 상상해보자.

2.

네가 날 길들여준다면 난 정말 신날 거야

사르트르와 함께

1. 삶이 내게 말을 거는 순간

다음의 한 에피소드를 음미해보자.

수레를 끄는 한 마리의 당나귀가 있었다. 수레를 잘 끌게 하기 위해 당나귀의 입으로부터 50센티미터 정도 거리에 닿을랑말랑 당근 몇 개를 매달아놓았다고 가정해보자.

당나귀는 틀림없이 눈앞에서 흔들리는 당근들을 한 입에 따 먹고 싶은 욕심에 볼 것도 없이 머리와 몸을 힘껏 앞으로 뻗치게 될 것이다. 그렇다 할지라도 당나귀는 그 당근들을 결코 먹지 못한다. 그 이유는 명약관화하다. 곧 자신이 앞으로 움직인 그만큼 정확히 같은 거리만큼 당근들도 멀어지게 되기 때문이다. 그럼에도 불구하고 당나귀는 바로 눈앞에서 유혹적으로 흔들리는 당근들을 꼭 따 먹을 수 있을 것 같아 필사적으로 계속해서 머리를 앞으로 뻗게 될 것이다.

왜 이런 상황이 계속적으로 반복될까? 그 이유는 당나귀가 왜 그런 상황이 똑같이 반복되는지 그 근본 이치를 전혀 이해하지 못하고 있기 때문이다. 그럼에도 당나귀는 다른 방도를 취하려 하지 않는다. 금방 당근을 먹을 것 같기에…. 결국, 당나귀 바로 코앞에서 흔들리는 먹음직한 당근들이 당나귀를 언제나 유혹하는 한, 당나귀는 그 유혹에 계속적으로 넘어가 그것들을 따 먹고자 그때마다 머리를 앞으로 내밀게 될 것이다. 이 같은 상황이 영원히 지속될 것이 자명하다.

위의 안타까운 상황은 인간 삶에도 똑같이 적용할 수 있지 않을까 생각해본다. 사르트르는 그의 소설 『구토』를 통하여 이와 같은 비극적 인간실존의 상황을 표현하고 있다.

『구토』 속의 주인공 로캉탱은 사르트르의 묘사를 통해 투영된 다름 아닌 우리 각자의 모습의 반영이다. 사르트르에 따르면 대부분의 사람은 미래의 창의적 계획이나 삶의 가치를 추구하기보다는 매일 똑같은 일상의 삶을 반복하며 살아간다. 곧, 현실 속에서 마주하게 되는 것은 피할 수 없는 식상함과 단조로움, 그리고 피로하고 괴로운 실존의 대면뿐이라는 것이다. 이에 대한 자각이 나와 타자의 세계로 확장되는 낯섦과 실존의 체험으로서 내 안에 축적되어간다. 이 실존의 체험은 인간 삶의 무의미와 부조리, 그리고 불안과 허무(또는 무)의 심화만을 우리에게 아로새겨줄 뿐이다.

좀 더 구체적으로 사르트르의 『구토』 속에 나타난 인간실존의 표현에 대하여 살펴보도록 하자.

『구토(*La Nausée*)』(1938)는 장 폴 사르트르의 문학적 처녀작이면서도 그의 여러 걸작품 중 하나로 평가받고 있다.

『구토』는 주인공 앙투안 로캉탱이 자각적으로 자기 존재의 무상성(無常性)과 삶의 모습들을 일기 형식으로 서술해나가는 방법을 취하고 있다. 그러면서도 이 작품은 아주 독특한 스타일의 '자서전적 소설'의 특징을 갖추고 있다.

이 소설은 삶의 현실을 파헤쳐보고자 하는 '자기분석'과 '자기부정'의 비판적 정신을 보여주고 있다. 그 까닭으로 『구토』는 지적 과업의 저술로, 또 지성적 반성의 최초의 문학적 표현물로 평가된다.

주인공 앙투안 로캉탱은 당년 30세이며, 1만 4,400프랑의 연금 덕분으로 다달이 1,200프랑의 이자를 받고 사는 금리 생활자이다.

그에게는 일정하게 정해진 직업은 없다. 그가 하는 일이라고는 오로지 아롬의 성주였던 드 롤르봉의 행적에 관한 연구를 하고 있는 것이 전부이다. 곧, 그의 연구란 대략 18세기 러시아 국가의 한 음모의 역사, 다시 말해 러시아의 황제인 표트르 1세의 암살사건과 드 롤르봉 성주의 음모와 간첩사건 등에 관한 사실의 확인과 규명, 그리고 그 경위 등에 대하여 조사하는 작업이다.

로캉탱은 그야말로 정신적 자유의 무상성과 의식의 명석함이 필요 이상으로 넘쳐나는 사람으로 표현되고 있는데, 이는 현실의 현상들에 대해 싫증을 느끼고 이에 대해 반감을 갖고 있던 젊은 날의 사르트르의 자화상의 투영이라 해도 틀린 표현은 아닐 것이다.

로캉탱은 일기 형식의 소설 『구토』에서 다음과 같이 말하고 있다.[6)]

6) 장 폴 사르트르, 이휘영 · 원윤수 · 김붕구 옮김, 『구토 / 말 / 문학이란 무엇인가』, 서울: 삼성출판사, 1982, pp.144~145; 김태창 편, 『사르트르: 생애와 사상』, 서울: 유풍출판사, 1981, pp.65~70.

나는 자유이다. 왜냐하면 내가 생존해야 할 아무런 이유도 남아 있지 않기 때문이다. 내가 모색했던 살기 위한 이유는 모조리 사라져버렸다. …

나는 아직 꽤 젊은 사람이고 인생을 다시 시작하자면 그만한 충분한 힘을 가지고 있다. 하지만 내가 무엇을 다시 시작할 수 있단 말인가. …

혼자 몸이고 자유롭다. 그러나 이 자유는 약간 죽음을 닮았다.

삶이 무엇인지 누군가가 내게 묻는다면, 진심으로 나는 삶이란 아무것도 아닌 것이며, 그저 텅 빈 껍데기일 뿐이라고 대답할 것이다.

우리는 자기 자신을 거추장스럽게 달고 다니는 거북한 존재다. 어느 누구도 존재해야 할 이유는 없으며, 모든 존재는 저마다 혼란한 마음과 막연한 불안감을 갖고 있고, 또 다른 삶들과 비교하여 스스로를 남아도는 불필요한 존재라고 느낀다.

그런 까닭에 우리의 삶 안에서 어느 때 전혀 예기치 못한 절망의 순간을 맞게 될 때 문득 『구토』의 주인공 로캉탱처럼 감정과 회의감에 휘말려버린다든지, 자신도 모르게 좌절과 패배의 나락으로 빠져들기도 한다.

사람들이 나름대로 꿈과 이상의 목표를 향해 살아간다고 하지만 그것은 영원히 이루어질 수 없다. 그럼에도 불구하고 인간은 본래적으로 자신의 본질을 찾고자 하는 노력을 끝까지 포기하지 않는다. 죽는 순간까지 명쾌한 해답을 찾지 못하면서도 자기 자신의 존재의 근거를 끊임없이 찾고자 하는 운명적 상황에 언제나 똑같이 놓여 있을 수밖에 없다는 것이다.

로캉탱은 현실을 우울하게, 비극적으로 또 부정적으로 바라보고 있다. 이는 사르트르가 처한 시대적 환경과 무관하지 않다. 『구토』에서 로캉탱이 말하는 부분을 살펴보자.

나는 빵조각을 억지로 씹고 있지만, 삼켜버릴 결심을 하지 못한다. 인간들이란. 인간들을 사랑해야 한다고. 그 인간들이 훌륭하다고. 나는 토하고 싶다—그러더니 아니나 다를까 '구토증'이다.

나는 그 돌이 존재하고 있다는 것을 느꼈다. 그 다음으로 다른 '구토'가 생겼다. 때때로 물건들이 손 안에서 존재한다. '역부회관'에서의 '구토'가 있었다. 그리고 그전에 창밖을 내다보던 어느 날 밤 다른 '구토'가 있었다. 다음으로 어느 일요일 공원에서도 '구토'가 있었고, 그 뒤에도 또 다른 '구토'가 있었다. 그러나 오늘처럼 강한 것은 한 번도 없었다.

정월부터 나에게 일어난 모든 것, 나는 그것을 알았다. '구토'는 나에게서 떠나지 않았고, 그것이 쉽사리 나에게서 떠나리라고 생각하지도 않는다. 그럼에도 이제 나는 그것에 지배당하지도 않는다. 그것은 이미 어떤 병도 아니고 일시적인 발작도 아니다. '구토'는 바로 나 자신이다.[7)]

상기에 인용된 주인공 로캉탱의 언급은 사르트르의 인간세상의 부정적이며 비극적인 상황의 비판적 시각을 반영한 풍사의 내용으로 해석할 수 있다. 이것은 현대의 인간적 삶의 여러 실존적 상태들 중의 한 단면을 보여주고 있는 내용으로 볼 수도 있다.

7) 장 폴 사르트르, 『구토 / 말 / 문학이란 무엇인가』, pp.144~150.

사르트르에 의하면 인간존재 모두는 세상에 탄생되는 그 순간부터 마지막 숨을 거두는 그 시간까지 세상 속에 던져진 존재로서 자신의 존재와 늘 대면하며 끝없이 자신의 존재의 근거에 대한 해답을 찾고자 노력한다. 하지만 끝까지 그 질문에 대한 만족한 답을 얻지 못한 채 죽어갈 수밖에 없는 그런 존재로 이해된다.

2. 철학사상: 사르트르와 함께

프랑스의 실존주의 철학자인 사르트르(Jean-Paul Sartre, 1905~1980)는 20세기 전반기에 발발한 두 차례의 세계대전과 경제공황 등 비극적이면서도 격변하는 시대 상황을 몸소 체험한 인물이다. 이로 인하여 인간의 실존적 불안, 신의 존재에 대한 회의, 인간 이성에 대한 불신, 인간의 행동을 규정해주었던 절대적 가치의 붕괴, 세계의 부조리와 무의미 등을 통찰하게 된다.

그는 격동의 시대에 자유와 행동의 삶을 산 대표적 지성인의 상징으로 평가된다. 사회적, 정치적 관점에서 볼 때 그는 자유와 평등, 그리고 사랑과 평화를 위해 자신의 삶을 다 바친 사람이기도 하다.

1962년부터 부인 보부아르와 함께 모스크바 평화대회를 출석하는 것을 시작으로 수많은 나라를 순회하며 자유와 해방, 그리고 평화를 강조하는 강연을 갖기도 하였다. 그리고 이를 통하여 인간 주체의 인격과 자유의 회복의 쟁취가 무엇보다 중요한 것임을 역설하였다.

이런 여건들 속에서 사르트르는 인간이 자신에 대해 잃어버렸던 본질적 가치, 곧 인간성의 회복을 위해 최선의 노력을 다하였다. 사르트르의 관심은 인간의 보편적 삶의 영위가 아니라 구체적 삶을 살아가는 개인들 각자의 자유로운 실존의 구현이었다. 이는 세상 삶의 의미를 정의할 수 있는 모든 권리를 인간이 가지고 있음을 밝히고자 하는 것이었고, 따라서 인간을 다시 이 세계의 중심에 우뚝 세우고자 하는 것이기도 하였다.

사르트르의 존재론의 근본 가정은 신의 존재의 부정과 우연성의 인정이다. 그는 신에 의한 창조설을 부인한다. 그러므로 인간에게는 선험적으로 절대자로부터 부여받은 본질은 없다. 그 까닭으로 인간은 '세계에 던져진 존재'라 규정하고 있다. 또한 이런 이유로 인간존재는 실존적 불안에 휩싸일 수밖에 없다.

사르트르는 그의 대표적 철학 저서 『존재와 무』를 통해 즉자존재와 대자존재, 그리고 이 둘의 관계 안에서 이런 상황들을 잘 표현하고 있다. 이는 그가 규명하고자 노력했던 존재론의 이해와 분석이기도 하다. 아래 『존재와 무』에서 언급하고 있는 다음과 같은 진술들을 음미해보자.

> 우리는 '나타남'에서 출발하여 차츰 존재의 두 가지 형태, 즉 즉자와 대자를 확립하는 데까지 왔다. 이 즉자와 대자에 대해서는 우리는 아직도 피상적이고 불완전한 지식밖에 가지고 있지 않다. 수많은 문제들이 아직 해답을 얻지 못한 채 남겨져 있다. 존재의 두 가지 형태가 지닌 심오한 '의미'는 무엇일까? 무슨 이유로 그것들은 두 가지 모두 '존재' 일반에 속하는 것인가?
>
> 존재가 자기 속에 근본적으로 단절된 존재의 이 두 영역을 품고 있는 한, 존재의 의미는 무엇인가? 만일 권리상으로는 소통이 불가능한 이 영역들을 사실상 결합하는 여러 관계들을 관념론으로도 실재론으로도 설명할 수 없다면, 사람들은 이 문제에 다른 어떤 해결책을 제시할 수 있는가? 그리고 현상의 존재는 어떻게 하여 초현상적일 수 있는가? 이 책을 쓴 것은 이런 물음에 대답하기 위해서이다.[8]

---

8) 장 폴 사르트르, 정소성 옮김, 『존재와 무』, 서울: 동서문화사, 2012, p.42.

사르트르는 『존재와 무』의 서론에서 자신이 정립하고자 하는 철학의 제일과제의 주제를 '의식'으로 규정하고 있다. 이 개념은 '비우는 것'으로부터 출발한다.

사르트르는 인간의 의식을 우리 존재의 한가운데에 있는 빈자리, 곧 무(無)로 특징짓는다. 기본적으로 의식은 언제나 그 무엇인 대상에 대한 인지이다. 그러면서도 의식은 당연히 무(無)인 까닭에 결코 존재 자신이 될 수 없다. 무(無)의 구체적인 모습은 '어떤 것이 없다'는 체험으로부터 인식될 수 있다. 곧, 어떤 존재의 부재가 진정한 결핍으로 느껴질 때 그 존재에 대한 인식이 바로 무(無)에 대한 의식이란 뜻이다. 어떤 것을 이처럼 부재로 느낄 수 있는 인간의 의식의 능력은 신기하게도 자유와 선택의 행동들을 통해 이 세상을 가능성의 세계로 인식할 수 있게끔 만들어준다.

그러므로 이 개념은 '전(前)반성적 의식'을 자신의 존재론의 출발점으로 삼는다. 또한 세상 안에 존재하는 모든 동식물들은 의식의 유무를 기준으로 하여 사물존재와 인간존재, 곧 즉자존재와 대자존재로 구분한다.

사르트르 사상의 원동력은 곧 의식 스스로가 파생시키는 '무(無)'가 그 핵심이다. 이 무는 곧 의식이다. 그러므로 이런 의식을 갖고 있는 인간존재는 무(無)를 자기 안에 포함하고 있는 대자존재가 된다. 그리고 이 대자존재는 이 무(無)를 토대로 한 '무화작용(néantisation)'을 통해 현재 스스로 있는 그대로의 존재인 즉자존재와는 달리 '현재 존재하는 것을 없도록 만들기도 하고', '현재 없는 것을 있도록 만들기도 하는' 역할을 수행한다. 사르트르의 주장에 의하면 이 같은 무화작용의 과정이 나름대로 의미를 부여하며 세계를 움직여나가고 변화시켜나간다.

사르트르에 의하면 즉자와 대자의 관계에 있어 '대자'란 즉자로부터는 얻을 수 없는 존재이며, 또 반대로 즉자는 대자로부터 분해될 수 없도록 결부되어 있는 종합적 조건이 된다. 그러므로 즉자와 대자는 서로 독립적으로 떼어놓고 생각할 수 없고, 또 분할할 수도 없는 서로 필연적 관계를 맺고 있는 하나의 전체로 파악할 수도 있다. 곧, 즉자와 대자는 서로 아무런 상관이 없는 평행선이 아닌 까닭에, 즉자 없는 대자와 대자 없는 즉자는 현실적으로 홀로 존재할 수 없다.

결국, 『존재와 무』에서의 고찰은 의식의 주체, 곧 인간존재의 의식이 모든 일의 출발점이 된다. 그리고 인간들 상호 간에 맺게 되는 존재관계와 또 인간이 세상 만물과 맺게 되는 존재관계는, 세상 안의 모든 존재들은 서로가 필연적으로 부딪히고 만날 수밖에 없는 전체적 연관성 안에 놓여 있다는 뜻이다. 현상학적으로 볼 때 이는 삼라만상의 모든 존재들이 서로 긴밀히 연결되어 있음을 보여준다. 사르트르의 존재론의 실체이며, 동시에 그의 형이상학 정초의 뿌리가 되고 있는 기본적 사상이라 말할 수 있다.

다음 이제 사르트르의 '자유'의 개념을 살펴보자.

사르트르에게 있어 자유의 개념은 인간의 행동으로부터 그 단초가 제공된다. 곧 '행동의 제일조건은 다름 아닌 자유'이기 때문이다. 『존재와 무』에서 사르트르는 "모든 행동의 불가분의 근본적 조건은 '행동하는 존재의 자유'라고 하는 사실을 우리는 인정하지 않으면 안 된다."고 주장한다. 그에 따르면 모든 행동은 '지향적'이이야 한다. 그러므로 모든 지향적 행동은 어떤 목적을 가지고 있지 않으면 안 되는 것이다. 그리고 그 목적은 언제나 하나의 동기와 필연적으로 연결되어 있다. 사르트르의 지향성이란 매우 중요한 의미를 지니고 있는데, 곧 동기가 없는 행동들은 지향적 구조가 결여되어 있어 의식적인 행위의 영역에 포함시킬 수가 없기 때문이다.

그러므로 자유는 하나의 존재는 아니다. 자유는 인간존재이다. 다시 말해서 자유는 인간의 존재의 무(無)이다. … 자유란 바야흐로 인간의 핵심에서 존재되는 무(無)인데, 이 무(無)는 인간존재로 하여금 존재토록 강요하는 것이 아니라 자기를 만들도록 강제한다. 우리가 앞서 고찰해보았듯이 인간존재에 있어 존재함이란 자기를 선택함이다.[9)]

자유는 자기를 행위로 만든다. 우리는 일반적으로 행위 안에 포함되는 온갖 동기나, 동인(動因)이나, 목적을 가지고서 자유가 조직하는 그 행위를 통해 자유에 도달한다. 그러나 이 행위는 하나의 본질을 가지고 있기 때문에 그것은 우리에 대하여 구성된 자로서 나타난다. …

즉자에 대한 단순한 시간화적 무화(無化)작용으로서의 이 전체의 출현과 자유는 오직 하나일 따름이다. 행위의 목적과 동인에 관하여 결정하는 자는 행위이다. 그리고 그 행위는 자유의 표현이다.[10)]

사르트르의 경우, 『존재와 무』를 통해서 볼 때, '존재'는 사물인 즉자존재의 존재방식으로 파악하고, '무'는 인간인 대자존재의 존재방식으로 이해한다. 여기에 있어 즉자존재는 본질이 있으므로 '존재'라 명명되고 대자존재는 본질이 없으므로 '무'로 명명된다.

사르트르에 따르면 인간의 존재방식은 무(無)다. 무(無)의 의식을 소유한 까닭으로 자신이 비어 있기에 이를 채우기 위해 항상 무언가를 지향하며 행동해나가지 않으면 안 된다. 그런 지향과 행동은 늘 자유로우면서도 어떤 경우 그 자유로움이 또한 부담이 되기도 한다.

---

9) 장 폴 사르트르, 양원달 옮김, 『존재와 무』, 서울: 을유문화사, 1981, pp.603~608.
10) 위의 책, 같은 쪽.

그런 이유로 자유의 부담을 숙명처럼 지고 있는 자, 그것이 바로 인간존재로 규정된다.

> 인간은 자유라는 저주를 받고 있는 것이므로, 전 세계의 무게를 자기의 두 어깨 위에 짊어지고 있다. 인간은 세계에 대해서도, 자기 자신에 대해서도, 존재의 방식에 관한 한, 그 책임자이다.[11]

위의 진술이 보여주고 있는바, 인간은 낙관적으로 자기를 미래에 투기하면서 스스로를 창조해나가는 존재이다. 사르트르에 따르면 인간은 죽는 순간까지 자신의 존재근거를 추구함으로써 자신의 존재를 정당화해나가야 하는 숙명을 지닌다. 또한 인간은 자유로운 존재인 까닭에 마지막 순간까지 실존적 불안과 허무, 부조리와 무의미함 안에 자신을 던져가며 그 무엇인가를 창조해나가는 존재이다.

그런 까닭에 우리의 삶이 인간 탄생의 근원적 목적을 영원히 완성시킬 수 없는 실존적 불안의 어두운 회색빛이라 할지라도, 우리는 우리가 목표한 바 그 목적을 꿈꾸며, 그 목적을 향해 끊임없이 전진해나가며 행동하지 않으면 안 된다. 한편, 이런 정황들이 사르트르가 결정론을 수용할 수 없는 그 이유를 시사해주고 있기도 하다.

> 인간은 다만 그가 스스로를 생각하는 그대로일 뿐만 아니라, 그가 원하는 그대로이다. 그리고 인간은 존재한 후에 스스로를 원하는 것이기 때문에 인간은 스스로를 만들어가는 것 이외엔 아무것도 아니다. 이것이 실존주의의 제일원리이다. 사람들은 또한 이것을 주체성이라고 부른다.[12]

---

11) 장 폴 사르트르, 정소성 옮김, 『존재와 무』, pp.894~895.
12) 장 폴 사르트르, 방곤 옮김, 『실존주의는 휴머니즘이다』, 서울: 문예출판사, 1999, p.15.

세상 안에 함께 모여 사는 사회적 공동체의 삶 안에서 자유를 행사하고 있음은 반드시 그 자유 행사의 결과를 자신이 책임져야 함을 전제로 한다. 곧, 자유의 선택은 자발적인 결정의 소산이기에 어떤 경우든지 책임을 틀림없이 동반할 수밖에 없다는 뜻이다. 인간은 자신이 하고 싶은 일을 자유롭게 행사할 수 있기에 자신의 행동의 결과에 대해 당연히 책임을 져야 함은 기본적 의무이기도 하다. 그렇기에 어떤 행동을 하기에 앞서 후일에 따라올 결과에 대하여 생각해보고 심사숙고해야 함은 말할 것도 없다.

사르트르에 따르면 인간은 세상 안에서 매 순간 선택의 삶을 살아간다. 그러므로 선택의 삶은 자유의 삶이고 그런 자유의 삶에는 책임이 수반되게 된다. 나아가 자신의 선택이 스스로에게 대한 책임뿐만 아니라 때로는 전 인류에게 미치는 영향에 대해서까지 공동의 책임을 져야 할 의무도 존재함을 유념해야 한다. 인간은 자신 스스로를 만들어갈 수 있는 자유로운 존재이기에 궁극적으로 자신에게 올바르고 보편타당한 선택을 할 것을 언제나 촉구한다. 또한 자신의 행동을 대변해줄 외부적 원칙이나 원리가 없기 때문에 자신의 선택에 대해 더욱 신중해야 하고, 또 이것을 판단할 살아 숨 쉬는 의식을 갖출 수 있도록 훈련해야 한다.

사르트르가 언급하는바, "인간은 자유를 선고받았다."라는 선언은 결과적으로 사르트르의 철학이 "인간의 본성은 미리 운명 지어졌다."라는 결정론적 사상으로부터의 완전한 해방을 뜻한다는 관점에서, 그의 사상을 '자유의 철학'이라고 부르기도 한다.

3. 신앙과의 관계 안에서

청하라. 너희에게 주실 것이다.

찾아라. 너희가 얻을 것이다.
문을 두드려라. 너희에게 열릴 것이다.
누구든지 청하는 이는 받고, 찾는 이는 얻고,
문을 두드리는 이에게는 열릴 것이다.
(마태 7:7~8)

성서주해의 해석 안에서 본다면 위의 구절은 믿음의 한 속성인 확신과 자유의지를 강조한 내용으로 이해할 수 있다. 좀 더 구체적으로 '청하라…', '찾아라…', '두드려라…'라는 말씀은 하느님께 대한 기도의 영역을 포함함은 물론, 신앙인의 모든 생활 영역에 있어 하느님의 인도와 도우심을 간청하는 뜻으로 풀이할 수 있다. 한편, '주실 것', '얻을 것', '열릴 것'의 의미는 전자의 내용과 대칭이 되는 구조로서 하느님께서 우리의 기도의 청원에 대해 반드시 응답을 주실 것이라는 약속으로 이해할 수 있다.

위의 내용과 계속해서 이어지는 성경의 표현을 보면 예수님께서는 "너희가 악해도 자녀들에게는 좋은 것을 줄줄 알거든…"(마태 7:11)이라고 말씀하신다. 곧, 위의 내용을 아버지와 아들의 관계로까지 승화시키며 기도와 자유의 문제를 보다 친근감 있고 자상하게 설명하시는 것이다. 결과적으로 이 메시지가 주는 궁극적 교훈은 신앙인에게 있어 하느님의 존재에 대한 믿음과 의탁은 취미나 기호의 문제가 아니라 인생 안에서 최고로 중요하고 필요한 문제라는 뜻이다. 더불어 인간 삶에 있어 풍요롭고 행복한 삶을 영위하기 위해서는 그분께 대한 확신과 자유의지를 갖고 최선을 다해 그분, 하느님을 선택하고 섬겨야 한다는 의미이다.

이 성경 구절을 오늘날 우리 삶의 관점 안에 적용시켜본다면, "감나무 밑에서 입 벌리고 감 떨어지기만을 기다리지 말라."는 옛 속담이 시사하고 있는 것처럼, 무엇인가 어떤 목적을 성취하기 위해서는 실질적이며 성실한 노력을 적극적으로 최선을 다해 실천할 수 있어야 한다는 뜻이다.

무엇보다 여기에서 절대로 잊지 말아야 할 것은 청해야 하고, 찾아야만 하며, 행동을 먼저 실행해야 하는 선행적 조건들을 전제하고 있다는 사실이다.

사르트르의 자유의 개념에 따르면 가능성의 세계는 무한히 자유롭다. 이미 예정되어 있는 결정론의 세계가 아닌 까닭이다. 이미 모든 것이 태어나면서부터 어떻게 될 것이라고 결정되어 있다면 그 세계는 가능성과 자유의 세계가 아닐 것이다. 사르트르는 중세시대 실재론자들이 주장했던 예정된 법칙에 따라 무조건 따를 수밖에 없는 연역논리적 세계를 부정한다.

사르트르에 따르면 결과가 어떻게 주어지든지 간에 세상 안에서 우리 각자는 자신의 생각과 의지로 자신이 원하는 그 무엇을 선택할 수 있고, 어떤 결단이든지 내릴 수 있으며, 내가 하고 싶은 것을 만들어갈 수 있다. 따라서 결과는 나의 자유가 어떤 선택과 행동을 했는가에 따라 주어지게 된다. 여기에서 또 한 가지의 중요한 사실은 자유의 행사에 따른 선택과 행동 다음에 절대적으로 책임이 뒤따른다고 하는 점을 늘 명심하고 잊지 말아야 한다.

사르트르의 주장에 따르면 인간은 언제나 자유로운 존재이다. 역설적으로 "인간은 자유롭지 않을 자유가 없다."고까지 말하고 있다. 그렇기에 "인간은 영원히 자유롭도록 선고를 받았다."라고까지 강조한다. 인간이 자유롭다고 하는 것은 인간의 본질이 정해진 것이 아니기에 항상 무엇인가를 지향하고 행동하고 있는 것을 뜻하며, 또한 그것을 성취시켜나가고자 하는 의식의 지향성과 의지 역시 끊임없이 활동하고 있음을 뜻한다.

우리의 삶의 조건들 안에 이런 방법론을 적용시켜볼 필요가 있다. 주어진 환경이나 여건, 어떤 천성이나 성격을 탓하지 말고 나의 자유와 도전정신 안에서 이를 극복하고 이겨내고자 노력할 필요가 있다는 의미이다.

나아가 예수님의 가르침을 마음에 간직하여 늘 새롭게 긍정적으로 문을 두드리고, 찾아 나서고, 청하는 자세를 갖출 수 있어야 한다. 무엇보다 적극적이고 발전적으로 주위와 자신의 세계를 나의 것으로 만들어나가고자 노력해야 한다. 이것이야말로 우리에게 꼭 필요한 삶의 자양분을 축척할 수 있는 유일한 길일 수 있기 때문이다.

4. 살며 사랑하며

삶을 살아가다 보면 한 번쯤 누군가를 사랑하게 될 때가, 또 누군가를 그리워할 때가 있다. 누군가 때문에 너무나 마음 아파할 때가, 상처받게 될 때가, 또 세상에서 뜻하지 않게 그 누군가를 잃어버리게 될 때도 언젠가는 반드시 오게 되어 있다.

그때 우리는 한없는 기쁨과 한없는 사랑으로, 또 한없는 슬픔으로 생텍쥐페리의 『어린 왕자』 속의 여우가 되어 누군가를 애잔히 떠올리며 나 혼자의 넋두리를 읊조리게 될지 모른다.

여우는 하던 이야기로 되돌아갔다. "내 생활은 단조로워. 난 닭을 쫓고 사람들은 나를 쫓지. 닭은 모두 비슷비슷하고 사람들도 모두 비슷비슷해. 그래서 나는 좀 권태로워.

하지만 네가 나를 길들여준다면 내 생활은 햇빛을 받은 것처럼 밝아질 거야. 다른 발자국 소리와는 다르게 들릴 너의 발자국 소리를 나는 알게 될 거야. 만일 다른 발자국 소리가 나면 나는 땅 속으로 숨을 거야. 네 발자국 소리는 음악처럼 나를 굴 밖으로 불러내게 되겠지. 그리고 저길 봐! 밀밭이 보이니? 나는 빵을 먹지 않아. 그래서 슬퍼. 그러나 네 머리카락은 금빛이네.

그래서 네가 날 길들여준다면 난 정말 신날 거야! 밀밭도 금빛이기 때문에 밀은 너를 기억해줄 것이고. 그래서 밀밭을 스치는 바람 소리까지 사랑하게 될 것이니까."

사르트르의 사고에 의하면 인간은 무한히 자유스럽고 인간적인 존재이다. 자유와 감정을 소유함으로써 자신이 스스로 원하는 대상을 선택할 수 있고, 그 대상과 친밀해질 수 있다. 또 그 대상을 길들여가며 그 대상과 사랑에 빠질 수도 있다. 그래서 그런 자유는 '사랑'과 '그리움', 그리고 '친밀함'과 '슬픔'의 속성을 내재하고 있다.

사르트르에 따르면 자유는 인간존재에게만 고유한 것이다. 인간이 자신의 존재근거를 자기 안에 가지고 있지 못한 무근거성으로 인하여 필연적으로 자유로울 수밖에 없다고 주장한다.

인간은 자유로운 존재이다. 인간이 자유롭다고 하는 것은 사랑하는 것, 또 길들이고 친밀해질 수 있음을 선택할 수 있다는 것이다. 다시 말해 인간은 마음을 먹기에 따라 이것저것, 또는 원하는 것 무엇이든지 선택할 수 있다. 그러므로 인간의 자유는 선택하는 능력으로 표출된다.

이렇듯 인간은 끊임없이 선택하고, 또 선택함으로써 자신을 계속적으로 규정해나가고, 그 무엇을 끊임없이 길들여나간다. 여기에서 길들임은 다름 아닌 친밀함을 뜻하기도 한다. 이는 습관적인 사고방식의 차원을 넘어서서 아무것도 미리 결정되어 있지 않은 세계 속에서 인간이 살아 끊임없이 움직이고 있음을 뜻한다. 그 길들임 속에는 계속적으로 무엇을 만나고, 어떻게 행동해야 하며, 어떻게 친밀해질 수 있는지를 선택하는 사고가 함축되어 있다. 인간은 자유로운 존재이기에 늘 선택과 길들임의 삶에 직면해 있다.

◆ ◆ ◆

프로스트의 대표작 「가지 못한 길」은 우리가 이곳저곳에서 접하게 되곤 하는 유명한 시다. 숲이 노랗게 물드는 사색의 계절이 오면 이 시는 정말 가슴 깊이 파고든다.

고(故) 장영희 교수는 『다시, 봄』이란 자신의 저서에서 로버트 프로스트의 「가지 못한 길」에 대한 소감을 피력하고 있다.

> 오래전 학생 시절 영어 교과서에 실렸던 이 시를 설명하면서 선생님은 말씀하셨습니다.
>
> "그래, 삶은 하나의 길을 따라가는 여정이다. 시 속의 화자는 두 갈래 길을 만났지만 너희들 앞에는 수십 갈래, 수백 갈래의 길이 있다. 군중을 따라가지 말고, 사람이 적게 다녀도 정말로 가치 있고 진정 너희가 좋아할 수 있는 길을 택해라."[13)]

그러나 막상 현실과 맞부딪히게 되면 수십 수백 갈래 길 중에 어느 길이 정말로 가치 있고 의미 있는 길인지 그 길을 정확히 선택한다는 것은 그야말로 쉽지 않은 일이다. 살다 보면 알겠지만 엉뚱한 길로 빠져들기가 십상이다. 또 잘 선택한 것이라고 생각해도 시간이 지나면 전혀 예상치 못한 길로 빠져버리게 되는 것이 다반사이기 때문이

---

13) 장영희, 『다시, 봄』, 서울: 샘터, 2014, p.139.

다. 그런 가운데서도 삶의 뒤안길에 서서 뒤돌아보면 이상하게도 가지 못한 길에 대한 회한과 미련만이 언제나 가득할 뿐이다. '그때 그 길을 선택했더라면 더 좋았을 텐데…' 하는 아쉬움만이 가슴속 깊이 남게 되는 건 누구나 마찬가지일 것이다.

가지 못한 길

로버트 프로스트

노랗게 물든 숲속의 두 갈래 길
몸 하나로 두 길 갈 수 없어
아쉬운 마음으로 그곳에 서서
덤불 속으로 굽어든 한쪽 길을
끝까지 한참을 바라보았다.

그러고는 다른 쪽 길을 택하였다. 똑같이
아름답고 그 길이 더 나을 법하기에.
…
아, 먼저 길은 나중에 가리라 생각했는데
하지만 길은 또 다른 길로 이어지는 법.
다시 돌아오지 못할 것을 알고 있었다.

지금으로부터 먼 먼 훗날 어디에선가
나는 한숨 쉬며 이렇게 말할 것이다.
어느 숲속에서 두 갈래 길 만나 나는—
나는 사람이 적게 다닌 길을 택했노라고.
그리고 그것 때문에 모든 게 달라졌다고.

그러나 삶은 오직 한 번뿐이며 현실로 돌아오게 되면 다시 돌아가기에는 이미 늦어버렸거나, 불가능한 것임을 깨닫게 된다. 결과적으로 가장 현명한 판단과 행동은 내가 선택한 나의 길에 대해 자신감을 갖고 신뢰를 굳건히 쌓으며 한 발짝 한 발짝 앞으로 꿋꿋하고 기쁘게 걸어 나가는 것 외에 다른 방법이 없는 것이다.

사르트르가 주장하는 것처럼 우리 모든 인간은 삶 속에 필연적으로 내재되어 있는 존재의 결핍을 자각하며 살아간다. 결핍의 의미를 깨닫는 순간, 바로 우리가 조우하는 모든 존재들의 소중함과 아름다움, 그리고 특별한 성격들을 발견할 수 있다.

이런 의미의 발견은 "어린 왕자, 네가 날 길들여준다면 · · ·" 하며 밀밭에서 속삭이는 여우의 읊조림을 이해시켜주기 위한 충분한 조건이 될 수 있다. 지금 너무나 의미 있는 사이가 되어버린 어린 왕자와 여우의 관계는 서로가 서로를 새롭게 자각하게 해줌으로써 소중하고 특별한 존재들이 되었다. 그런 만남의 관계로서 서로 관심을 갖게 되고 길들여지는 모습은 우리가 살아가는 이 세상 안에서 한없이 퍼져나가야만 하는 삶의 또 다른 희망이기도 하다.

밤하늘에서 별이 쏟아진다. 어린 시절, 엄마 등에 업혀 밤길을 걸어가며 하늘을 향해 "저 별은 나의 별" 하며 점찍어놓았던 그 별이 오늘 밤에 유난히 더 반짝반짝 빛나고 있다.

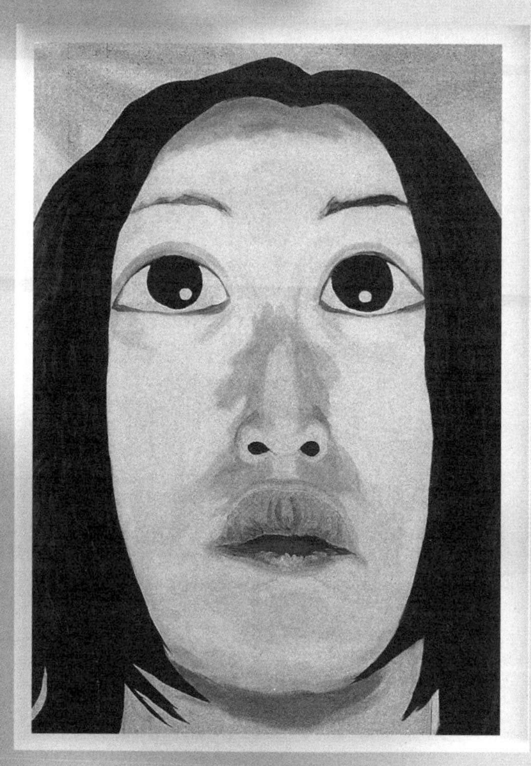

3.

먹어도 좀 지나면 금방 또 배고파질 텐데

카뮈와 함께

1. 삶이 내게 말을 거는 순간

주인이 하인에게 명령을 내렸다. "오늘 오후에 외출할 계획이 있으니 구두를 좀 잘 닦아놓길 바라네."

하인이 답하였다. "주인님! 어제 비가 많이 와서 온통 진흙탕 길입니다. 어차피 구두는 더러워지게 될 텐데요. 구두를 닦아놓아도 말짱 헛수고가 될 것입니다요."

알았다고 대답한 주인은 혼자서만 아침식사를 하는 것이었다. 잠시 후 아침식사를 하지 못한 하인의 불평을 듣게 되었다. 그러자 주인은 즉시 그를 불러 한마디를 하였다.

"여보게! 아침식사는 해서 무엇 하겠나? 먹어도 좀 지나면 금방 또 배고파질 텐데…."

◆ ◆ ◆

시지프는 그리스 왕국의 한 임금이었다. 그는 지상의 인간들 중 가장 현명하고 신중한 자였다. 그런 그가 신들의 비밀을 누설했다는 죄목 때문에 주피터의 아들이자 제신들의 사자(使者)인 메르쿠리우스에게 목덜미를 움켜잡혀 세상으로부터 끌려 나갔고, 그 다음 지옥의 나락으로 떨어지게 되었다.

그리고 죄에 대한 벌로 커다란 바위를 가파른 산꼭대기까지 매일매일 굴려 올려야 하는 끔직한 노역에 처해졌다. 여기에서 가장 큰 문제는 거대한 바위를 산꼭대기까지 굴려 올렸을 때, 그 둥그런 바위는 다시 산 밑을 향해 바닥까지 굴러 떨어진다는 것이었다. 이같이 전혀 희망이 없는 고통스러운 '바위 굴려 올리기 작업'은 차라리 죽고 싶어도 죽을 수 없는 상황 안에서 영원히 계속된다는 사실이었다.

다음은 알베르 카뮈가 그의 저서 『시지프 신화』에서 '시지프 사건'을 새롭게 해석한 내용 중 한 부분이다.

거대한 돌을 들어 올려 산비탈로 굴려 올리기를 수백 번씩 되풀이하느라 잔뜩 긴장해 있는 육체의 노력이 보인다. 경련하는 얼굴, 바위에 밀착된 뺨, 진흙에 덮인 돌덩어리를 떠받치고 있는 어깨와 그것을 고여 버티게 하는 한쪽 다리, 돌을 되받아 안은 팔 끝과 흙투성이가 되어버린 두 손 등 온통 인간적인 확신을 보여주고 있다. 하늘이 없는 공간과 깊이가 없는 시간으로나 이 기나긴 노력 끝에 목표는 달성된다.

바로 그 순간, 돌이 순식간에 저 아래 세계로 굴러 떨어지는 것을 시지프는 바라본다. 이제 그 아래 바닥으로부터 정점을 향하여 다시 돌을 끌어 올려야만 한다. 그는 또다시 들판으로 내려간다.

아무리 해도 해도 끝장을 볼 수 없는 고통을 향하여 다시 걸어 내려오는 것을 본다. 마치 내쉬는 숨과도 같은 이 시간, 또 불행처럼 어김없이 되찾아오는 이 시간은 곧 의식의 시간이다. 이 신화가 비극적인 것은 주인공의 의식이 깨어 있기 때문이다.

그가 산에서 내려올 때 생각하는 것이 바로 이 조건이다. 아마도 그에게 고뇌를 안겨주는 통찰은 동시에 그의 승리를 완성시켜줄 것이다.

이처럼 어떤 날들에는 시지프는 고통스러워하면서 산을 내려오지만, 또 어떤 날엔 기뻐하면서 내려올 수도 있다. 행복의 부름이 너무나도 강렬할 때 인간의 마음속에 슬픔이 고개를 쳐들게 마련이다. 그 슬픔도 바위의 승리요, 바위 그 자체이다.

엄청난 비탄은 감당하기에도 너무나 무겁다. 이것은 우리들이 맞이하는 겟세마니의 밤들이다. …

보고자 원하는 밤이 끝이 없다는 것을 아는 장님인 시지프는 지금도 여전히 걸어가고 있다. 바위는 또다시 굴러 떨어지고 있다.

이제 나는 시지프를 산기슭에 남겨둔다! 우리는 항상 그의 짐의 무게를 다시 발견한다.[14]

위에서 소개한 '주인과 하인'의 에피소드, 그리고 카뮈의 『시지프 신화』의 이야기는 언뜻 보기에 인생의 무가치와 무의미를 보여주는 것 같은 느낌이 들지만 다시 한 번 주의를 기울여 그 내면을 성찰해 보면 행위들을 통하여 어떤 교훈을 시사해주고 있음을 알 수 있다. 곧, 우리의 습관적인 삶, 또 매일같이 기계적으로 반복되는 일상의

---

14) 알베르 카뮈, 김화영 옮김, 『시지프 신화』, 서울: 책세상, 2012, pp.185~188.

행동들 하나하나에 반드시 나름대로의 의미를 담고 있다는 뜻이다. 그러므로 우리 각자는 삶 안에 어떤 고통과 어려움이 발생된다 하더라도 이에 굴복하지 말아야 하며, 그와 같은 인생의 여정 안에서 인생의 참뜻과 목적을 실현시킬 수 있도록 우리의 마음가짐을 새롭게 되새기며 최선의 노력을 다해나갈 수 있어야 한다.

2. 철학사상: 카뮈와 함께

알베르 카뮈(Albert Camus, 1913~1960)는 실존주의의 문학가이며 노벨문학상(1957) 수상자이기도 하다. 그는 『시지프 신화(*Le Mythe de Sisyphe*)』에서 자신만의 독특한 사상인 '부조리의 개념'을 인간실존 안에서 탐색해나가고 있다.

『시지프 신화』는 그가 저술한 책 속의 여러 철학적 단락 중 하나이다. 이 저서에서 카뮈는 시지프 왕의 사건을 통해 인간의 삶 속에 있어서의 부조리와 자살, 도전과 열정, 그리고 희망과 인간실존의 문제를 탐구해보고자 하는 목적을 갖고 있다.

카뮈의 대표작인 이 저서의 문학적, 철학적 주제가 되고 있는 것은 '부조리'의 개념이다. 이 개념의 형성은 1930년 그가 만 17세의 청소년이었던 시절, 곧 의료와 의약 시설이 매우 취약했던 그때 중병인 폐렴에 걸려 극한의 죽을 고비를 체험하게 되었을 때 이미 시작되었다. 다시 말해 삶의 가치들을 무력화시키는 죽음에 직면하여 삶의 희망이라고는 전혀 기대할 수 없었던 암울한 비극적 조건들은 문학세계 안에서 그의 '부조리의 세계'를 태동시키고 있었다.

이후 역사 안에서 계속적으로 발생한 여러 질병들과 전쟁에 대한 다양한 체험 등은 내내 그에게 죽음의 그림자를 드리웠고, 그 그림자는 마치 찰거머리처럼 47세의 젊은 나이로 세상을 마감할 때까지 그의 곁을 맴돌며 그를 붙잡았다.

그런 이유로 인하여 그의 감수성, 그의 삶, 그리고 이로부터 창조되는 그의 문학사상과 저작들은 그 출발과 배경이 바로 '의식적인 죽음'이라는 상황 속에서 표출될 수밖에 없었다.

예컨대, 그가 최초로 저술한 소설의 제목은 『행복한 죽음』이었다. 다음 소설 『이방인』에서는 어머니의 죽음→살인→사형 등으로 주제가 이어지면서 그 내용은 죽음으로부터 시작해서 죽음으로 끝을 맺고 있다. 본질적으로 내게 낯선 것은 세상이나 타자뿐만이 아니라 마침내는 나 자신도 낯선 이방인이 될 수 있음을 암시한다. 희곡 작품인 『칼리굴라』의 경우, 소설 내용의 출발이 드루실라의 죽음으로부터 시작되고, 『시지프 신화』 역시 이야기의 전개가 자살의 문제로부터 시작됨을 상기할 필요가 있다.

카뮈에게 있어 '부조리'의 개념은 일차적으로 주체와 객체의 연결고리가 끊어진 단절을 의미한다. 하나였던 것이 둘로 갈라져 더 이상 하나로 돌아갈 수 없는 상태를 말한다. 다시 말해 부조리란 나와 세계, 나와 타자, 그리고 나와 나 자신 간의 연결이 끊어진 것이며, 나아가 서로 간의 관계가 단절됨을 뜻한다. 그가 표현하는바, 부조리는 인간과 그 인간의 삶 사이에 있어 '이혼'이며 거기에서부터 비롯되는 '낯섦'이다. 결과적으로 볼 때 카뮈의 부조리 개념의 출처는 그 근원이 '죽음에 대한 명철한 의식' 또는 '시간에 대한 인식'으로부터 비롯되었다고 정리할 수 있다.

카뮈가 강조하는바, 인간은 '합리성'과 '명증성'을 지향하고 추구하는 존재이며, 세상은 비합리성과 불투명성으로 가득 찬 부조리의 구조를 갖고 있는 세계이다. 그에 따르면 인간의 운명이란 예측할 수 있는 방법으로 우리에게 절대로 다가오지 않는다. 또 바라고 염원하는 대로 만들어갈 수도 없다. 곧, 인간과 세상의 미래는 예측이 절대로 불가능하다는 것이다.

그러므로 여기에서 카뮈가 강력하게 주장하는 것은, 이런 부조리의 상황에 맞서 인간은 자살, 도전, 반항, 희망, 열정 등으로 맞서 싸울 수밖에 없는 것이다. 이런 방법들이 부조리의 상황을 극복해나갈 수 있는 해결 방안들이다. 그 방법들 중에서 부조리를 해결하는 가장 바람직한 제시는 부조리와 맞부딪히는 인간의 의식과 모순적 세계에 대한 통찰의 사고이다. 실존의 부조리에 끊임없이 도전하고 반항하는 긴장된 의식이 바로 이러한 부조리의 상황을 타파해나갈 수 있는 무기가 된다. 다음의 언급에서 그의 의중을 파악해볼 수 있다.

> 반항은 삶에 가치를 부여한다. 한 생애의 전반에 걸쳐 전개되는 반항은 그 삶의 위대함을 회복시켜준다.15)

『시지프 신화』에서 그가 직접 주장하고 있는 다음의 내용도 그의 부조리의 개념을 이해하는 데 좋은 참고가 될 수 있다.

> 나는 부조리로부터 세 가지의 귀결을 이끌어낸다. 그것은 바로 나의 반항, 나의 자유, 그리고 나의 열정이다. 나는 오직 의식의 활동을 통해서만 죽음으로의 초대였던 것을 삶의 법칙으로 바꾸어놓는다. 그래서 나는 자살을 거부한다. … 부조리는 죽음에 대한 의식임과 동시에 죽음의 거부이기도 하다. 그래서 부조리는 자살에서 벗어난다.16)

---

15) 위의 책, p.84.
16) 위의 책, pp.84~86.

카뮈의 경우 삶 안에서 가장 중요한 한 가지의 철학적 주제는 다름 아닌 '인생의 정체는 도대체 무엇인가? 인생이란 참으로 살 만한 가치가 있는가?' 하는 것이다.

『시지프 신화』를 통하여 볼 때 일상의 습관적 삶 안에서 내면으로부터 내면으로 이어지고 있는 여러 질문들 가운데 처음부터 끊임없이 반복적으로 언급되고 강조하고 있는 질문은 앞서 서술한 바와 같이 '인생이란 과연 무엇이며, 또한 살 만한 가치가 있는가?' 하는 것 한 가지로 귀결된다. 그리고 그때마다 함께 표현되고 있는 특징은 삶의 본질과 가치가 어김없이 부조리에 대한 이해와 자각으로 연결되어 있다는 사실이다. 그리고 이 같은 일련의 과정을 분석할 때 바로 부조리의 참모습이 그 과정 안에 담겨 있음을 알 수 있다. 나아가 이런 '삶의 의미는 무엇인가?'에 대한 나름대로의 해답도 함께 함축하고 있다.

결과적으로 이러한 시도와 행동의 노력이 부조리 그 자체의 파악을 넘어서 인생의 참의미를 깨닫게 해줄 수 있는 새로운 시금석이 될 수 있음은 매우 뜻 깊은 일이 아닐 수 없다.

3. 신앙과의 관계 안에서

그때에 예수님께서 제자들과 함께 겟세마니라는 곳으로 가셨다. … 그분께서는 근심과 번민에 휩싸이기 시작하셨다 그때에 그들에게 말씀하셨다.

"내 마음이 너무 괴로워 죽을 지경이다. 너희는 여기에 남아서 나와 함께 깨어 있어라!"

그런 다음 앞으로 조금 나아가 얼굴을 땅에 대고 기도하며 이렇게 말씀하셨다.

"아버지, 하실 수만 있으시면 이 잔이 저를 비켜 가게 해주십시오. 그러나 제가 원하는 대로 하지 마시고 아버지께서 원하시는 대로 하십시오." (마태 26:36~39)

위의 성경 내용 안에서 쉽게 파악하고 있는 것은 겟세마니 동산에서의 매우 나약하고 비천한 한 인간, 예수의 모습이다. 전지전능한 하느님의 위엄은 온데간데없고, 그야말로 비참하고 불쌍한 한 인간의 모습은 또 다른 관점의 모순과 부조리의 실체를 고스란히 보여주고 있다고밖에 다른 해석을 붙이기 어렵다. 상식과 이성적 판단에 입각할 때 무엇보다 전지전능한 절대적 권력과 신적 능력의 소유자인 '신의 아들'이 보잘것없는 보통의 인간들이나 겪을 갈등과 번민 등에 그토록 고민하고 흔들리고 있다고 하는 그 자체부터가 이미 모순이고 부조리가 아닐 수 없는 것이다.

예수 그리스도는 절대자의 속성인 신성(神聖)과 인간의 육체와 인간적 조건의 인성(人性)을 함께 지녔던 분이다.

예수의 수난과 십자가상 죽음은 부조리의 장 그 내면 속으로 깊이 들어가본다면 실로 우리와 똑같은 조건의 인간으로서 모든 것을 받아들이고 감수하고자 했던, 세상과 인간을 너무나 사랑한 하느님 마음의 표현이었다. 여러 가지 조건들 중에서 예수는 철저하고 완전하게 인간으로 살고 인간으로 죽기를 선택하였다. 그가 인간적 차원의 수난과 십자가상 죽음을 앞두고 얼굴을 땅에 대고 피땀을 흘려가며 기도하고 괴로움과 번민에 싸여 절규하기도 한 것도 그런 이유에서였다. 어떻게 보면 예수 그리스도의 지상에서의 하느님께 대한 인간적 호소와 창조주 천주성부의 계획 역시 모순적이며 불가해한 상황으로 이해할 수 있다. 곧, 예수 그리스도의 인간적 측면과 절대자 하느님의 신적 입장이 맞부딪히는 부조리의 장으로 해석할 수 있다.

그런 가운데에서도 우리는 그리스도 안에서 의식의 날을 세워 앞으로 나아가고자 한 '인간적 영혼'의 생명력과 그 열정을 간파할 수 있다. 제자들에게 "나와 함께 깨어 있어야 한다."고 말하는 그리스도의 간절한 당부는 신앙의 굳건함에 용기 또한 잃지 말 것을 부탁하는 격려이기도 하다. 이런 상황은 마치 카뮈가 일생을 통해 자신의 삶 안에서 고민하고 터득한 '명철한 의식의 깨어 있음'과 상통한다. 만약 차이점이 있다면 카뮈의 의식의 개념은 인간과 현실세계 그 안의 영역이고, 예수의 '깨어 있음'의 의식은 하느님의 뜻에 따른 인간적 조건의 수락 저편에 있는 영원한 세계(천국)의 소유의 영역이란 것이다.

4. 살며 사랑하며

우리에게 주어진 세상의 삶이란 결코 만만한 것이 아니다. 기나긴 일생의 삶이 또한 순탄하기만 한 것은 아닐 것이며 절대로 녹록지도 않다. 어쩌면 목숨이 붙어 있는 한 그것으로부터 도망칠 수도 없다. 우리는 무엇인가 의미 있는 삶의 돌파구를 찾을 수 있어야 한다.

중요한 것은 매일 똑같이 반복되는, 하루하루 다람쥐 쳇바퀴 돌듯, 그날이 그날처럼 기계적으로 무상하게 살아가고 있는 일상 안에서 때로는 정말 진지하게 자신에게 다음과 같은 질문을 해볼 필요가 있다.

'인생이란 과연 살 만한 가치가 있는가?'

◆ ◆ ◆

한 저명한 화가가 오랜만에 보고 싶었던 옛 친구를 만났다. 그런데 그 친구는 옛날의 활기 넘치고 거침없었던 모습은 찾아볼 수 없었고, 누추한 모습으로 그저 고개를 숙인 채 기죽어 있었다. 거기에다 낙담하고 우울한 모습이었다.

화가는 마음이 아팠다. 어떻게 해서든 친구에게 위로와 용기를 주고 싶었다. 무슨 연유에서인지 화가는 친구를 자신의 집으로 데려갔다. 그리고 친구를 한 번 관찰한 다음 한쪽 의자에 앉히고 친구의 초상화를 그리기 시작했다. 잠시 후 초상화가 완성되자 종이로 그것을 가려놓은 채 친구를 불렀다. 그리고 이렇게 말했다.

"앞으로 이 그림은 나의 걸작이 될 수도 있어. 앞으로 어떤 초상화도 이 그림보다 더 잘 그리지는 못할 것 같아. 어때 궁금하지 않은가?"

"그 말을 들으니 진짜 더 궁금해지네. 빨리 종이나 치워보게."

친구가 다급하게 말했다. 화가가 초상화를 가려놓았던 종이를 치우자 초상화가 나타났다. 언뜻 보이는 것이 머리와 얼굴을 비롯해 상체의 모습들이 군데군데 자신과 비슷한 것 같기도 하였다. 그중에서 광채를 발산하는 듯 강렬한 얼굴의 인상은 전혀 자신이 것이 아닌 것처럼 느껴졌다. 그림 속의 모습이 현재의 자신의 모습과는 너무나 달라 보였기 때문이다. 그림 속의 인물은 고개를 똑바로 세우고 있었고, 어깨는 쫙 펴서 당당함이 넘쳐났다. 눈은 살아 있는 자신감의 불꽃을 뿜어내고 있었다. 거기에다가 약간 거만한 듯 치켜 올라간 입언저리의 모습은 용맹함까지 더하고 있었다. 의외로 당황하게 된 친구는 혼잣말로 중얼거렸다.

"이것이 정말 나란 말이지? 도대체 믿을 수가 없네! 이 모습이 정말 내가 맞느냐고 물었네?"

"그럼! 틀림없는 자네 모습이고말고!"

화가가 자신 있게 답하였다. 그때까지 그토록 풀이 죽어 있던 친구가 갑자기 결연하게 말했다.

"자네에게 하느님의 이름으로 약속하겠네! 이제부터 자네가 발견해준 나의 저 모습을 반드시 찾을 수 있도록 어떤 일에서든지 최선을 다하겠네! 정말 맹세할 수 있네."[17]

◆ ◆ ◆

이문재 시인의 「지금 여기가 맨 앞」이란 시의 한 부분을 그 설명과 함께 음미해보면 좋을 듯하다.

지금 여기가 맨 앞

이문재

나무는 끝이 시작이다.
언제나 끝에서 시작한다.
실뿌리에서 잔가지 우듬지
새순에서 꽃 열매에 이르기까지
나무는 전부 끝이 시작이다.

지금 여기가 맨 끝이다.
나무 땅 물 바람 햇빛도
저마다 모두 맨 끝이어서 맨 앞이다.
기억 그리움 고독 절망 눈물 분노도

17) 프랭크 미할릭 엮음, 성찬성 옮김, 『느낌이 있는 이야기』, 서울: 바오로딸, 2010, pp.38~39.

꿈 희망 공감 연민 연대도 사랑도
역사 시대 문명 진화 지구 우주도
지금 여기가 맨 앞이다.

지금 여기 내가 정면이다.[18)]

이문재 시인에 의하면 '시란 무엇인가?'라고 묻는 대신 '시란 무엇이어야 하는가?'라고 묻고, '시가 무엇을 할 수 있는가?'라고 묻지 않고 '시가 무엇을 더 할 수 있는가?'라고 물어야 한다고 말한다. 또 시를 나 혹은 너로 바꿔볼 필요가 있고, '나는 무엇이어야 하는가?' 또 '우리는 무엇을 더 할 수 있는가?'라는 질문도 제기해볼 필요가 있다고 언급한다.

그런 저런 생각을 떠올리다 보니 지금 여기 내가 맨 앞이 되어버렸고, 또 어쩌다 보니 천지간 모두가 앞서거니 뒤서거니 저마다 맨 앞을 다투게도 되었다. 시인의 생각에 따르면 맨 앞이라는 자각은 지식이나 이론이 아니고 감성에서 우러나온 것으로 이해해야 한다고 한다. 그런 까닭으로 우리에게 필요한 것은 세계관(世界觀)이 아니고 세계감(世界感)이라고 말한다. 곧, 세계와 나를 온전하게 느끼는 감성의 회복이 급선무라는 것이고, 그렇기에 인간은 하나의 관점이기 이전에 무수한 감점(感點)으로 이해될 수 있다는 것이다.

시인의 판단에 따르면 세계감과 세계감이 어우러지면 인간이 바라마지 않는 새로운 세계관이 찬란히 펼쳐질 수 있다. 그 결과, 모든 것이 서로가 친밀히 연결되어 있다는 평범한 진리를 진심으로 터득하게 될 때 그것은 그토록 놀랍고 아름다운 삶으로, 또 새로운 의미로

18) 이문재, 『지금 여기가 맨 앞』, 파주: 문학동네, 2014, p.142.

우리에게 다가올 수 있다.[19]

예사롭지 않은 어떤 순간이 스칠 때, 곧 삶에 회의가 오며 그 삶이 무의미하다고 느껴질 때 이문재 시인이 말한 것처럼 자신감 있는 사고와 생동하는 의식을 갖고 '맨 앞'의 용기로 맞부딪힐 필요가 있다. 또한 굳은 의지를 갖고 세계와 운명에 맞설 수 있어야 한다. 나아가 불굴의 인내와 최선의 노력과 열정으로 깨어 싸울 준비를 갖출 수 있어야 한다.

오늘의 일상 안에서 여전히 굴러 떨어지게 되는 바위를 다시 굴려 올려야 하는 행위의 반복은 어쩌면 맨 끝이 맨 앞이 될 수 있고, 역으로 맨 앞이 맨 끝이 될 수도 있다는 의미를 함축한다. 말하자면 우주의 이치란 참으로 기묘한 것이기에 세상 안에서 벌어지는 일들 가운데에는 첫째가 꼴찌가 되고, 꼴찌가 첫째가 될 수 있는 개연성은 언제나 존재하고 있다. 위기란 항상 기회와 행운을 향해 있고, 반대로 기회와 행운이 언제 위기와 나락으로 떨어질지 아무도 모른다. 언제나 이를 염두에 두고 대비하며 깨어있지 않으면 안 된다. 지금의 상황 또한 희망과 절망 사이의 뒤섞임일 수도 있음을 명심해야 한다. 그런 마음가짐이 마침내 자신과 타인의 세계를 서로 함께 활짝 열어젖힐 수 있는 그런 미래를 가져올 수 있기 때문이다.

여기에서 우리는 앞서 언급한 '주인과 하인'의 본질을 상기해볼 필요가 있다. 다름 아닌 주인과 하인이 주고받는 대화 속의 진의를 파악해낼 수 있어야 한다. 또한 시지프 왕의 에피소드에서 보듯 우리 모두가 왜 매일매일의 똑같은 생활과 주어진 일들 안에서 규칙적으

19) 위의 책, p.5.

로 계속해서 '바위를 굴려 올려야 하는지…'에 대한 참뜻도 깨달아야 한다.

아마도 매일 계속해서 굴러 떨어지는 바위임에도 불구하고 또한 그 바위를 산꼭대기로 끊임없이 굴려 올려야만 하는 그 행위 자체 속에 이에 대한 해답이 함께 들어 있는 것은 아닐지 성찰해볼 필요가 있다.

4.

하루에 단 15분만이라도 일을 멈추고

키에르케고르와 함께

1. 삶이 내게 말을 거는 순간

다음 인도의 설화 한 가지를 음미해보도록 하자.

한 마술사가 쥐 한 마리를 지속적으로 관찰하게 되었다. 그러던 중 한 가지 이상한 점을 발견하게 되었다. 그 쥐는 언제나 불안과 초조에 떨고 있는 것이었다. 단 한 번도 안정되고 평안한 모습을 본 적이 없었다. 항상 이리저리 눈치를 살피며, 또 주춤거리기도 하고…, 쥐는 무엇인가를 경계하며 두려워하는 것이 분명하였다. 시간을 두고 관찰한 결과, 그것은 고양이 때문이란 걸 알게 되었다. 고양이가 언제 어떻게 덮칠지 몰라 그렇게 불안에 떨고 있었던 것이다.

마술사는 그 쥐가 하도 가련하고 불쌍하여 고양이로 만들어주어야겠다고 생각했다. 그래서 고양이로 만들어주었다. 그런데 고양이가 된 뒤에도 전처럼 불안에 떠는 것은 똑같았다. 왜 그런가 하고 살펴본 결과, 이번에는 개 때문이었다. 개가 너무 무섭고 겁이 나서 한시도 마음을 놓지 못하는 것이었다. 마술사는 고양이를 개로 만들어주었다. '이제는 정말 괜찮겠지…' 했는데 불안해하는 기색은 전과 마찬가지였다. 이번에는 호랑이가 두렵고 무서웠기 때문이다. 마술사는 마침내 그를 맹수의 왕 호랑이로 만들어주었다. 그는 맹수의 왕, 천하무적의 호랑이가 되었다. 그러나 계속해서 두려워하며 불안해하기는 마찬가지였다. 이유인즉 사냥꾼 때문이었다. 사냥꾼의 총이 너무나 겁나고 무서웠기 때문이었다.

결국, 마술사는 심사숙고 끝에 다음과 같은 결론을 내리게 되었다. 무슨 수를 써도 똑같은 상황이 틀림없이 발생할 것이다. 그리하여 마술사는 동물의 왕 호랑이를 처음의 모습이었던 쥐로 다시 바꿔놓고 말았다.

이 설화의 내용이 일깨워주고자 하는 것은 어떤 상황에서도 쥐의 불안은 절대로 해결할 수 없다는 것, 즉 불안과 두려움의 생성은 외적 환경의 영향보다는 내적인 마음으로부터의 영향이 훨씬 더 지대하다는 것이다. 이 설화를 인간의 경우와 비유해본다면, 불안이란 원천적 또는 본래적으로 인간의 삶 속에 이미 내재해 있는 것으로서 절대로 피해 갈 수 없는 그 어떤 성격인 것이다.

설화에서 볼 수 있듯이 여러 동물들을 포함하여 인간존재의 상황 안에서까지 모두 똑같이 지니고 있는 공통분모 한 가지는 '언제 무엇이 어떻게 나를 덮칠지 모른다'는 느낌을 갖고 있다는 것이고, 그것은 바로 불안의 상태로 파악될 수 있다는 것이다.

스피노자는 불안을 다음과 같이 규정한다. "불안이란 대상이 없는 애매모호한 정신적 통증이다." 나아가 이러한 통증의 생성은 정말로 우리가 싫어하는 어떠한 일이 머지않아 우리에게 닥쳐올 것이라고 하는 막연한 근심과 걱정에 대한 사고로부터 비롯된다고 설명하고 있다.

그러므로 우리를 불안으로부터 벗어나게 하는 해결의 실마리는 예측 불가능한 불확실성의 세계와 그런 세계 안에서 발생되는 인간적 삶의 갈등과 위기를 어떻게 이해하고, 또 얼마나 정확히 분석하고 진단할 수 있는지로부터 시작될 수 있다.

◆ ◆ ◆

어떻게 지나갔는지도 모를 나의 60여 년 삶을 되돌아볼 때, 내게 큰 충격을 주었던 여러 가지의 사건들 중 유난히도 잊히지 않고 기억되는 한 사건이 있다면, 그것은 30대 후반 전혀 마음의 준비 없이 맞게 된 아버님의 죽음이었다. 사람이 나이를 먹어 늙고 병들게 되면 죽게 되는 것이 당연한 자연의 이치이건만, 우리 가족에게 갑자기 그런 일이 생길 줄은 꿈에도 생각하지 못했다. 아버님의 장례미사 때에 난 얼마나 많은 눈물을 흘렸는지 모른다. 이후 10여 년이 지나 어머님께서 세상을 떠나시게 되었을 때 한 발짝 더 가까이 죽음의 실체와 그 세계에 대하여 좀 더 깊은 사유를 하게 되었다.

죽음으로 인한 천상과 지상의 단절은 어떤 것일까?, 세상 안에서의 소멸과 붕괴는 무엇을 의미하는가? 그리고 사후세계의 천상과 지옥의 실체는 어떻게 알아듣고 받아들여야 하는가?

관념 속에서 이론적으로만 생각했던 죽음에 대한 실제적 체험은 그 당시 연거푸 터져버린 1, 2차 성당 신축공사의 부도 사태와 맞물려 내 삶을 위축시켰고, 내 존재를 무력하게 만들었다. 또 한없는 절망의 나락으로 나를 끌어내렸다. 이렇듯 사전의 경험이나 마음의 준비가 전혀 없는 나에게 갑작스레 밀려들어온 불안과 두려움은 나의 사제성소에 대한 심각한 회의로까지 이어졌다. '과연 산다는 것은 무엇일까?' '사제로서의 삶은 어떤 의미가 있는 것인가?' 또 '어떻게 살아야 행복하고 가치 있는 삶을 사는 것인가?' 등에 대한 물음들은 나를 뒤흔들며 불안과 우울함, 그리고 두려움의 늪 속으로 빠뜨렸다.

많은 시간이 흘러가면서 하느님의 은총과 도우심의 덕분으로 문제점들은 하나씩 해결되어갔다. 그리고 축복의 함박눈이 내리는 어느 주일, 교구장 주교님을 모시고 신축 완공을 기념하는 영광스럽고 행복한 성전 축성식을 갖게 되었다.

그럼에도 불구하고 이따금씩 떠오르는 아버님과 어머님에 대한 추억들, 그리고 여러 사건들에 대한 기억들은 지난 과거의 감정들을 되살리곤 한다.

내가 이 세상에서 사라져버리지 않는 한 앞으로 또 이런 상황과 맞부딪히게 될 것임은 자명하다. 그러니 그때마다 이를 잘 극복하고 이겨나갈 수 있어야 할 것이다. 뿐만 아니라 긍정적이고 용기 있는 좋은 모습 안에 아버님, 어머님을 내 안에 살아 계시게 만들어야만 한다. 나아갈 길은 분명하고 해결 방법은 자명한데 막상 현실과 마주하게 되면 주저하고 망설이게 되니 이 무슨 조화일까 자문하며 반성해 본다.

다만 한 가지 굳게 믿고 희망할 수 있는 것은 천국에 계신 아버님, 어머님의 응원과 주님의 섭리가 이 모든 어려움을 잘 극복할 수 있게 이끄시리라는 분명하고 오롯한 믿음을 잊지 말아야 한다는 사실이다. 바로 그런 믿음이 나를 덮치고 있는 여러 걱정거리들과 실존적 불안으로부터 나 자신을 언제나 안전하게 벗어날 수 있게 해주는 한 줄기 구원의 빛임이 틀림없다.

2. 철학사상: 키에르케고르와 함께

쇠렌 키에르케고르(Søren Kierkegaard, 1813~1855)는 인간 정신의 탐구에 있어 위대한 사상가이며 또한 종교철학자이기도 하다.

키에르케고르는 7남매 중 막내로 태어나 엄격한 기독교적 금욕주의의 영향 아래서 성장하였다. 아버지 미카엘 키에르케고르는 독실한 신앙의 소유자였음에도 상처한 지 1년도 채 안 되어 자신의 집 하녀와 부도덕한 관계로 자식까지 낳게 되는 복잡하고 고통스런 상황을 만들기도 하였다. 이는 자신이 세워놓은 어떤 가치관이나 신앙심에 반하는 행동으로 그 자신 스스로 극심한 우울증에 빠져들게 하는 원인이 되었다. 또한 자신의 이런 행동으로부터 비롯된 양심의 가책과 죄책감은 일생 동안 그를 불안케 하고 또 괴로운 삶을 영위케 만들었다.

이런 부친의 삶과 주위 상황의 여건들은 고스란히 키에르케고르에게 전해졌다. 그의 인생에 있어 이런 상황의 영향은 우울함의 근원이 됨과 동시에 북유럽의 칙칙하고 암울한 분위기와 맞물리면서 인생을 바라보는 시각을 부정적이며 회의적으로 만들었다. 한편으로 아버지로부터 유전적으로 물려받은 성격이기도 한 그의 우울증은 그의 죄의식의 감정과 불안한 정서를 더욱 심화시켰다.

그는 27세 때, 큰 희망을 갖고 그가 평생 목숨을 걸고 사랑하겠다고 맹세한 16세의 아름다운 소녀 레기네 올젠(Regine Olsen)과 약혼을 하였다. 하지만 불행히도 이 약혼은 약 1년 후 파경으로 치달아 그의 첫사랑의 꿈은 비극적인 종말로 막을 내렸다. 그 결과, 그의 우울증과 불안의 상태는 걷잡을 수 없이 깊어져갔다. 반면에 이런 상황은 그로 하여금 오로지 종교에 심취케 하여 그의 종교적 관점과 신앙심을 깊이 있게 만드는 중요한 계기가 되었다.

이런 삶의 과정들이 그의 사상과 저술 활동에 결정적인 영향을 미치게 됨은 당연한 귀결이었다. 한편, 종교적 관점에서 볼 때 지나치게 한쪽으로 치우치게 되면서, 참된 기독교인이라면 우리 모두는 참된 순교자가 되어야 한다는 극단적 주장을 펼치기도 하였다. 설상가상으로 이런 문제에 대한 논쟁이 격화되고 극렬해지면서 그에게 엄청난 심신의 피로와 고통이 몰려옴으로써 탈진 상태에 이르게 되었고, 이 상태가 계속됨으로 말미암아 끝내 호전될 수 없는 파국을 맞게 되었다. 곧, 그의 생명까지 앗아가 버리게 되는 결과까지 초래하였다. 그의 나이 42세 때의 일이다.

누구에게나 그렇듯 키에르케고르의 철학 역시 그의 삶과 가치관으로부터 비롯된 것임은 당연한 사실이다. 곧, 그의 사상은 그가 자신의 인생의 문제들을 해결하고 헤쳐나가기 위한 불가피한 상황과 환경들과 맞부딪히며 형성되게 되었다는 뜻이다.

그의 인생의 최대 관심사는 다름 아닌 '실존'이란 주제이다. 그에 의하면 인간은 세상 안에서 자신의 삶을 영위해가는 데 있어 '실존의 문제(Existenzprolem)'를 풀어가는 '인간적 존재'이다. 그렇기에 그에게 있어 철학은 실존을 의미하며, 실존은 곧 그의 철학의 핵심이 되고 있다. 그런 이유에 입각하여 그의 사상은 현대 실존철학의 전신이 되고 있다는 평가를 받기도 한다. 또한 그의 실존철학은 그의 주장에 따르면 '실존에 대한 철학'이 아닌 '실존으로부터의 철학'이 되고 있음을 염두에 둘 필요가 있다.

이제 불안에 대한 키에르케고르의 언급을 보도록 하자.

불안이란 꿈꾸는 정신에 대한 일종의 규정이다. 불안은 그 자체로서 심리학에 속한다. 깨어 있을 때 나 자신과 나의 타자 사이에는 차이가 정립된다. 잠들어 있을 때 이 차이는 일시 보류된다. 꿈꿀 때 그 차이는 일종의 암시되는 무(無)가 되고 만다.[20]

불안의 개념과 의미는 종래의 심리학에서 집중적으로 다루어지지는 않았다. 현대에 접어들며 심리학은 철학으로부터 분리, 독립되었다.

여하튼 키에르케고르의 불안의 개념은 심리적이나 언어적인 관점 안에서 이해하는 공포나 두려움, 또는 이와 유사한 개념들의 의미와는 다소 차이가 있다. 그의 불안의 개념은 '가능성의 가능성'으로서 자유의 현실성으로 이해된다. 이런 이유에 의거할 때 불안의 의미는 동물에게서는 찾아볼 수 없다. 왜냐하면 일반적으로 동물에게는 정신의 개념이 규정되어 있지 않다고 정의하고 있기 때문이다.[21]

불안은 공감적 반감이며 반감적 공감이다. … 사람들은 어떤 달콤한 불안, 결코 싫지 않은 불안함, 그리고 어떤 낯선 불안, 수줍은 불안 등등에 관하여 이야기한다.

정신이 덜하면 불안도 덜하다. … 불안이 깊으면 문화도 깊어진다. 여기에서 불안은 자유가 역사적으로 불완전한 형태들을 겪은 뒤 가장 심오한 의미로 자신에게 다가올 때인, 훨씬 나중 시기의 우울과 똑같은 의미를 지닌다.

---

20) 쇠렌 키에르케고르, 임규정 옮김, 『불안의 개념』, 서울: 한길사, 2005, pp.159~160.

21) 자연철학자들의 일반적 의견에 의하면 동물들은 불안을 경험하지 않는다. 이들의 주장에 따르면 동물들은 선천적으로 본성을 따라 행동하는 까닭에 동물에게 '정신'의 개념을 붙일 수 없다는 견해이다. 동물들의 경우, 여러 상황에 부딪히게 되면서 두려워하기도 하고, 좋아하기도 하고, 또는 민감히 반응하기도 하지만, 그것은 인간 삶에 있어서 인간이 느끼는 바와 같은 불안의 범주에 속하는 것이 아니다. 이는 동물들이 본성에 의거하여 즉각적인 반응으로 행동하는 것뿐이지 인간에 있어서와 같이 예감과 가능성의 경험함을 의미하는 것은 아니다.

불안이 나타난다는 사실, 바로 그것을 중심축으로 하여 모든 것이 회전한다. 인간은 영(靈)과 육(肉)의 종합이다. 만약 이 두 가지가 제3의 요소 안에서 통일되지 않는다면 종합은 이루어질 수 없다. 제3의 요소란 다름 아닌 정신을 말함이다.

정신이 현존하는 한 그것은 어떤 의미에서 적대적 힘이기도 하다. 왜냐하면 정신은 영과 육의 관계를 끊임없이 교란시키기 때문이다. 다른 한편 정신은 일종의 우호적 힘이기도 하다. 왜냐하면 정신은 바로 그런 관계를 구성하는 힘이 되기도 하기 때문이다.

인간은 정신으로 도망칠 수도 없다. 왜냐하면 인간은 불안을 사랑하기 때문이다. 그러면서도 인간은 불안을 진심으로 사랑할 수도 있다. 왜냐하면 인간은 이미 불안으로 (언제나) 도망치고 있기 때문이다.[22]

키에르케고르에게 있어 불안의 개념은 당연히 실존의 영역 안에서 시작되고 그 영역 안에서 취급된다. 곧, 그의 사상은 인간적 삶의 밑바탕으로부터 비롯되는 심각한 '불안'과 '고뇌'에 어떻게 대처해야 하며, 이를 없애기 위해 어떤 노력을 경주해야 할지를 다루고 있다.

키에르케고르의 철학은 실존의 철학인 까닭에 우선적으로 인간의 생활 자체를 떠나서는 언급할 수 없다. 더욱이 그의 사상은 자기 실존의 의의를 자각하는 일이기 때문이다. 나아가 생활 안에서 각자 자신들에게 부여된 실존의 문제들을 어떻게 하면 효과적으로 잘 풀어 나갈 수 있을까 하는 해결 방법으로서의 분석의 과정 또한 결과 못지않게 그의 철학의 목적이 될 수 있기 때문이다.

---

22) 키에르케고르, 『불안의 개념』, pp.162~164.

키에르케고르에 의하면 삶 속의 불안은 본원적으로 '꿈꾸는 정신'이다. 이는 공감적이기도 하며 역설적으로 반감적이기도 하다. 불안의 종류도 다양하다. 달콤한 것, 낯선 것, 수줍은 것, 그리고 싫은 것과 싫지 않은 것 등등.

키에르케고르의 경우, 인간의 자유가 상황에 따라 불안정한 형태로 바뀌게 되면 자유를 움직이게 하는 원천인 정신도 함께 불안하게 된다.

한편으로 불안이 깊어지게 되면 문화도 그만큼 깊어진다. 곧, 불안과 문화는 서로 떼어 생각할 수 없는 긴밀한 관계로 파악된다.

키에르케고르에 따르면 인간이란 영(靈)과 육(肉)의 종합체이다. 이것은 성서에서 표현하는 사도 바오로의 로마서 6~8장의 인간존재에 대한 묘사와 매우 흡사하다. 다름 아닌 영과 육은 정신의 영향으로 인하여 적대적이 되기도 하고 우호적이 되기도 한다. 정신은 언제나 그런 관계를 이끌어가는 근본적 원리이다. 키에르케고르는 "인간은 불안을 사랑하며 불안을 껴안는다."라고 말한다. 다시 말해 불안으로부터 벗어나고 싶어 하면서도 불안을 완전히 떨쳐버리지 못하며, 이로부터 절대로 도망쳐 나오지 못한다는 것이다. 바로 이런 모순적 상황이 키에르케고르가 정의하는 '인간실존'의 모습이자 사도 바오로가 주장하는 인간존재의 상황이다.

키에르케고르에 따르면 신과의 관계의 단절은 인간이 죄 속에 머물러 있는 상태를 의미한다. 이것은 절망 속의 삶으로 표현된다. 예컨대, 신과의 관계로부터 멀어져 향락과 유흥 등을 좇는 세상 시류의 편승은 끝내는 권태와 좌절, 그리고 실망의 삶 그 자체 속으로 더 깊이 빠져들어가게 하고 만다. 그러므로 이로부터 벗어나기 위해서는 기쁘고 참되며 의미 있는 삶의 영위가 필요하다. 이를 위해 반드시 다른 차원으로의 삶의 승화가 이루어져야 함은 필수적이다. 인간이 참된 자기가 되기를 끊임없이 갈망하고, 또 참 자아로 복귀하고자 하는 노력을 지속할 때 참된 존재방식을 얻게 된다. 바로 이 여정은 인간이 실존하는 길이며, 이 여정 안에서 '참된 자기'를 찾아가는 주도적 역할은 사유가 담당하게 된다.

키에르케고르가 주장하는바, 신과의 관계의 정립은 예수 그리스도와의 관계의 정립으로부터 비롯되며, 이 영역은 실용적 학문의 단계를 뛰어넘는 종교와 신앙의 차원으로 이해된다. 또 개인적 믿음의 문제 영역으로 한계를 짓고 있다.

3. 신앙과의 관계 안에서

나는 나 자신의 행동을 이해할 수 없습니다. 나는 내가 하기를 원하는 일들을 수행하지 못하고, 내가 미워하는 바로 그 일들을 하고 있는 나 자신을 발견합니다. …

내 안에 선한 것을 행하고자 하는 의지가 있음에도 불구하고, 결과적으로는 내가 원하는 그것을 행하는 대신, 내가 원하지 않는 악한 일들을 행합니다. 내가 나의 의지에 반대하여 행동할 때 그것은 나의 진실한 자아의 행함이 아니라 내 안에 살고 있는 악이 행하는 것입니다.

결국, 여기에 한 법칙이 존재함을 발견합니다. 내가 선행을 하기를 원하는 매 순간마다 막상 그 일이 이루어지고 보면 그것은 악한 어떤 것이라는 사실입니다. …

그리고 나의 육체가 내 이성이 명령하는 그 법에 반대하여 싸우는 또 다른 법을 따르고 있음을 깨닫게 된다는 것입니다. 이것은 나로 하여금 나의 육신 안에 살고 있는 악의 법의 죄인이 되게 만드는 그런 법입니다.

나야말로 얼마나 불행한 사람인지! 결과적으로, 이성으로 하느님의 법을 섬기는 것도 나이며, 세속적 자아 안에서 악의 법을 섬기는 것도 나입니다.[23] (로마 7:15, 18~21, 23~24)

위의 성경 구절은 사도 바오로가 로마 지역의 그리스도교 공동체의 신자들에게 솔직한 자신의 인간적 갈등과 고민을 표현한 말씀으로 알아들을 수 있다.

나는 위의 사도 바오로의 말씀을 얼마나 좋아하는지 모른다. 또 전적으로 동감한다. '우리 보통사람들의 심정을 어떻게 이리도 잘 표현해놓았을까!' 하는 감탄의 마음을 갖기도 한다. 더욱이 지금은 내 처지를 너무나 잘 대변해주고 있는 것 같아 동료애를 느낌은 물론, 위로까지 받는다. '아이고! 사도 바오로 같은 분께서도 우리처럼 똑같은 생각을 갖고 있었네!' 하는 생각이 '나도 그처럼 될 수도 있다는 뜻이잖아?' 하는 긍정적 의구심으로 은근히 자신감마저 북돋아주고 있기 때문이다. 말하자면 '그도 역시 우리처럼 보통사람이었네!' 하는 마음에 '그렇다면 어디 나도 한번 해볼까?' 하는 희망까지 불어넣고 있는 것이다. 그럼에도 불구하고 사도 바오로와 우리 보통사람 사

---

23) *The Jerusalem Bible*, Romans 7:15, 18~21, 23~24. "I cannot understand my own behaviour. I fail to carry out the things I want to do, and I find
I find myself doing the very things I hate. When I act against my own will, … for though of doing the good things I want to do, I carry out the sinful things I do not want.
In fact, this seems to be the rule, that every single time I want to do good it is something evil that comes to hand, … But I can see that my body follows a different the will to do what is good is in me, the performance is not, with the result that instead law that battles against the law which my reason dictates. This is what makes me a prisoner of that law of sin which lives inside my body. What a wretched man I am! …
In short, it is I who with my reason serve the Law of God, and no less I who serve in my unspiritual self the law of sin."

이에는 엄청난 차이가 존재함은 틀림없는 사실이다. 문제가 무엇일까? 과연 그와 우리의 차이점은 무엇일까? 이것은 우리에게 당면한, 그리고 꼭 풀어나가야 할 근본적 수수께끼이자 과제가 아닐 수 없다.

필자가 30대 때 수원대학교 교양학부 교수로 재직할 때 느닷없이 받았던 충격적인 질문 한 가지가 잊히지 않는다. 앞으로도 잊히지 않으리라. 학과목에 대한 질문이 아니었다. 아마도 사제에 대한 호기심이나 궁금증 때문에 나온 질문일 것이다. 미술대학교 학생들의 철학개론 시간 때 한 여학생이 갑작스럽게 거침없고 당돌한 질문을 던졌다. 그것은 "아름다운 여성을 보면 함께하고 싶지 않으세요?"라는 질문이었다.

그때 난 너무 깜짝 놀랐고, 크게 당황하였다. 아마도 필자가 가톨릭 성직자이고 독신이며, 강의 복장은 언제나 로만 칼라의 까만색 양복 정장이었던 까닭에, 그들의 관심이 수업 내용보다 나의 생각이 전혀 미치지 않는 엉뚱한 곳에 있었다는 것을 그때서야 알게 되었다. 어찌 되었든 질문에 대하여 답을 해야 했다. 우물쭈물 넘어갈 수는 없었다. 이내 자신감을 갖고 분명하게 대답을 했다. "나도 다른 사람들과 똑같은 남자인데 왜 그런 생각이 들지 않겠어요? 그러나 우리는 지성적이고 성숙한 사람들이니까 무엇보다 먼저 이성적으로 상황을 잘 판단해야 하는 것이 중요하겠죠? 그 다음으로 판단의 결과를 의지적으로 잘 실천하는 것이 상황 판단 못지않게 중요하다고 생각합니다." 나의 원칙적 답변에 학생들은 실망했을지 모르나, 그 당시 나로서는 이성과 판단, 그리고 이에 따른 의지의 실천을 강조하는 것 외에는 다른 생각이 나질 않았다.

일반적으로 사람들은 이성적이며 의지적인 삶보다 안정과 편안함에 안주하여 감성과 육체가 시키는 대로 살아가고자 하는 욕구가 더 강하다. 즉, 이성과 의지의 삶보다 감성과 육체의 삶에 더 잘 기울어지는 경향이 있다. 그러므로 끊임없이 외부에서 욕구를 찾고 문제를 해결하고자 시도한다. 그런데 문제는 물질적으로, 쾌락적으로 더 좋은 것을 찾게 되면서 묘하게도 고뇌하게 되고, 상처받게 되며, 방황하게 되는 상황이 급증한다는 사실이다. 사실상 그 근원을 들여다보면 맨 밑바닥에 탐욕과 비우지 못한 마음이 자리하고 있음을 깨닫게 된다.

사도 바오로의 말씀처럼 감성과 육체의 만족만을 좇게 될 때, 세상 안에서 부딪히는 공포와 불안으로부터 우리가 절대로 벗어날 수 없음을 알게 된다.

종교적으로 판단할 때 하느님의 계명과 교회의 정신을 잘 수용하여 그 가르침을 성실히 실천해나가지 못한다면, 또 감성과 육체에 따른 삶만을 계속적으로 추구하게 된다면 결국은 어둠과 고통의 나락으로 빠져들게 되고 말 것이다. 인간의 욕망과 의지의 추구 사이에 '죄'가 개입되게 된다. 그리고 이 상황으로부터 발생되는 불안과 절망의 마음은 인간을 하느님으로부터 더욱 멀어지게 만든다.

죄와 절망의 문제에 관하여 키에르케고르는 다음과 같이 언급하고 있다. "죄는 신이 내린 계시에 따라 죄의 문제가 해명된 다음, 신 앞에서 절망하여 자신이 자기이고자 하지 않거나, 자기이고자 하는 것이다."

키에르케고르는 '자기가 되어가는 것'을 실존으로 파악하며, 이와는 반대로 실존 수행에 실패함을 절망(despair)으로 이해한다. 곧, 절망이란 신 앞에서 본질적으로 자기 자신이 누구인지를 잊어버리는 것이다. 그의 주장에 따르면 절망 속의 인간은 죄 속으로 떨어질 수밖에 없고, 그 죄로부터 탈피하지 못할 때 인간은 더욱 깊은 죄악의 구렁텅이로 떨어지게 된다.

신앙적 관점 안에서 볼 때 이런 상황으로부터의 탈출은 오직 하느님의 자비와 은총의 도움으로만 가능하다. 하느님만이 오직 인간을 용서할 수 있고 구원할 수 있기 때문이다. 그러므로 모든 불안과 절망으로부터 벗어날 수 있는 유일한 방법은 신 안에서 참된 신앙을 갖게 됨으로써 얻어질 수 있다. 곧, 하느님에 대한 믿음만이 죄로 인한 갈등과 불안을 없애주고 인간을 자유롭게 만들 수 있다.

궁극적으로 믿음은 '하느님은 사랑이시다'라는 전제에 대한 본질적 체험이며 하느님께 드리는 온전한 신뢰이자 의탁이다. 이런 상태 안에 머물게 될 때 인간의 영혼이 자유로워질 수 있으며 행복과 평화의 삶을 살아갈 수 있게 된다.

키에르케고르가 주장하는바, 인간의 실존적 불안과 절망, 그리고 '죄'에 대한 자각은 인간으로 하여금 하느님 앞에 단독자로서 우뚝 설 수 있게 만들며, 이상과 미래를 향해 흔들리지 않고 걸어나갈 수 있게 함으로써 참된 자아를 찾게 만들어준다.

4. 살며 사랑하며

다음의 글은 파울로 코엘료의 에세이 『흐르는 강물처럼』에 나오는 한 일화의 내용을 정리한 것이다.

개인주의적이며 각박한 현대사회 안에서 이 에피소드는 '나는 누구인지', '무엇 때문에 사는지'에 대하여 적어도 한 번쯤은 진지하게 고민해보게 하리라 생각한다. 말하자면 일에 시달리고, 소비에 지나치게 몰두하며, 또 여유 있는 시간이 생기면 서둘러 여행이나 운동, 그리고 즐거움을 찾느라 도무지 자신을 성찰할 틈을 갖지 못하는 현대인들에게 잠시 멈춰 서서 그 무엇인가를 생각해보게 하는 가르침을 주고 있다.

마누엘은 무려 30년 동안 한결같이 쉬지 않고 일해왔다. 아이들을 훌륭하게 키우고자 함은 물론 타의 모범이 되려 노력해왔다. 무엇보다 회사 일에 자신의 모든 것을 바쳤다.

덧붙여서 가족의 기대에 부응하고자, 또 자신이 봉급 가격에 못 미친다는 평가를 받지 않기 위해 주어진 일에는 언제나 미친 듯이 온몸을 던졌다. 이런 삶을 살아가는 마누엘에게 어느 날 꿈에 천사가 나타나 묻는다.

"당신은 무엇 때문에 그렇게 바쁘게 살지요?"

"책임감 때문입니다."

천사가 다시 말한다.

"하루에 단 15분만이라도 일을 멈추고 세상과 자신 스스로를 돌아다볼 수 있는 시간을 가져볼 수는 없는가요?"

마누엘은 그렇게 하고 싶기도 한데 도저히 시간이 주어지지 않는다고 대답한다.

"그럴 리가…. 마음만 먹으면 누구든지 시간은 만들 수 있어요. 용기가 없는 것뿐이죠. 그 시간은 정말 축복의 시간이 될 수 있을 거예요. 그 시간을 통해 자신의 행동을 돌아볼 수 있다면 말이지요. 그런데… 오로지 일에만 신경을 써서 삶을 반성(反省)해볼 수 있는 시간을 갖지 못해 자신을 잃어버리게 된다면 그건 언젠가 저주가 될 수도 있음을 절대 잊지 말아야 해요!"[24]

만약 마음의 준비가 전혀 되어 있지 않은 무방비의 상태에서 어느 날 갑자기 예기치 못한 날벼락 같은 사건이 우리 삶의 아주 작은 틈

---

24) 파울로 코엘료, 박영희 옮김, 『흐르는 강물처럼』, 파주: 문학동네, 2008, pp.75~77.

새로 침투해 들어와 불안의 상황을 확대해나갈 때, 그 삶은 균열이 생기며 붕괴되기 시작해 마침내는 깊고 깊은 절망의 나락으로 떨어지게 되고 말 것이다.

이때 우리는 삶 속에서 인간실존에 대한 고뇌의 상황에 처해지게 될 것이고, 또 불안의 깊은 심연 속으로 빨려들게 될 것이다. 그렇기에 평소 자신의 주변을 살피고 돌아보며 자신의 본 모습을 직시할 필요가 있다. 이것이 바로 불안에 대한 대비이며 예방이다. 사실상 대비나 예방보다 더 좋은 해결 방법은 없기 때문이다.

마누엘은 항상 바쁘지 않으면 불안하여 한시라도 살 수 없는 일 중독자였다. 어떤 일에 온 정신을 쏟지 않으면 늘 초초하고 불안해 견딜 수가 없다. 일이 없으면 이상할 정도이다. 만약에 그가 일상의 반복적 일로부터 아무런 준비도 없이 이탈하게 된다면 그는 감당할 수 없는 공포와 두려움에 휩싸일 것은 자명한 이치이다. 그러므로 사전의 예방조치와 자신에 대한 반성은 늘 필요하고 중요한 것이라 아니할 수 없다.

그러므로 일상의 안정과 참된 자신을 찾고 굳건한 믿음을 확고히 하기 위해서는 반드시 천사로 둔갑한 파울로 코엘료가 우리에게 속삭이는 '비어 있음'의 시간을 만들 줄 알아야 한다. 또한 이 '비어 있음'의 공간을 어떻게 채워나갈 것인가를 심각히 숙고해볼 수 있어야 한다.

◆ ◆ ◆

키에르케고르의 주장에 따르면 세상의 모든 인간은 불안을 느끼며 불안과 함께 살아간다. 어느 누구도 예외가 될 수 없다. 인간존재 자체가 본래적이며 본질적으로 불안을 내재한 존재인 까닭이다.

인간은 때로는 홀로 생각하고, 홀로 선택하고, 홀로 결정을 내려 행동하게 될 때 어쩔 수 없이 수많은 시행착오와 실수들을 겪게 된다. 그리고 이 안에서의 예상치 못한 사건들까지 겪게 되면서 다양한 불확실함과 불안들을 경험할 수밖에 없다. 이는 또한 자연스런 삶의 흐름이기도 하다.

중요한 것은 이런 불안들에 직면하였을 때, 무조건 회피하거나 두려워해서는 안 된다. 인간이기 때문에 이런 불안들과 불확실함에 필연적으로 부딪힐 수밖에 없다는 것을 늘 유념하며 침착히 대처할 수 있어야 한다. 역설적 표현일 수 있겠지만 키에르케고르의 주장처럼 "고도의 정신을 가진 자만이 절망할 수 있고, 고도의 자기를 가진 자만이 불안할 수 있다."는 말을 상기할 필요가 있다.

키에르케고르는 말한다. "인간이기 때문에 절망할 수 있는 것이다." "절망을 딛고 서지 않고서는 종교적 실존도 구원도 가능치 않다. 인간은 여러 가지 실패와 절망을 겪고 나서야 비로소 자기 자신이 원래 가지고 있었던 힘으로 돌아간다." 이 언급은 불안과 절망으로 고통 받는 인간존재로 하여금 본래의 실존적 자아를 찾아갈 수 있는 용기와 희망의 빛으로 이해할 수 있다.

삶이란 절대로 만만하거나 녹록지 않다. 툭하면 마치 어둔 밤이 나를 감싸 안듯 불안의 늪으로 떨어지기가 일쑤이다. 인생의 엄청난 무게를 느끼게 함에 있어 부족함이 없다. 이로부터 빠져나오는 데에는 지난한 자기와의 싸움에 있어 강한 정신력과 인내는 필수적인 것일 수밖에 없다.

무엇보다 '살아 있음' 그 자체에 먼저 감사드리자! 그 다음 자신을 무한히 신뢰하고 사랑하는 마음의 결의로 순간순간 우리에게 부딪쳐

오는 인생의 여러 고난들과 어려움들을 이겨나갈 수 있도록 노력해야 한다. 그리고 언제나 희망과 의지, 지혜와 사랑의 원천인 '그분'이 언제나 우리 편에 서 계심을 잊지 않도록 하자.

5.

희망이란 '정확히 시간을 신뢰하는 인내'인 것을

마르셀과 함께

1. 삶이 내게 말을 거는 순간

세상 모든 사람들이 삶을 살아가면서 여러 가지 다양한 시련들에 직면하게 됨은 당연한 일이다. 부지불식간에 다가오는 뜻밖의 시련들을 우리는 피해갈 수가 없다. 시련과 시험은 언제 어디서, 어떤 모양으로든지 발생되게 되어 있고, 우리는 이와 맞부딪히지 않을 수 없다. 궁극적으로 이런 상황들에 대하여 거부하거나 절망할 것이 아니라, 희망을 갖고 인내로 참아낼 수 있어야 한다. 해결 방법도 틀림없이 존재한다고 하는 믿음도 절대로 포기해서는 안 된다. 처음 만나게 될 때 너무 어두워 길이 없는 것처럼 느껴질 수 있겠지만 길은 반드시 존재한다. 어둠을 조금씩 헤쳐나가다 보면 서서히 밝아오는 빛을 발견할 수 있게 될 것이기 때문이다.

다음 김수환 추기경의 『바보가 바보들에게』에 나오는 내용 중 한 일화를 소개하고자 한다.

당시 서울대교구장이신 김수환 대주교께서 추기경 서품을 받은 지 3개월쯤 되었을 때, 1969년 8월 경기도 양평군에 위치한 용문산의 청소년 수련원을 방문하게 되었다. 그때 학생들은 텐트를 치고 야영을 하며 수련회를 진행하고 있었다. 하지만 수련회 기간 내내 하루도 빠짐없이 장대비가 쏟아졌고, 그때 학생들의 고생은 이루 말로 다 표현할 수가 없을 정도였다.

이런 와중에 여고 1학년인 한 학생이 간이막사에서 학생들과 만남의 시간을 갖고 계셨던 추기경님께 노트와 펜을 들고 용기 있게 다가와 사인을 부탁하였다. 이를 기특하게 보시고 반갑게 맞은 추기경께서는 빙그레 미소를 지으며 이렇게 적으셨다.

"장마에도 끝이 있듯이 고생길(지금)에도 끝이 있단다. 추기경 김수환"

◆ ◆ ◆

다음은 수년 전 우리 곁을 떠난 고(故) 정채봉의 생각하는 동화, 『나』라는 책 속의 마 데바 와두다의 우화의 내용을 정리한 것이다.

옛날 옛날에 신(神)이 세상에서 인간들과 함께 살았던 시절이 있었다.

하루는 호두 농사를 짓는 한 과수원 주인이 신을 찾아와 무릎을 꿇고 애원하였다.

"신이시여! 저한테 딱 1년 동안만 날씨를 제 마음대로 할 수 있게 맡겨주시면 안 되겠습니까? 더도 말고 덜도 말고 딱 1년만…. 제발 날씨를 제가 원하는 대로 움직이게 해주십시오!"

그 청이 너무나도 간절하였기에, 신은 호두 과수원 주인의 청을 수락하였다.

날씨에 대한 모든 권한을 넘겨받은 과수원 주인이 햇볕을 원하면 햇볕이 풍족히 내렸고, 비를 원하면 비가 아낌없이 내려주었다. 아주 풍족하고 여유 있게…. 그리고 거친 폭풍이나 위협적인 폭설은 내리지 않게 하였다. 천둥과 벼락도 치지 않았다. 모든 것은 언제나 안전하고 순조롭게 진행되게 하였다. 호두 과수원 주인은 걱정 없이 그저 호두나무들을 미소 띤 얼굴로 바라보며 잠만 잘 자면 되었다.

시간은 그렇게 흘러갔고 결실의 계절이 왔다. 수확의 계절, 가을을 맞게 된 것이다. 대풍년을 맞아 호두는 그 어느 때와는 비교도 할 수 없을 만큼 풍성히 열렸다.

산더미처럼 쌓인 호두를 흐뭇한 눈으로 바라보던 과수원 주인은 호두를 맛보기 위해 먹음직스러운 것들을 몇 개 골라 깨뜨렸다. 그런데 깨뜨린 호두를 보고 주인은 아연실색한 채 할 말을 잃고 말았다. 거의 모든 호두가 빈 껍데기이거나 내용물이 아주 부실했기 때문이다. 어찌 이럴 수가 있는가? 도대체 어떻게 이런 일이 발생할 수 있단 말인가?

분노한 과수원 주인은 당장 신을 찾아가 어찌 된 일인지를 따져 물었다. 그러자 신이 딱하다는 듯 혀를 차며 말했다.

"사실, 엄청난 폭풍이나 혹독한 추위, 가혹한 혹서나 지독한 가뭄의 시련이 없는 곳에서는 열매들이 잘 맺힐 수가 없는 법이야! 풍파와 역경을 잘 견디어내는 가운데 껍데기 속의 영혼이 깨어나 알차고 맛있는 알맹이를 만들 수 있다는 사실을 정말 몰랐는가!"

신의 답변은 그러하였다. 호두가 실하고 맛있게 여물기 위해서는 햇볕과 비는 물론, 천둥과 서리, 바람과 이슬, 혹한과 차가운 눈까지 모든 것이 다 필요하다는 것이다. 그러나 농부는 이러한 사실을 전혀 알지 못했다.

인생도 마찬가지다. 편안함과 안정, 그리고 좋은 일만을 맞게 된다면 삶의 깊이와 참 의미를 깨달을 수 없다. 시련과 고통, 갈등과 방황을 폭넓게 경험하고 아픔과 슬픔의 눈물을 한없이 흘려가며 각고의 시간을 굳건히 잘 인내할 때 인생의 참뜻과 깊이 있는 사랑, 그리고 행복의 시간을 알 수 있게 되는 것이다.

2. 철학사상: 마르셀과 함께

가브리엘 마르셀(Gabriel Marcel, 1889~1973)은 프랑스의 현대 유신론적 실존주의 철학자 중 한 사람이다.

그는 현대사회 안에서 기본적으로 인간존재를 정의할 때 불안과 허무, 그리고 절망에 휩싸인 '여정의 인간(Homo Viator)'으로 분석한다. 그리고 이런 존재를 긍정과 희망으로 이끌 수 있기 위해서는 '형이상학적 탐구'의 반성과 사려 깊은 '숙고'가 필연적으로 요청되고 있다고 주장한다.

그는 세상을 '부서진 세계(le monde cassé)'로 파악한다. 그리고 이 세상의 절망적 상황에 대한 치유의 방법으로 '희망의 철학'을 제시한다.

마르셀에 따르면 절망과 희망의 두 개념 사이에 다음과 같은 현저한 차이가 존재한다. 절망은 시련에 직면해서 굴복하고 미래로 연결된 의식의 시간성을 폐쇄한다. 이와 반대로 희망은 시련과 맞서 싸워나가며 의식의 시간성을 긍정의 상황으로 이끌며 영원성의 깊은 곳에까지 도달할 돌파구를 만들어낸다. 절망의 상태에 빠지게 되는 것이 인간이 어떤 선고나 불가피한 사실 앞에 패배하는 것이라면, 희망은 이러한 상황을 알게 되었을 때 인간이 자기 본연의 모습을 보존하며 자신의 완전성을 찾고 지키고자 적극적으로 움직이는 추진력이자 에너지의 원천이다.

마르셀에 의하면, 희망은 우선적으로 '불가피한 것'을 자유로이 수긍케 하고 '언도된 결정'을 인식케 함으로써 자신을 내적인 반성으로 이끄는 어떤 힘(pouvoir)이다. 또 자신에게 자신의 현실성을 입증케 함으로써 자신이 응시하는 운명을 용기 있게 헤쳐나갈 수 있게 만드는 개방된 역동성이다.

마르셀이 의미하는 희망이란 그 자체가 '신비'인 것이다. 그리고 이 신비는 절망의 상황을 희망의 상태로 환원시킬 수 있는 어떤 힘(pouvoir)이기도 하다. 마르셀은 삶의 필수적 요소인 '사랑(amour)', '성실(fidelité)', '인내(patience)', 그리고 '친교(communion)' 등의 개념들을 통하여 삶의 본질적 희망으로 나아갈 수 있음을 강조하고 있다.

마르셀의 희망은 "나는 당신 안에서 희망한다."는 결정적 명제로 표현된다. 궁극적으로 '당신'은 사실상 절대적 희망의 원천인 신(神)을 의미한다. 마지막에 가서 그 신은 우리 인간을 구원으로 이끄시는 절대자로 나타나게 된다. 그러므로 마르셀이 주장하는 희망이란 세상의 인간을 구원으로 이끌어주는 바탕이자 통로이며, 원동력이기도 하다.

마르셀이 주장하는바, '깨어진 세계' 안의 절망적 상황과 여러 다양한 시련들을 극복하는 방법들 중 최고의 방법은 '인내'의 개념을 통해서 가능할 수 있다. 이는 필연적으로 희망을 붙잡는 최상의 도구가 된다. 다음 마르셀의 인내의 개념에 대한 언급을 살펴보도록 하자.

절망은 시련에 직면해서 굴복하나, 희망은 의식의 개방된 시간성을 긍정하여 영원성의 내면 깊은 곳에까지 다다르려는 과정을 만드는 힘이다. 또한 '인내'를 의미하는 저항이다.

인내는 지속에 대한 섬세한 존경 내지 타자에 대한 고유한 생동적 운율을 함축한다. 환경에 수동적으로 굴복하는 '운명'에의 체념과는 정반대의 능동적 참여이다. 인내는 성장 혹은 성숙의 과정을 신뢰하는 것이다. 희망 안에서 우리는 인내로 인하여 '나 자신을 발전시키며 내게 영향을 미치는 것들에 대한 친밀감의 어떤 양식', 혹은 '관계의 어떤 형태'를 발견한다.[25]

마르셀은 "희망은 정확히 시간을 신뢰하는 인내이다."라고 말한다. 마르셀이 강조하는바, 인내하는 사람, 희망하는 사람은 '연금 상태의 어떤 양식 안에서' 그 어떤 것과도 비교할 수 없는 거칠고 험난한 시련들과 맞서 싸워나가는 존재로 해석된다.

이것은 삶 안에서 직면케 되는 환경들에 대한 극복 내지는 융화의 과정, 또 적절한 적응으로도 이해할 수 있다. 곧, 삶의 여러 다양한 종류의 비극과 어둠 안에서도 "인내는 포로 상태 속에서 피어나는 희망의 빛"임을 마르셀은 강조한다.

죽음의 문제에 직면해서 마르셀은 "절대적 절망의 궁지로 몰아넣는 죽음의 상황을 체험함으로써 '절대적 희망의 호기(好機)'를 맞아들일 수 있다."고 역설한다.

모든 시련은 필연적으로 절망의 상황을 동반한다. 그리고 희망은 이런 시련들 안에서 상황을 부숴버리는 힘으로 작용한다. 마르셀이

25) 홍승식, 『Gabriel Marcel의 희망의 철학』, 서울: 가톨릭출판사, 2002, pp.63~68.

정의하는바, 희망은 현실이 가져오는 시련에 항복하지 않는 한에 있어서 저항의 의미를 갖는 '거부'의 행위이고, 이 거부의 행위는 순간적인 결단이 아니라 긴 시간을 통해 견디어내는 인내의 행위로 나타나게 된다.

우리는 우리가 빠져들어가는 절망 안에서 마주하게 되는 희망과의 '대립'의 상황을 통해 '인간적인 삶'을 포착하고 통찰할 수 있으며, 궁극적으로는 희망의 '신비'로 연결된다. 그런 까닭에 인간의 삶이란 절망과 희망의 대립적 상황을 통한, 서로 분리하여 생각할 수 없는, 한 실존 안의 두 영혼의 양립의 장(場)이다. 이에 대해 마르셀은 다음과 같이 말하고 있다. "희망과 절대적 절망과의 상호 관계는 역시 끝까지 존속하는 것으로 남게 된다. 그것들은 나로부터 분리될 수 없는 것으로 나타난다."

마르셀에 따르면 희망은 시련의 '틀' 안에 들어 있다. 그리고 그 틀 안의 여러 요소들과 통교하며, 그 통교의 관계를 통하여 존재의 '참된 답변'을 만들어나간다. 희망은 자기 자신과 '통합된 어떤 부분'으로서 시련의 틀 안에서 삶을 이끌어가는 긍정적인 힘이다. 내가 희망을 포기하지 않는 한, 마르셀이 표현하고 있는, '연금 상태'나 '나그네의 상태', 곧 내가 직면하고 있는 어떤 고난, 어려움, 그리고 역경 등의 시련들을 물리칠 수 있다. 곧, '내적 결정론'으로부터 나를 구출할 수 있다. 그러나 만일 나의 인내의 시간들이 그러한 시련들을 견디어내지 못하고 낙담과 포기로 끝나버리고 만다면 내가 의지할 '의뢰처'는 이미 상실한 것과 마찬가지다. 마지막에 가서는 절망의 나락으로 침몰하게 되고 만다.

시련의 터널은 늘 그렇듯 어둠과 두려움, 그리고 절망으로 가득 차 있다. 그럼에도 불구하고 그 터널을 무사히 빠져나올 수만 있다면 그 시련들은 당연히 우리를 한층 더 성숙시켜주고 단단하게 만들어줄 것임이 틀림없고, 시련이 깊었던 그만큼 또한 기쁨과 환희도 더욱더 커지게 된다.

미래의 인생이 어떤 다채로운 내용과 빛깔로 감겨 있을지는 휘장을 열어젖히기 전까지 그 누구도 예측할 수 없고, 그 상황을 전혀 들여다볼 수도 없다. 지난(至難)한 인생 여정 안에서 꿈과 이상을 향해 한 걸음 한 걸음씩 최선을 다해 살아가고 또 인내할 때 그 노력의 과정은 우리에게 인생의 올바른 방향을 제시해주고 삶의 참 가치를 깨닫게 해줌은 틀림없을 것이다.

결과적으로 '절대적 신뢰' 안에서 나의 기다림을 유지하고, 또 존재 안에서 '어떤 안정'과 평화를 얻을 수 있기 위해서는 초월자에 대한 인식과 함께 초월적 희망의 차원으로의 승화가 이뤄져야 한다. 마르셀이 결론을 내리고 있는 것처럼, '초월적 희망의 차원'이란 모든 '조건성'을 뛰어넘는 '신앙 그 자체'인 절대적 희망의 원천, 곧 '신(神)과 함께 그분 안에 머무름'을 의미한다.

3. 신앙과의 관계 안에서

나의 형제들이여, 당신들은 언제나 갖가지 시련들에 부딪히게 될 것입니다. 그리고 시련들이 올 때 그것을 행복한 특권으로 대할 수 있도록 노력하십시오.

여러분들도 이해하고 있듯 여러분의 신앙이 시험을 받게 되면 인내할 수 있어야 합니다. 그 인내는 당신들께서 조금도 흠잡을 데 없이 원만하고 완벽한 사람이 될 수 있기 위한 실천적 결과들을 만들

26) *The Jerusalem Bible*, James 1:2~4. "My brothers, you will always have your trials, but when they come, try to treat them as a happy privilege; you

어줄 것입니다. … 그 시련들을 굳건히 견디어내는 사람은 행복합니다.[26] (야고 1:2~4)

시련과 인내에 대한 위의 구절은 야고보 사도가 신앙 안에서 믿음과 연결시켜 한 말씀으로 이해해야 한다. 이런 이해가 중요하고 합리적인 이유는 위의 성서 말씀이 하느님 존재와 그분의 가르침에 대한 지적, 의지적, 그리고 실천적 행동의 순명을 시사해주고 있기 때문이다.

야고보 사도는 죽은 믿음이 아닌 살아 있는 믿음의 삶을 강조함과 동시에, 그리스도인의 참 신앙의 실천적 삶을 통해 '우리가 어떻게 구원을 받을 수 있을 것인가?' 하는 방법까지 제시해주고 있다.

자신을 언제나 '종'으로 불렀던 야고보 사도는 믿음이 더욱 깊어지고 굳건해질 수 있는 최선의 방법으로 시련의 극복과 여러 험난한 시험들의 통과를 언급하고 있다. 곧, 시련과 시험을 '흠잡을 데 없이 원만하고 완벽한 사람'이 될 수 있기 위한 행운의 기회로 이해하고 있다. 그렇기에 이런 시련과 시험의 상황에 부딪히게 될 때마다 그것들이 가져다줄 '행복한 특권'(복)을 생각하는 것이다. 그러므로 그런 상황에 직면할 때 오히려 기뻐하라고 충고하고 있다. 여기에서 행복의 특권이란 다름 아닌 천국의 상급을 의미한다.

시련을 견디어내는 사람은 행복합니다. 그렇게 시험을 통과하면, 그는 하느님께서 당신을 사랑하는 이들에게 약속하신 생명의 월계관을 받게 될 것입니다. (야고 1:12)

---

understand that your faith is only put to the test to make your patient, but patience too is to have its practical results so that you will become fully-developed, complete, with nothing missing. Happy the man who stand firm when trials come."

위의 성경 말씀 중 시련의 의미는 당시 시대 상황에 비추어볼 때 외부적인 '종교 박해'와 내부적인 '죄의 유혹' 등의 뜻으로 파악할 수 있다. 야고보 사도의 말씀에 따르면 시련과 시험은 참 신앙인의 존엄성과 가치를 입증하는 증거가 된다. 또한 하느님을 위해 이런 모든 시련들과 시험들을 성공적으로 잘 인내해낼 때 그런 신앙인은 세상 안에서도 천국을 맛볼 수 있음과 동시에 더욱 자유롭고 풍요로운 삶을 살 수 있게 된다.

궁극적으로 야고보 사도가 언급하고 있는 시련과 시험의 개념은 세상 안에서 끊임없이 우리를 위협하는 여러 부정적 조건들에 대한 역동적, 의지적 대처의 의미까지 내포하고 있다. 야고보 사도에 따르면, 인간 마음속으로부터 발생되는 욕망과 부정적 충동의 행동들은 하느님께 반항하는 것이 됨은 물론, 세상의 도덕적 기준까지 허물어뜨린다. 그러므로 이를 없앨 수 있는 유일한 방법은 오직 견고한 신앙의 유지와 이에 따른 확실한 행동의 실천뿐인 것이다.

이어서 아래에 언급된 잠언의 구절(3:11~12, 21~22)도 다시금 새롭게 음미해볼 필요가 있다. 곧, 하느님께서는 세상 모든 사람들을 당신 자녀로서 사랑스럽게 대해주시면서도, 한편으로 더 큰 발전을 위해 그 자녀들을 꾸짖거나, 또는 훈계의 가르침을 주신다는 내용이다. 그것은 당신 자녀들을 더욱 굳건하고 올바르게 키우기 위함이니 자녀들은 그것을 잘 견디어내고 이겨낼 수 있어야 한다. 그리고 그 훈계와 꾸짖음 안에는 당신 자녀들이 더욱 슬기롭게 살아가고 더욱 깊이 있는 믿음을 가질 수 있도록 격려하고 용기를 주시는 의미도 함께 담겨 있음을 간과해서는 안 된다.

내 아들아, 주님의 교훈을 물리치지 말고
그분의 훈계를 언짢게 여기지 마라

아버지가 아끼는 아들을 꾸짖듯
주님께서는 사랑하시는 이를 꾸짖으신다.

내 아들아. 신중함과 현명함이
네 눈에서 벗어나지 않도록 하여라.
그것들이 네 영혼에 생명이 되고
네 목에 아리따움이 되리라.
(잠언 3:11~12, 21~22)

일반적으로 모든 훈육들의 의미는 거의 유사하다. 위의 히브리인들에게 보낸 서간 12장을 보면 아버지로부터 훈육을 받지 않는 자녀들이 어디에도 있을 수 없듯이, 신앙인들의 경우에 하느님으로부터 어떤 훈계나 질책을 받음은 당연한 일일 것이다. 처음 당장은 기쁨이나 영광이 아니라 섭섭함이나 억울함으로 여겨질 수도 있겠지만, 나중에 그것들이 당신 자녀들에게 평화와 기쁨, 그리고 의로움과 사랑의 열매를 맺게 하는 선물이 될 수 있음을 절대로 잊어서는 아니 될 것이다.

4. 살며 사랑하며

2010년 10월 13일, 온 세계가 '인간 승리'의 환호성을 지르며 기적의 현장을 목격하고 있었다.

칠레 산호세 광산의 암반이 무너져 갱이 붕괴되고, 33명의 광부들이 지하 700미터 깊이의 지점에 매몰되었다가 장장 69일 만에 기적적으로 지상으로 구출되어 나오는 모습들이 전 세계로 방영되고 있었기 때문이다. 세계의 시청자들은 광부들 전원의 생존에 대하여 환호와 격려의 박수를 보냈다. 또 생명의 소중함에 대한 감사와 기쁨으로 감격해 마지않았다.

처음 8월 5일, 붕괴사고 당시 온 세상은 '구출은 불가능 그 자체'라고 입을 모았다. 그런데 17일이 경과한 후 인간 생존 한계의 마지막 시점에 도달하여 최고의 첨단 장비인 구조 드릴을 사고 현장에 투입되게 되면서 삶에 대한 한 줄기 희망의 불씨를 되살렸다. 만약 이 희망을 진작 포기했다면 그들은 살아날 수 없었을 것이다.

생존 사실이 지상으로 알려지기 전까지의 17일 동안, 그들은 무엇보다 현장감독 루이스 우르수아(54세)의 통솔에 적극 협조하였다. 지하 700미터의 최악의 열악한 환경 속에서 이틀 간격으로 배급된 최소의 음식으로 연명해나가며 리더의 지휘에 따라 일사분란하게 각자의 역할을 수행하였다. 가장 중요했던 식량 통제를 비롯하여 건강 체크, 휴식의 안배 등 광부들의 상태를 꼼꼼히 기록하였고, 갱 안에서의 생활을 조직적으로 관리해나갔다. 광부들 모두의 생존을 위해서 무엇보다 하나로 뭉쳐야 했고, 희망과 유머 또한 잃지 말아야 한다고 서로 격려하였다. 한 치 앞을 내다볼 수 없는 단절과 고립, 암흑과 죽음의 공포 앞에서 이들은 서로에 대한 권고와 협조에 최선을 다함으로써 하나가 되었다. 또한 삶에 대한 인내와 희망 그 어느 것도 끝까지 포기하지 않았다.

8월 22일, 광부들의 생존 사실이 최초로 지상에 알려지게 되면서 체계적인 구조작업이 진행되었다. 최첨단 장비로 광부들의 거처까지 좁은 공간의 통로를 뚫을 수 있었다. 이 구멍을 통해 금속 캡슐을 내려 보냄으로써 그 안에 음식물과 필요 물품(조명, 통신기기, 소형 비디오 재생기) 등을 공급하였다. 그 밖에 정신건강을 위한 성경책, 카드, 주사위 등의 오락기구 등도 함께 전달하였다.

갱도 안에서의 생활과 규칙은 처음과 똑같이 유지되었다. 지상과

연락이 되면서 가족에게 편지 쓰기, 음악 듣기, 기도하기, 게임 등의 생활이 이루어졌다.

마침내 10월 13일, 오전 0시 11분 최초의 구조자 플로렌시오 아빌로스가 갱도 밖으로 모습을 드러냈다. 마지막은 현장감독이자 통솔자였던 우르수아였다. 그가 밖으로 모습을 보인 것은 매몰 광부 33명 전원의 생존을 의미하는 것이었다.

그들은 절망과 죽음의 칠흑 같은 어둠의 터널 안에서 하나 된 마음으로 질서 있게 마지막까지 인내함으로써 인간 승리의 기적을 만들어냈다.

이를 지켜본 세계의 모든 사람들은 이들에게 열렬한 성원을 보냄은 물론, 예기치 않게 발생될 수 있는 엄청난 시련과 환난의 사건에 봉착했을 때, 이에 어떻게 대처하고 극복해야 하는지에 대한 산교육도 함께 얻을 수 있게 되었다.

◆ ◆ ◆

다음은 탈무드에 나오는 우화들 중 한 내용이다.

어느 날, 개구리 세 마리가 우유가 잔뜩 담긴 통에 빠지고 말았다.

첫 번째 개구리는 '모든 것은 신의 뜻'이라고 일찌감치 체념해버렸다. 살아보고자 하는 어떤 노력도 시도하지 않았다. 결국 바로 죽음을 맞았다.

두 번째 개구리는 여러 가지 방법들을 궁리해보았다. '이렇게 깊은 통으로부터 살아 나간다고 하는 것은 절대로 가능한 일이 아니다. 그렇다고 이 우유를 다 마셔 없애버린다는 것은 더더욱 불가능하다. 그렇다면 어쩔 수 없이 죽게 될 수밖에 없는 것인가?' 이런저런 생각

끝에 결국 모든 것을 체념하게 된 둘째 개구리도 피할 수 없는 죽음을 맞았다.

세 번째 개구리는 우선 비관도 낙관도 하지 않았다. 무엇보다 주어진 현실을 기꺼이 받아들였다. '어떻게 살아갈 방법을 찾을 수 있을 것인가?'를 고민하면서 통 안에서 천천히 움직이며 헤엄치기 시작하였다. 셋째 개구리는 평소 하던 대로 코를 밖으로 내밀고, 뒷다리를 부드럽게 뻗어가며 계속 우유 속을 헤엄쳐 다녔다.

시간이 점차 흐르면서 뜻밖에도 우유가 굳기 시작했다. 그러면서 생각지 못한 버터가 조금씩 만들어지는 것이었다. 몸은 점차로 위로 약간씩 떠올랐다. 계속해서 움직이자 우유는 점점 더 굳어지며 버터로 변해갔다. 그리고 얼마 후 발밑에 단단한 것이 밟혔다. 셋째 개구리는 굳어서 딱딱해진 버터를 뒷다리로 힘차게 내디디면서 통 밖으로 뛰쳐나왔다.

위의 우화를 인간생활에 비유한다면, 우리가 어떤 시련에 직면하게 되었을 때, 어떻게 이에 대처하고, 또 어떻게 이를 극복할 수 있는지에 대한 교훈을 얻을 수 있다. 지레 겁을 먹고 일찌감치 포기하게 만드는 절망적 낙담이나 비관의 자세는 바람직하지 않다. 이와 반대로 무모한 행동이나 안일한 낙관 역시 절대 금물이다. 주어진 시련과 고난을 있는 그대로 수용하면서 지혜롭고 성실하게 나름대로의 방법을 찾으며 잘 견디어낼 수만 있다면 내적(마음), 외적(환경)인 내성(耐性)이 내 안에 생성되어 '버터가 만들어져 탈출할 수 있었던' 개구리의 경우와 같이 시련과 역경을 극복할 수 있다.

마르셀에 따르면 '견디어냄'은 '희망'의 본질적인 속성이다. 희망은 장밋빛 미래로의 꿈처럼 거창하고 화려하게 다가오는 것이 아니라 스스로 포기하지 않고 끝까지 버티어낼 줄 아는 한 줄기 인내의 마음으로부터 비롯될 수 있다.

로마의 신자들에게 보낸 서간 5장에서 사도 바오로는 다음과 같이 말하고 있다.

우리는 환난도 자랑으로 여깁니다. 우리가 알고 있듯이, 환난은 인내를 자아내고 인내는 수양을, 수양은 희망을 자아냅니다. 그리고 희망은 우리를 부끄럽게 하지 않습니다. (로마 5:3~5)

모름지기 참된 신앙인이란 역경과 환난 안에서도 기뻐할 줄 아는 그런 마음과 용기를 가진 사람이다. 환난과 역경이 좋아서 기뻐하는 것이 아니다. 환난이 환난으로 끝나지 않고, 역경이 역경으로 끝나지 않는다는 것을 알고 있기 때문이다. 환난과 역경의 진정한 가치는 인내와 수양의 방법들을 통해 이를 극복할 수 있을 때 우리로 하여금 더욱더 큰 희망과 기쁨을 쟁취하게 하는 밑거름이란 사실을 잊어서는 안 된다.

◆ ◆ ◆

과연 내가 품었던 '희망'이란 것이 '나를' 어떻게 '인내'할 수 있게 만들어주었는지 한번 반성할 필요가 있다. 또한 부정적이든 긍정적이든, 소극적이든 적극적이든, 인내가 '나'를, '나의 상황'을, '나의 현재'를 받아들이고 이를 잘 극복하여 '내가 사랑하는 사람들' 앞에 우뚝 설 수 있게 만들어주었는지 돌아다볼 필요가 있다.

그 결과, 시련의 터널을 그런대로 잘 지나왔다는 생각이 든다면 '내'가 얼마나 어떻게 성장해 있는지 새롭게 곱씹어보며 앞으로 주어질 삶에 대해 보다 더 효과적이고 창조적으로 잘 대응해나갈 수 있도록 준비할 수 있어야 한다.

우리에게 세상에서 한 번밖에 주어지지 않는 유일한 인생에 희망과 사랑에 대한 확신, 인간에 대한 믿음, 진리와 선의 승리에 대한 갈구, 신의 은총의 체험 등 이러한 요소들이 삶 속에 뿌리내릴 수 있도록 끊임없는 노력을 다해야 한다. 그래서 이것들이 깊이 뿌리내린다면, 예기치 않은 혹독한 바람이 몰아쳐도 잔가지들만 부산하게 흔들리는 것으로 끝나고 말 것이다.

만일, 절망의 한가운데서 아직 빠져나오고 있지 못하다면 "모든 것은 다 지나간다."는 말의 의미를 떠올려보며 고개를 들어 여유 있게 하늘을 한번 올려다보자. 그리고 희망과 인내의 은총을 비운 마음으로 빌어보자. 분명 매섭고 혹독한 겨울이 지난 후 나뭇가지에 새순이 돋고 봉오리가 맺혀 꽃이 활짝 피어남을 상상해보자.

끝으로 샬럿 브론테의 「인생」으로 장을 마감하고자 한다.

인생

샬럿 브론테

인생은, 정말, 현자들 말처럼
어두운 꿈은 아니랍니다.
때로 아침에 조금 내린 비가
화창한 날을 예고하거든요.
어떤 때는 어두운 구름이 끼지만
다 금방 지나간답니다.
소나기가 와서 장미가 핀다면

소나기 내리는 걸 왜 슬퍼하죠?
재빠르게, 그리고 즐겁게
인생의 밝은 시간은 가버리죠.
고마운 맘으로 명랑하게
달아나는 그 시간을 즐기세요.

가끔 죽음이 끼어들어
제일 좋은 이를 데려간다 한들 어때요?
슬픔이 승리하여
희망을 짓누르는 것 같으면 또 어때요?
그래도 희망은 쓰러져도 꺾이지 않고
다시 탄력 있게 일어서거든요.
그 금빛 날개는 여전히 활기차
힘 있게 우리를 잘 버텨주죠.
씩씩하게, 그리고 두려움 없이
시련의 날을 견뎌내줘요.
영광스럽게, 그리고 늠름하게
용기는 절망을 이겨낼 수 있거든요.

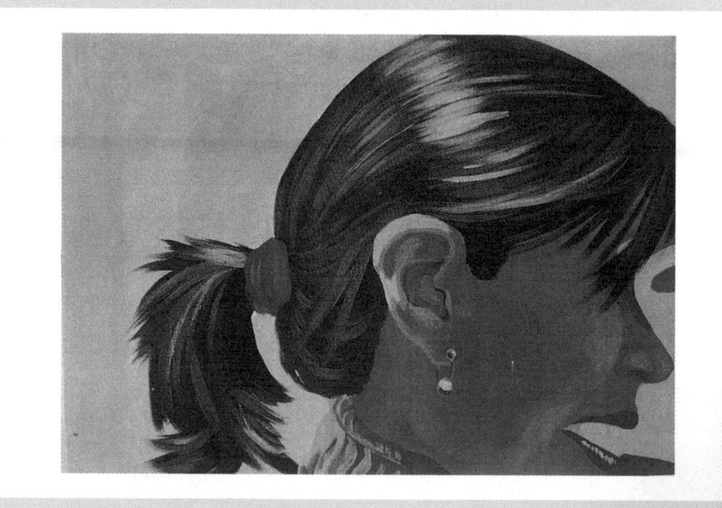

6.

머시 굿페이스와 칸트의 도덕률

칸트와 함께

1. 삶이 내게 말을 거는 순간

미국에서 실제로 있었던 한 에피소드를 소개하고자 한다.

어떤 신사가 한 고아원을 찾아가 다음과 같이 묻게 되었다. "입양을 하고 싶은데…, 혹시 사람들이 좀 꺼리는 아이는 없는지요?"

그 물음에 고아원 원장은 망설이지 않고 대답하였다. "네, 한 명 있습니다. 열 살 되는 여자 아이인데 얼굴이 좀 못생겨서요…." 잠시 한숨을 고른 다음 말을 이어갔다. "거기에다가 등이 많이 굽은 꼽추 아이입니다. 이름만은 좋습니다. 머시 굿페이스(Goodfaith: 훌륭한 믿음)라고 합니다. 그런데 입양을 하시려거든 차라리 다른 아이를 데려가시는 것이 어떠실까요?"

그는 손을 내저으며 단호히 말했다. "아닙니다, 아닙니다! 바로 그런 아이를 찾고 있었거든요. 어쩌면 다른 사람은 아무도 찾지 않을…, 정말로 내 사랑이 필요한 그런 아이를요."

이렇게 답변을 한 그 신사는 지체 없이 꼽추 여자아이를 데리고 고아원을 떠났다.

그 후 세월은 흐르고 흘러 35년이란 긴 시간이 지나갔다.

미국 아이오와 주 복지 업무를 담당하고 있는 한 부처의 감사실장이 어떤 고아원을 시찰한 후 그 고아원에 대한 감사 보고서를 작성하고 있었다. 그는 잠시 눈을 감고 생각에 잠기는 듯했다. 그 감사실장의 보고서 내용의 끝맺음은 다음과 같았다.

> 이 고아원의 시설은 너무나 깨끗하였고, 음식도 훌륭하였다. 무엇보다 그 고아원 원장이란 사람은 참으로 사랑이 넘쳐흐르는 그런 사람으로 보였다. 또 그 원장은 아이들에게 사랑을 아낌없이 베풀어 아이들은 모두 구김살 없이 훌륭하게 잘 자라고 있었다. 왜 그렇게 느껴졌을까?
>
> 고백건대, 나는 평생 지금까지 살아오면서 그 원장의 눈과 같이 그처럼 아름다운 눈은 일찍이 본 적이 없다. 마지막으로 그 원장의 이름을 밝힌다. 그녀의 이름은 '머시 굿페이스' 이다.

◆ ◆ ◆

얼마 전 『조선일보』 한 사설(2015년 4월 21일자)의 글 내용이 내 눈을 사로잡았다. 사설의 내용은 성완종 전 경남기업 회장의 자살사건으로부터 빚어진 성완종 리스트건과 정관계 뇌물수수 로비 문제 때문에 게재된 것이었다.

사설의 제목은 「정치 지도자들의 정직성이 드디어 민심의 심판대에 오르다」였다. 정치 지도자들의 도덕성이 이렇게 공개적으로 공론화될 수 있고 대중적 인식의 도마 위에 오를 수 있게 된 것이 실로 늦은 감이 없지 않으나 참으로 반갑고 감사한 일이 아닐 수 없다. 사실상 문제가 되었어도 벌써 문제가 되었어야 할 일이었기 때문이다.

메시지는 분명하였다. 곧, 정치 지도자들의 부정부패와 부적합한 정치제도들은 빠른 시일 내에 반드시 고쳐질 수 있어야만 한다는 것과 선진국으로 향한 미래의 정치를 위해서 앞으로 더욱 심각하고 중요하게 정치 지도자들이 올바른 양심과 정직함, 그리고 깨끗한 도덕성의 자질을 갖춤은 필수적일 수밖에 없다고 하는 교훈의 의미를 시사하고 있었다.

◆ ◆ ◆

어느 시대, 어느 장소, 어느 상황에서 살아가든지 인간이라면 선하고 올바르며 또 정의로운 행위를 행사해야 하는 것이 인간존재의 가장 당연하며 기본적인 의무이자 도리로 인식되어왔다. 이런 가치를 '도덕성'이라고 말할 수 있다. 이 같은 가치를 충만히 회복시켜야 하는 것은 우리 모두의 당연한 의무이다.

우리 사회 안에서 도덕성 회복과 관련된 구체적 실례들을 한번 살펴보며 그들의 의로움을 기리는 것은 의미 있는 일이 아닐 수 없다. 6 · 25 한국전쟁 후 폐허가 된 참담한 한국의 재건을 돕기 위해 아무런 보상도 바라지 않고 낯선 외국 땅에서 40년 또는 50년이 지나도록 그야말로 묵묵히 봉사하고 희생한 외국인 선교사들과 의사들도 있었다. 그들은 참혹하게 파괴된 한국의 재건과 불쌍하고 가난한 한국인들을 위해 자신의 모든 삶을 헌신하였다. 가깝게는 지난 세월호 사건 때 어린 학생들의 생명을 구하고 정작 자신들은 차가운 물속에서 하나밖에 없는 생명을 초개와 같이 바쳤던 선생님들, 그리고 동료 학우들이 있었다.

또한 도덕성의 참뜻을 실천하고자 자신의 삶을 바친 많은 위인들을 우리는 기억하고 있다. 예를 들어 헬렌 켈러의 경우, 그녀는 생후 19개월 만에 시력과 청력을 잃고, 곧이어 말할 수 있는 능력까지 상실하였다. 그 결과 평생 앞을 볼 수 없는 어둠의 생활을 영위케 되었다. 그와 같이 처음에는 듣지도 보지도 말하지도 못했던 어린 소녀가 뼈를 깎는 노력을 통해 최악의 장애를 극복하였음은 물론, 오히려 다른 장애인을 위한 도움과 봉사에 앞장서나갔다. 그녀는 장애인들을 위한 교육기관 설립에 앞장섰고, 국가와 국가 간의 전쟁과 핵무기 사용 반대운동을 펼쳤다. 나아가 여성의 인권존중과 인종에 대한 차별이 없는 세상을 만들고자 최선의 노력을 다하였다. 이렇게 온 삶을 투신한 그녀는 마침내 세상의 고통 받는 이들이 나아가야 할 길을 환히 비추어주는 찬연한 빛이 되었다.

마하트마 간디의 경우, 그는 영국 식민지 통치의 모질고 고통스러운 정치적 박해를 꿋꿋하게 견디어내면서 자신의 결연한 의지와 신념으로 인도의 독립을 위해 온 삶을 불살랐다. 곧, 영국의 식민통치에 맞서 '무저항, 비폭력, 불복종의 3대 운동'을 펼쳐나가며 마침내 인도의 독립을 쟁취하였다. 오늘날 그는 인도 독립의 아버지로 불리고 있다.

그 밖에도 세계의 여러 다양한 재난 지역에서 일신의 안위를 걱정하지 않고 생명의 위험을 무릅쓰며 헌신적이고 희생적으로 봉사하는 많은 이들의 소식을 자주 듣곤 한다. 한편, 시선을 안으로 돌려 우리 주위를 살펴볼 때에도 힘들고 고통스런 역경 안에서 이웃을 생각하며 정직하고 바르게 살아가는 많은 사람들이 있음을 알 수 있다.

바로 이러한 '도덕성'의 생명력이 언제든지 어디서든지 우리의 다양한 삶 속에서 항상 살아 숨 쉬고 활동할 수 있도록 이끌어줌은 우리 모두의 의무이기도 하다.

2. 철학사상: 칸트와 함께

칸트(Immanuel Kant, 1724~1804)에 따르면 '도덕성'이란 일반적으로 기본적이고 상식적인 '도덕의식'으로부터 출발한다. 곧, 도덕성이란 평범함과 일상성을 넘어서는 피안의 세계에 존재하는 어떤 이상적 인간성이나, 인간적 한계를 뛰어넘는 어떤 특출한 성격을 말함이 아니다.

칸트의 도덕성은 세상 안에서 '그것은 순리에 따라 그렇게 되어야만 한다'고 믿는 가장 기본적인 사고로부터, 또 '그래, 저것은 저렇게 되어야 해'라고 느끼는 아주 단순하고 당연한 감정의식으로부터 출발한다.

마이클 샌델의 『정의란 무엇인가』에 나오는 한 에피소드[27]를 음미하면서 칸트의 도덕률의 개념을 살펴보도록 하자.

아주 밤늦은 시간까지 대학 기숙사에서 잠자리에 들지 못하고 '철로를 이탈한 전차의 도덕적 딜레마'에 대한 리포트를 쓰느라 고심하는 친구에게 같은 방을 쓰는 짝꿍이 잠에서 깨어나 물었다.

"도대체 무엇 때문에 그렇게 노심초사하는데?"

"윤리 101조항에 대한 리포트를 좀 잘 써보려고."

"대충하지, 뭐…."

---

27) 마이클 샌델, 이창신 옮김, 『정의란 무엇인가』, 서울: 김영사, 2010, p.156.

"아니, 학점 좀 잘 받아보려고."

"학점을 잘 받아서 뭐하려고?"

"투자금융 계통의 일자리를 얻으려고."

"무엇 때문에 투자금융 쪽 일자리를 찾는데?"

"헤지펀드 매니저가 되고 싶어서…."

"다른 자리도 많은 데 왜 하필 헤지펀드 쪽이야?"

"돈을 많이 벌 수 있으니까."

"그렇다 치고, 그 다음엔?"

"돈 많이 벌어서 내가 좋아하는 바닷가재를 실컷 먹어보려구…. 난 감각적 동물이거든! 여하튼, 리포트 잘 써서 학점 좀 잘 따보려고 고민하는 있는 중이야."

위의 에피소드는 보통 사람들의 순박하며 평범한 삶의 한 단면이라 할 수 있다. 솔직히 우리 역시 이와 크게 다르지 않을 것이다. 예를 들어, 우리가 어떤 판단과 결정을 내려 행동을 하게 될 때 일차적으로 그런 행동의 동기는 자신들의 어떤 이익이나 바람, 욕구나 욕망, 감정이나 성향, 기호나 취미, 그리고 마지막에 가서는 행복한 삶의 추구와 그 성취로부터 비롯된다. 그러나 조금만 우리의 시각과 사고를 바꾸어 행동과 말의 진의와 그 내면을 고찰해본다면 모든 상황이 이러저러한 관점에 입각하여 도덕성과 연결되어 있음을 깨닫게 된다.

예컨대, 이 세상에서 발생한 어떤 사건이 공개적으로 문제가 되어 어쩔 수 없이 세간의 도마 위에 올라 순리와 상식, 그리고 엄중한 평가와 비판을 거쳐 어떤 결정적 판단을 받게 되었을 때, 그 행위는 참 도덕적이었다고 존경과 값어치를 인정받게 되었다면, 어떻게 해서 그 행위가 도덕적이며 어떤 이유로 존경을 받을 만한 가치가 있는지 그 근거를 밝히는 것이 바로 칸트의 도덕사상의 핵심이라 말할 수 있다.

칸트는 우리가 일상생활 안에서 보고 듣고 접하고 확인하는 그 '도덕성'에 경의를 표현해야 한다고 수차례 강조하고 있다. 이처럼 우리가 진정으로 경의를 표하게 되는 도덕성이 칸트가 자신의 도덕철학의 출발점으로 삼고 있는 그 근거가 된다.

칸트의 도덕성이란 인간 행동들의 근거를 밝힘과 동시에 한 걸음 더 나아가 이를 세상에 조명하는 데 있다. 나아가 인간 세상을 '도덕적 행위'의 세계로 만들어가고자 하는 목적을 지닌다. 결과적으로 칸트의 도덕철학의 지향은 우선적으로 행위의 근거들이 무엇인지 명백히 밝히는 것이고, 그다음으로 도덕적 행위의 과정을 선명하게 규명하는 것이다.[28]

> 정말 자연스럽고 극복하기 힘든 혐오감 때문에 하기 싫은데도 불구하고 '의무이기 때문에' 자선을 베푸는 것이야말로 실천적인 사랑이며 감수적(感受的, pathologisch)이지 않는[감성에 의존하지 않는] 사랑이다.
>
> 이 실천적 사랑은 의지 안에 있는 것이지 감각의 끌림에 있는 것은 아니다. 즉 행위의 근본 법칙에 있는 것이지 마음을 녹이는 동정심에 있는 것은 아니다. 그리고 이러한 [실천적] 사랑만이 명령될 수 있다.[29]

위의 칸트의 직접적 언급에서 파악할 수 있듯 모든 인간은 자율적

---

28) 임마누엘 칸트, 이원봉 옮김, 『도덕 형이상학을 위한 기초 놓기』, 서울: 책세상, 2013, pp.7~11.

29) 위의 책, p.37.

이며 의지적인 도덕성을 지닌 자유스런 존재임을 전제로 한다. 그런 존재인 까닭에 각자 나름대로 도덕적 판단을 내릴 수 있다. 뿐만 아니라 독립적 자율성에 입각하여 계획과 지침을 세울 수 있으며 그것들을 행동으로 옮길 수 있다. 또한 자신 내부에서 발생하는 갈등과 고민도 스스로 해결해나갈 수 있다.

칸트에 따르면 삶 안에서의 행동들과 이에 대한 판단은 일반적 생각과는 달리 나름의 고유한 특징을 지닌다. 곧, 행동의 동기는 절대적으로 '감수적(pathologisch)이지 않은 선한 의지'에 따라 이루어져야 하고, '의무이기 때문에(aus Pficht)' 반드시 그렇게 행해져야 한다는 것이다. 곧, 칸트는 이런 "의무라고 하는 법칙에 대한 존경심 때문에 어떤 행위를 할 수밖에 없다."고 말한다. 곧, 그런 행위의 동기는 선한 의지에 입각한 마땅한 의무의 수행으로 이루어져야 한다는 것이다.[30] 이것이 바로 칸트의 도덕철학의 특징이기도 하다. 이런 관점에 입각하여 칸트는 인간 삶 안에서 감정적 경향성을 극복하고 객관적 법칙을 따르는 논리적 관점에서의 도덕성의 준칙(Maxime)을 정립시키고 있다.[31]

칸트는 일련의 도덕적 행위에 대하여 기꺼이 '존경심'이란 표현을 반복하여 언급하고 있다. 바꾸어 말하면 인간은 스스로가 판단하고 행동할 수 있는 자유를 갖고 있기에 '의무를 어기고 싶은 커다란 유혹'이 밀어닥쳐도 이를 과감하게 물리칠 수 있는 용기와 지혜를 갖고 있는 존재란 뜻으로 해석할 수 있다. 곧, 문제 상황에 대하여 '도덕적 행위'를 행사할 수 있다는 뜻이다. 그런 이유로 의지적 존재에 대한 칸트의 존경심의 개념은 크게 문제 될 것이 없다.

---

30) 위의 책, pp.34~41.
31) 위의 책, 같은 쪽.

다음의 칸트의 언급을 음미해보자.

의무란 법칙에 대한 존경심 때문에 어떤 행위를 행할 수밖에 없다. 나는 내 행위가 일으킨 작용인 객체[나의 행위에서 나온 결과물]에 대한 경향성을 가질 수는 있지만, 결코 존경심을 가질 수는 없다. 그것이 다만 하나의 작용일 뿐 의지의 활동성은 아니라는 그 이유 때문이다.[32]

그러므로 칸트에게 있어 '절대적 가치'를 지닐 수 있는 것은 오직 '선한 의지'로부터 행위를 행사한 주체적 행동들에 국한된다.

칸트는 '행위'에 대한 동기를 세 가지로 구분한다. 첫째, 염두에 두고 하는 행위, 둘째, 직접적인 경향성, 곧 하고 싶은 원의에 입각하여 행동하는 행위, 셋째, '의무'이기 때문에 행하는 행위이다.

그중에서 셋째에 해당되는 선한 의지에 입각한 행동은 '동기'가 '의무'이기 때문에 행하는 행위들을 뜻한다. 칸트의 경우, 선한 의지는 다른 것들과의 상관관계 안에서 생겨나는 것이 아닌, 곧 '선해지려고 한다'는 선한 의지의 의향 그 자체로서만 도덕적 가치를 지닌다. 때때로 여러 상황 속에서 행동을 하게 될 때 우연하게도 어떤 행위가 '의무'의 행동과 일치할 수가 있다. 이처럼 우연히 행동한 경우와 의무이기 때문에 필연적으로 행한 경우가 같은 목적의 결과를 산출할 때 '선한 의지'의 도덕적 가치를 갖게 되는 것으로 판단한다.

'의무이기 때문에' 하는 행위는 그 행위를 통해 달성하려는 의도에서가 아니라, 그 행위를 결심할 때 준수하는 준칙 안에서 자신의 도덕적인 가치를 갖는다.

---

32) 위의 책, p.37.

따라서 [그 행위는] 행위의 대상이 실현되는지에 따라 좌우되는 것이 아니라, 그 행위를 할 때 욕구 능력의 모든 대상을 무시하고(넘어서서) 준수하려는 '하려고 한다'의 원칙에 의해 좌우된다.[33)]

최소한 선택을 계산해볼 때 경향성을 완전히 제외하는 것만이, 곧 단순한 법칙 자체만이 존경심의 대상이 될 수 있고, 그래서 또한 명령이 될 수 있다. 이제 '의무이기 때문에' 하는 행위는 경향성의 영향을, 그리고 경향성과 함께 의지의 모든 대상을 완전히 떼어놓아야 한다.[34)]

칸트의 도덕철학 안에서 모든 명령법은 조건적으로든 또는 무조건적으로든 명령이 하달된다. 칸트의 판단에 따르면, 어떤 행위들이 이미 성립된 어떤 목적을 위하여 어떤 대상적 상황들에 대하여 '수단적으로' 임의적인 선한 것을 추구한다면 그런 명령법은 '가언적'이라고 말할 수 있다. 이와는 달리 행하는 행위들이 행위 그 자체로서 선한 것이며, 그런 까닭으로 이성을 따르는 의지에 필연적인 것으로 의지의 원칙이 될 수 있는 것이라면 그 명령법은 '정언적'이라고 말할 수 있다.

그러므로 조건적인, 곧 가언적 명령법은 어떤 행위를 꼭 행해야 하는 이유가 행위자가 미리 계획하고 염두에 두었던 또 다른 어떤 목표의 행위 안에서 이루어질 것을 전제로 한다. 반면에 무조건적인, 곧 정언적 명령법은 미리 세워놓은 어떤 목표와는 상관없이 객관적으로 행하는 행위 자체로서 이미 그 의미를 갖는다. 이는 벌써부터 필연적

---

33) 위의 책, 같은 쪽.

34) 위의 책, pp.38~39.

으로 행동하라고 명령하는 행위의 무조건적 명령법이 발동되고 있기 때문이다.[35)]

칸트의 모든 실천적 법칙들 가운데서 가언적 명령법은 두 가지로 분류된다. 첫째로, 명령된 행위가 가능한 의도를 갖고 있는 경우, '개연적(problemetisch) 실천원칙'이라 말하고, 두 번째, 현실적 의도의 경우, '실연적(assertorisch) 실천원칙'이라 칭한다. 정언적 명령법의 경우에는 앞서 언급한 바와 같이 명령된 행위가 어떤 의도와는 전혀 상관없이 객관적으로 행하여지는 행위의 경우, 이는 행위 그 자체가 필연적이며 무조건적인 것이기에 '필연적(apodiktisch) 실천원칙'이라 말한다.[36)]

칸트는 다음과 같이 말하고 있다.

> 그러므로 정언적 명령법은 단 하나뿐이다. 곧 이것의 그 준칙을 통해서 네가 그것을 동시에 보편적인 법칙으로 삼으'려고 할(wollen)' 수 있는 그런 준칙에 따라서만 행위하라는 것이다.[37)]

가언적 명령법은 '의지의 원칙'으로 구분되며 어떤 의도의 목표를 달성하기 위해 행해진다. 그런 이유 때문에 처음 의도한 바의 목표가 없어지거나 포기되면, 그 명령의 지시는 수행되지 않아도 문제 될 것이 없다. 반면에, 정언적 명령법은 필연적인 것이기에 의지가 의도를 포기하거나 또는 명령된 것을 반대하거나 할 수 있도록 내버려두지 않는다. 정언적 명령법은 절대적으로 무조건 행해야 하는 '실천적 법

---

35) 위의 책, pp.60~62.
36) 위의 책, 같은 쪽.
37) 위의 책, p.71.

칙'이기 때문이다. 칸트의 판단에 따르면 정언적 명령법은 실천적 법칙을 무조건적으로 따르라고 하는 절대적 필연성의 준칙이다. 그렇기에 정언적 명령법의 준칙은 필연적인 것임과 동시에 보편성도 함께 소유한다. 더불어 칸트의 정언적 명령법의 가능성은 순전히 선험적으로 탐구됨을 염두에 두어야 한다.38)

요약하자면 정언적 명령법은 인간존재의 행동의 준칙이 따라야 하는 절대적 법칙이다. 그 법칙은 그 위에 어떤 조건이나, 또는 더 이상의 어떤 상위의 법칙을 가질 수 없는 '무조건적 명령'이다. 그리고 정언적 명령법이 명령하는 것은 이미 자신 안에 보편성의 조건을 내재하여 문제 상황에 대하여 보편타당하게 적용된다. 그러므로 칸트의 준칙은 이미 그 자체로서 무조건적 명령임과 동시에 보편적 자연법칙이기도 하다. 다시 말해 칸트의 준칙은 스스로가 이미 마땅히 보편적인 법칙이 되고 있음을 뜻한다.

한편으로 칸트에게 있어 도덕성의 최상의 원칙은 의지의 자율성에 의해서 성립된다. 그리고 이 자율성은 인간 본성과 모든 이성적인 본성의 존엄한 근거가 된다. 이와는 반대로 의지의 타율성으로부터는 도덕성에 대한 모든 사이비 원칙들이 속속들이 드러나고 있는 까닭에 언제나 유의할 필요가 있다.39)

명령법에 입각한 도덕성이 우리에게 명령할 수 있는 강력한 힘을 갖고 있는 이유는 인간존재, 곧 이성적 존재라면 절대적으로 마땅히 행동하지 않을 수 없는 보편타당한 '객관적 목적'을 한결같이 지향하고 있기 때문이다.

칸트의 주장에 따르면 인간은 이성적 존재인 한에 있어서 언제나

---

38) 위의 책, pp.68~71.
39) 위의 책, pp.92~104.

정언적 명령법을 따라 자신의 준칙이 보편적 법칙이 될 수 있도록 행위해야만 하는 당연한 의무를 갖게 된다.

> 네 인격 안의 인간성뿐만 아니라 모든 사람의 인격 안의 인간성까지 결코 단지 수단으로만 사용하지 말고, 언제나 (수단과) 동시에 목적으로도 사용하도록 그렇게 행위하라.[40]

위에서 언급한 바와 같이 우리가 정언적 명령법을 따르고자 할 때 그 동기는 항상 자율적이어야만 한다. 의무의 근거가 인간 밖의 외부로부터 오는 것이 아니라 인간 자신이 스스로 소유한 자기 지배의 능력, 즉 자율성으로부터 비롯되기 때문이다. 일반적으로 인간존재는 이성의 법칙을 자신들의 행위에 부여하고, 그가 행동하게 되는 상대적 세계의 환경 역시 그 법칙의 영역으로부터 벗어나지 않는다.

그렇다면 모든 인간이 '자율적인 존재'라는 것은 어떻게 우선적으로 입증될 수 있는가? 칸트에 따르면 자율적인 존재임의 입증은 우리가 필연적으로 도덕법칙에 따라서, 곧 정언적 명령법에 따라서 행위하게 될 때 자연스럽게 드러난다고 판단한다.

이런 상황에 대한 보다 폭넓은 이해를 돕기 위해 칸트는 인간에게 있어서의 또 다른 특징으로 '자유'의 개념을 상정한다. 여기에서 자유의 개념은 이성적 존재가 따라야 할 행위의 법칙과 긴밀한 관련을 맺고 있다.

기본적으로 우리의 행위는 충동적이며 즉각적인 욕구에 의해서가 아닌, 이성의 판단에 의한 객관적이며 냉철한 결정으로 이루어져야 하며, 나아가 이성에 기초한 '자유의 이념 아래' 필연적으로 행동의

40) 위의 책, p.84.

동작이 수행되어야 한다.

자유로운 의지의 경우는 어떻게 파악될 수 있는가? 칸트는 자유로운 의지를 도덕법칙에 복종하는 의지로 이해한다. 그런 까닭에 우리가 자유로운 의지에 입각한 행동으로 도덕법칙에 순종함은 당연한 귀결이 된다. 또한 자유의 의지는 나름대로 자신의 법칙이나 원칙을 갖고 있기에 밖으로부터 주어지는 것이 아닌 까닭에 '자율적'인 의지일 수밖에 없다. 따라서 칸트의 도덕법칙은 자율적인 의지의 법칙이기도 하다. 이런 모든 상황의 바탕은 칸트가 주장하는바, 도덕성의 원칙인 정언적 명령법 내지는 도덕법칙에 의거한다.

궁극적으로 '정언적 명령법은 어떻게 실행될 수 있는가?' 하는 물음은 '정언적 명령법이 어떻게 하여 이성적인 존재에게 명령하는 힘을 갖는가?' 하는 질문과 상통한다. 칸트에 따르면 이는 우리 자신들이 '감각할 수 있는 세계'인 감성계와 '자유의 법칙이 지배하는 세계'인 지성계에 동시에 속해 있기에 가능하다. 모든 인간존재가 지성계에 속하는 존재임과 동시에 감성계에도 속하는 이원론적 구조체계를 갖고 있기에 감성계에 속하는 우리가 지성계에서 이뤄지는 법칙을 감성계에 적용시키는 데 문제가 없다. 또한 이 명령법에 맞게 행위하는 것 역시 당연한 의무로 받아들인다. 예컨대, 우리가 어느 한쪽, 곧 감성계에만 속한다든지, 아니면 지성계에만 속한다면, '정언적 명령법'의 보편적 적용이 불가능할 수 있다. 예를 들어 우리가 감성계에만 속한다면 우리는 자연법칙만을 따르게 되어 도덕법칙과 멀어지게 될 것이고, 반대로 지성계에만 속한다면 우리는 필연적으로 도덕법칙만을 준수함으로써 감성계의 업무들을 등한시하게 될 것이다. 그 결과, 현실적 삶이 소홀케 되거나, 또는 도덕법칙의 실천이 잘 이뤄지지 않을 수도 있다.

결론적으로 정언적 명령법의 실현은 우리가 두 가지 세계에 동시에 속할 수 있기에 가능하다. 우리가 행동하며 살아가는 감성계 안에서, 판단과 자유를 행사하는 이성적인 존재로서 정언적 명령법에 따른 보편적 준칙을 성실히 수행해나갈 때, 우리는 우리가 몸담고 있는 실제적 세계 안에서 자유롭고 행복한 삶을 마음껏 풍요롭고 아름답게 가꾸어갈 수 있을 것이다.

3. 신앙과의 관계 안에서

그러나 내 말을 듣고 있는 너희에게 내가 말한다. 너희는 원수를 사랑하여라.

너희를 미워하는 자들에게 잘해주고, 너희를 저주하는 자들에게 축복하며, 너희를 학대하는 자들을 위하여 기도하여라.

네 뺨을 때리는 자에게 다른 뺨을 내밀고, 네 겉옷을 가져가는 자는 속옷도 가져가게 내버려두어라.

달라고 하면 누구에게나 주고, 네 것을 가져가는 이에게서 되찾으려고 하지 마라.

남이 너희에게 해주기를 바라는 그대로 너희도 남에게 해주어라.

(루카 6:27~31)

사실상 구약의 법률은 복수를 정당화하였고 또 당연한 것으로 여겼다. 탈출기 21장을 보면 이런 동해보복법의 세칙까지도 자세하게 시술하고 있다.

그런 내용들은 신약시대에 들어와 전격적으로 바뀌게 된다. 예수께서는 무저항, 비폭력주의를 제창하시며 보다 근본적인 해결을 위해서는 동해보복법이 아닌 관용과 사랑 실천의 법으로 세상을 바꾸라 명하신 대목이 바로 그것이다. 그렇다고 무조건 당하고만 있으란 의미는 절대로 아니다. 다시 말해 복수는 또 다른 복수를 일으켜 세상을 더욱 각박하고 사악하게 만들어갈 뿐, 근원적 치유의 해결 방법이 되지 못하는 까닭에 근본적 치유를 위해서는 사랑과 관용의 방법으로 '복수'를 하라는 가르침인 것이다. 그런 방법을 통해 상대방을 감화시키고 변화시켜보라는 것이다. 한 걸음 더 나아가 원수까지도 적극적으로 사랑하라는 방법까지 강조하고 계신다. 그처럼 가르침을 주셨던 그분은 십자가에 못 박혀 돌아가심으로써 몸소 그 가르침을 실천하셨다. 마침내 사랑 실천의 계명을 완벽하게 세상 안에 뿌리내리게 하기 위해 당신 생명을 바쳤다. 그리하여 인류의 영원하고 고결한 모범으로 세상에 우뚝 섰다.

궁극적으로 우리도 그분을 본받아 그렇게 살아갈 수 있도록 최선을 다하라는 위대한 가르침으로 알아들을 수 있다.

예수님께서 진정으로 우리에게 촉구하고 있는 말씀은 "원수를 사랑하여라"라는 주제이다. 오늘날에 와서 이 '원수'의 개념은 다름 아닌 이웃을 미워하고 상처를 주며, 나아가 그들을 핍박하고 학대하는 자들로 이해할 수 있다. 그분께서는 오른쪽 뺨을 때리면 왼쪽 뺨까지 내어주라 말씀하시고, 내 것을 빼앗아갈 때 더 보태서 내어주라고 말씀하신다. 여기에서 중요한 것은 과연 우리가 오늘날의 현실 속에서 이 말씀을 어떻게 이해하고 해석하며, 무엇을 실천할 수 있겠는가 하는 문제이다.

공동체 안에서 보통으로 우리가 실천하는 선행의 양상들을 들여다볼 때 사실상 그런 행위들은 명예를 얻는다든지 또는 어떤 목적이나 이익의 추구를 위해 행하는 경우가 대부분이다. 그 밖의 자신의 즐거움, 자기만족, 그리고 의도한 목표를 달성하기 위하여 하는 경우도 적지 않다. 그러다가 자신의 계획과 어긋난다든지, 또는 예기치 못한 큰 손해나 불편함 또는 어떤 위험이나 시련이 닥치게 될 때 슬그머니

피하거나 외면해버리는 경우가 자주 발생한다.

예수님의 가르침의 본질은 자신의 어떤 즐거움의 향유나 고통의 해소, 또는 자신의 이익과 편리함의 추구를 위해서가 아니라, 그것은 우리가 마땅히 '해야만 하는 것'이기 때문에, '의무를 지켜야 하는 것'이기 때문에 그것을 실천하라는 것이다. 이것은 칸트가 주장하는 정언적 명령법에 입각한 무조건적 준칙의 준수와 너무나도 닮아 있다. 칸트의 경우, 도덕성 원칙의 바탕인 도덕법칙을 실천하는 데는 그 어떤 조건이나 거래가 있을 수 없다. 칸트의 '선한 의지'(의무)의 실천은 필연적이며 핵심적인 가치이기 때문이다.

다시 강조하건대, 일체의 모든 선한 행위들은 칭찬받기 위해서, 내적 고통을 승화시키기 위해서, 또는 천국에 가기 위해서 등과 같은 어떤 타율적 조건이나 동기에 입각해서가 아니라 자발적 의무에 입각한, 그리고 스스로의 자율적 동기로부터 우러난 실천이 이뤄질 수 있으면 더욱 바람직하다.

이러한 도덕 실천의 근원에는 인간의 모든 행동들이 어떤 수단으로서가 아니라 '인간 그 자체'에 목적을 두는 인간과 생명에 대한 존엄성으로서 그 안에 언제나 내재하고 있음을 명심해야 한다.

칸트는 '인간'을 존중하여 '해야만 하기 때문에' 하는 진정한 '의무'의 준수는 수많은 유혹이 찾아들어도 이에 쉽게 걸려 넘어가지 않는다고 강조한다. 칸트가 주장하는바, 본연으로부터 인간을 먼저 배려하는 의무의 행위의 경우, 이는 그 어떤 어려움도 능히 극복할 수 있게 한다는 것이다.

그런 행동들이 지속적으로 세상 안에서 만들어지고 퍼져나갈 때 이 사회 안에는 나를 사랑해주는 사람뿐만 아니라 나를 미워하고 질타하며 증오하는 사람들까지 변화시킬 수 있는 힘과 인내, 그리고 관용과 포용의 사상이 서서히, 그리고 넓게 뿌리내리게 될 것이다.

4. 살며 사랑하며

막시밀리안 마리아 콜베 성인은 1894년 폴란드에서 출생하여 1918년 사제서품을 받아 가톨릭 신부가 되었다. 그는『원죄 없으신 성모기사』라는 잡지를 창간하여 선교활동을 시작했다. 그의 선교활동은 유럽 지역을 넘어서 일본, 인도 등 동양의 선교에까지 역점을 두었다. 그 결과, 세계 곳곳에 성모마을을 세우며, 복음 전파를 확장시켜나갔다.

전 유럽이 나치의 위협 속에 있었던 1939년경, 폴란드 역시 독일 군대의 침공을 받았다. 당시 마리아 콜베 신부는 폴란드의 성모마을 원장으로 있었다. 폴란드 국민에게 끼치는 콜베 신부의 영향력을 크게 우려했던 나치의 비밀경찰은 전격적으로 1941년 콜베 신부를 체포하여 즉각 형무소에 수감하였다. 그리고 같은 해 5월 28일 콜베 신부는 '죽음의 수용소'라고 불리는 '오센침(아우슈비츠)'으로 이송되었다. 수용소의 혹독한 고문과 강제노동 등의 고통스런 환경 속에서도 콜베 신부는 굳은 믿음을 갖고 절망하는 수감자들에게 설교와 면담, 그리고 고백성사 등을 베풀며 기쁨과 희망을 북돋아주고자 최선의 노력을 다하였다.

수용소 생활 도중 전혀 예상치 못한 하나의 큰 사건이 발생했다. 한 죄수가 감옥으로부터의 탈출을 감행한 것이다. 수용소가 발칵 뒤집혔다. 수용소 규칙에 의하면 한 죄수가 도망갔을 경우, 그 사람이 속한 감방에서 무작위로 죄수 10명을 뽑아 지하 감방으로 보내고 그들에게는 음식 공급을 중단함으로써 기아로 굶어 죽게 만드는 처참하고 악랄한 처벌법이 있었다.

소장이 광장으로 죄수들을 불러내 줄을 세워놓고 10명을 골라내던 중 10명 중 한 사람이었던 프란치스코 가조브니체크가 자신의 가족이 너무 보고 싶다고 하며 미친 듯 날뛰며 울부짖는 큰 소란이 벌어졌다. 이런 와중에 전혀 예상치 못한 놀라운 일이 벌어졌다. 한 죄수가 그 사람을 대신하여 지하 감방으로 갈 것을 자원한 것이다. 그는 바로 막시밀리안 콜베 신부였다. 이렇게 해서 콜베 신부는 지하 감방으로 이송되었고 이때부터 굶주림과 고통의 생활이 더 혹독하게 시작되었다.

이런 생활 속에서도 그는 다른 죄수들에게 위로와 용기를 건네며 함께 기도하고 그들에게 최고의 벗이 되어주었다.

1941년 8월 14일, 마침내 막시밀리안 콜베 신부는 독약 주사를 맞고 47세의 일기로 짧은 생을 마감하였다. 그는 인간이 만든 가장 사악한 곳에서 인간이 행할 수 있는 가장 위대한 사랑을 실천하였다.

◆ ◆ ◆

10년 전 세상을 떠난 김수환 추기경의 시 한 구절을 음미해보자. 이 내용은 추기경의 인간적 삶과 종교적 신념의 체험을 넘어서 칸트의 도덕론의 사상과 본질적으로 깊은 곳에서 일치하고 있음을 파악할 수 있다. 나아가 하얀 눈밭 위를 걸어간 막시밀리안 콜베 성인의 가지런한 발자국들을 곱게 품고 있음도 느낄 수 있다.

선택의 자유

김수환 추기경

자유는 근본적으로 선택의 능력입니다.

어떤 사람이 악을 선인 줄 알고 선택했을 경우,

또 악을 악인 줄 안 뒤에도 선택했을 경우,
그는 자유를 잃고 노예가 될 것입니다.
물론 물질적 풍요는 있을 수 있습니다.
반면에 선을 선택했을 경우,
한때의 어려움은 있더라도 인간다워지고 풍요로워집니다.
자유롭게 자유를 찾아가면서 사는 삶이 정의로운 삶입니다.

지금 이 시간에도 이 지구상 어디선가는 콜베 성인처럼 누군가를 위해 아낌없이 목숨을 바치고자 하는 사람이 분명 존재할 것이다. 또 어디선가는 소외받고 가난한 이들의 벗이 되어 헌신하는 사람도 존재할 것이다. 나아가 열악한 환경 속에서도 그것을 이겨내며 삶을 꿋꿋이 살아가고자 노력하는 좋은 사람들도 수없이 많이 존재할 것이라 생각한다.

◆ ◆ ◆

칸트의 도덕성에 입각한 '해야만 하기 때문에'에 근거를 둔 어떤 선택이나 결단은, 종교적 상황 안에서 고찰하게 될 때 믿음을 갖고 살아가는 신앙인들의 사고나 행동의 실천과 매우 유사하다. 그러므로 '예수님처럼 살 수만 있다면…', 또 '예수님 말씀을 잘 실천할 수만 있다면…', 이렇게 고민하는 이들에게 칸트의 '선한 의지'에 기반을 둔 '의무'의 실천은 무엇을, 그리고 어떻게 실천할 것인가에 대한 훌륭한 길잡이가 될 수 있다.

칸트가 정립한 도덕론은 현실적 삶의 윤리적 규범의 기본적 바탕으로서 뿐만 아니라 종교적인 삶의 가치와의 비교 안에서도 상충됨이 없다. 칸트의 도덕성 이론에 따른 이성에 근거한 준칙은 삶의 보편적 법칙과도 부딪힘이 없다. 그리고 우리 삶의 기준을 이 보편적 법칙의 '의무'에 의거하며 살아갈 때 우리는 절대로 사적인 이익이나 욕망, 이기적 편리함이나 쾌락, 또는 자기중심적 행동과 판단의 포로가 되지 않을 수 있다. 오히려 도덕적 의무의 행위 안에서 '인간을 목적'으로 하는, 그리고 인간이 이룩할 수 있는 위대한 '사랑'을 꽃피우고 확장시켜나갈 수 있다.

산길을 오르다가 바위틈에서 보일 듯 말 듯 그 틈을 비집고 고개를 내밀어 피어나는 한 송이 꽃을 보았다. 문득 이런 생각이 들었다. 우리의 고단한 삶에서도 그 한 송이 꽃을 활짝 피울 수 있다면 이보다 더 의미 있고 행복한 인생은 없을 것이라는….

아래 칸트의 시를 되새겨보며 장을 마감하고자 한다.

> 깊이 생각하면 할수록 새로운 감탄과 함께
> 마음을 가득 차게 하는 기쁨이 두 가지 있다.
> 하나는 별이 반짝이는 하늘이요,
> 다른 하나는 내 마음속의 도덕률이다.
>
> 이 두 가지를 삶의 지침으로 삼고 나아갈 때 막힘이 없을 것이다.
> 항상 하늘과 도덕률에 비추어 자신을 점검하라.
> 그리하여 매번 잘못된 점을 찾아 반성하는 사람이 되라.

제3부

철학하는 것은 우리 속에 살고 있는 사랑

1. 초원의 빛이여, 꽃의 영광이여 _ 크로체
2. 인간이란 얼마나 훌륭한 형이상학인가 _ 오르테가
3. 산, 바람, 하느님 그리고 나 _ 스피노자
4. 경찰 아저씨, 우리 아버지를 잡아가세요 _ 한비
5. 인디언 노인의 개 두 마리 _ 니체
6. 우리의 자유는 우리의 힘과 지식에 비례한다 _ 라이프니츠

1.

초원의 빛이여, 꽃의 영광이여

크로체와 함께

1. 삶이 내게 말을 거는 순간

우연치 않게 타고르에 관한 서적들을 읽어보던 중 나를 깜짝 놀라게, 또 기쁘게 만든 한 사건이 있었다. 그것은 내 시선을 의식적으로 사로잡아 오랫동안 머물러 있게 만들었다. 그냥 흘려 넘길 수 없는 이유도 있었다.

대학교에서 강의하던 시절, 학부 3학년 학생들의 현대철학 과목들 중에 '크로체의 미학'이 들어 있었다. 나는 이 과목에 남다른 애정을 갖고 있었다. 학생들도 그런 점을 간파하고 있었다.

문제의 그것은 인도의 시성(詩聖) 타고르가 보름달이 환하게 떠오른 밤 나룻배 안에서 크로체의 『미학』을 읽으며 감동을 받고 기뻐했다는 것이었다. '타고르도 이 책을 무척 좋아했구나….' 순간 뭔가 소통되는 동질감이 느껴졌다. 그리고 한편으로는 신중해지기까지 하였다. 타고르의 언급 중 크로체에 관한 내용이 들어 있었다고 하는 사실이 반가우면서도 신기하였다. 무엇보다 크로체의 미학은 내가 특별히 관심을 갖고 있는 분야이기도 했고, 신경을 써서 학생들에게 가르치고 있는 과목이기도 하였기 때문이다. 어떻게 동양의 한 시인과 저 멀리 떨어진 서양의 한 철학자가 '미학' 안에서 이렇게 기쁨의 해후를 가질 수 있단 말인가! 추측건대, 그들 모두 '미(美)'의 철저한 숭배자들이었기에 가능한 것은 아니었을까?

다음 타고르에 관한 내용과 그의 미적 체험의 언급은 잔잔한 감동을 주고도 남음이 있다.

보름달이 환히 떠오른 밤…, 타고르는 나룻배 한쪽에 자리를 잡고 현대 이태리의 철학자 베네데토 크로체의 미학 논문을 읽고 있었다. 밤이 좀 더 깊어지자 타고르는 책을 덮었고, 이어서 촛불을 껐다. 잠자리에 들기 위해서였다. 바로 그때 타고르의 눈앞에 놀라운 광경이 펼쳐졌다. 작은 촛불이 꺼지는 순간 나룻배의 창을 통해 황홀한 달빛이 춤을 추며 배 안으로 흘러들어오는 것이 아닌가! 곧바로 그는 벌떡 일어나 밖으로 나갔다. 그리고 부드러운 밤바람을 온몸으로 맞으며 뱃전을 붙잡고 섰다. 고요한 밤에 휘황 찬란히 물 위에 떠오르는 달은 너무나도 아름다웠다. 강물은 숨죽여 흘러가고 있었다. 타고르는 그날 밤 경험을 일기에 이렇게 적고 있었다.

아름다움은 책 속에만 있는 것이 아니라 세상 속에도 있다는 것을 나는 모르고 있었다. 내가 켜놓았던 작은 촛불이 그 아름다움을 가로막고 있었다. 촛불의 빛 때문에 달빛이 내 안으로 들어올 수가 없었다.[1]

크로체는 아름다움이 무엇인지 깨닫게 될 때 진리가 무엇인지를 알게 된다고 말한다. 타고르의 경우, 진리를 꿰뚫어볼 수 있게 되는 그 순간 그 사람은 진정한 아름다움을 알 수 있게 된다고 언급하고 있다. 다시 말해 두 사람은 모두 똑같이 인생의 아름다움이 무엇인지 통찰해보고자 했고, 그래서 미학적 삶을 통한 진리의 추구에 최선의 노력을 다하였다.

결과적으로 시인 타고르와 철학자 크로체는 서로가 하나 될 수 있는 공감의 관점과 감정을 갖고 있었고, 두 사람의 공통분모는 직관과 통찰에 입각한 미적 체험의 추구였다.

2. 철학사상: 크로체와 함께

베네데토 크로체(Benedetto Croce, 1866~1952)는 일반적으로 관념론의 노선을 취하고 있는 이탈리아의 현대철학자들 중 한 사람이다.

철학적 영향의 관점을 살펴볼 때 크로체는 잠바티스타 비코[2]의 역사철학 사상과 헤겔 사상의 노선을 따르고 있다. 전체적으로 그의 사상의 특징은 '정신의 과학으로서의 철학(Filosofia come scienza

1) 유현민, 『톡 쏘는 101가지 이야기』, 서울: 아인북스, 2010, p.152.

2) 비코(Giovanni Giambattista Vico, 1688~1744)는 이탈리아 나폴리 태생의 역사철학자이며 사회철학자이다. 그는 데카르트의 분석적, 이성적 사고의 입장보다는 역사와 철학 안의 조화와 통일 사상을 더 강조하였다. 그리고 법, 관습, 종교 등과의 관계 안에서의 모든 지식의 '총체적 집합'을 강조하였다. 무엇보다 개인적 사고방식의 판단과 주체의 개념보다는 사회적이며 전체적인 개념의 '정신'과 '공동체 의식'을 주장하였다. 비코는 "역사란 철학적인 것이 되어야 하며, 철학 또한 역사적인 것이 되어야 한다."라고 주장하면서 역사와 철학의 연관성을 강조하였다. 비코의 이러한 사상체계는 크로체에게 절대적 영향을 미쳤다.

dello spirito)'으로 평가받고 있다.

미학과 예술에 대한 역사적 발전과정을 간략히 짚어보면, 멀게는 고대의 철학자 플라톤으로부터, 가깝게는 근대 독일의 관념론적 사상가인 바움가르텐(1714~1762)으로부터 유래되고 있다고 말할 수 있다.

사실상 어떤 모습으로든 인류문화의 시작부터 미(美)와 예술(藝術)에 관한 이론적 반성(反省)은 이미 존재했다.

미학에 대한 학문적 이론의 역사적 과정을 고찰할 때, 그 근거의 성립과정에 있어 원조가 되는 사람은 고대 그리스의 사상가 플라톤이다. 그는 '아름다움'이란 '미(美)의 이데아'의 모사(模寫)라고 이해한다. 여기에서 모사의 원형이 되는 미의 이데아란 개체와 개개인의 일반적 미적 현상을 초월하여 그것들의 원천이 되는 근원적 형식 내지 원리로 이해할 수 있다. 그 이후 이런 흐름은 아리스토텔레스로 이어진다. 그는 그의 『시학(詩學)』에서 아름다움의 근원으로 예술의 형식을 언급한다.

신플라톤학파의 플로티노스는 예술가의 개념을 분석하며 이와 연결하여 미의 의미를 도출해낸다. 그에 따르면 예술가란 '세계의 창조자'이며 이데아를 물질 속에 새겨 넣는 위대한 작업을 수행하는 그런 사람이다. 그리고 예술작품이란 이데아가 현실 안에서 지각될 수 있는 물리적 재료로부터 감성적 기술 안에 표현한 '그 어떤 것'이다.

플로티노스의 이 같은 미학사상은 이후 중세의 여러 사상가들, 예컨대 아우구스티누스와 토마스 아퀴나스 등에게 영향을 미치게 된다. 곧, 교회의 건축, 조각, 미술, 음악 등 종교예술과 건축 분야에 이르기까지 다양한 영역에 걸쳐 지대한 영향을 미쳤다. 또한 이런 작품들 안에 신(神)의 개념과 신학적 의미가 표현되게 되었다. 르네상스 시대로 접어들며 미학의 역사는 조경예술론과 시학(詩學)설에까지 확산되게 되었다. 그 결과 16세기에 있어 수많은 시(詩) 학자를 배출하게 하는 결과를 가져왔다.

이런 흐름의 이론체계는 후대에 와서 독일의 관념론적 미학의 밑거름이 되었다. 예를 들어 근대의 칸트의 경우, 예술이란 인식과 도덕의 중개자로 미학은 철학체계에 있어 중심적 위치에 있는 것으로 판단하였다. 그리고 미(美)를 '특수한 감정 체험'의 사상으로 파악하였다. 헤겔의 경우, 미(美)라고 하는 것을 정신이나 이념, 또는 본체가 현상들 가운데에서 감성적으로 파악될 수 있도록 우리에게 나타난 어떤 특징으로 해석하였다.

현대로 접어들면서 볼프 학파 중 최고의 사상가이며 독일 미학의 창시자인 바움가르텐은 라이프니츠와 볼프의 학설을 기초로 하여 인식의 개념을 '상급 인식'(오성적 인식)과 '하급 인식'(감성적 지각)으로 구분하게 된다. 그리고 전자에 해당하는 학문을 '논리학', 후자의 경우를 '미학'으로 지칭하였다. 그리하여 미학이 학문으로서의 등장과 모양새를 갖추는 시기를 맞게 되었다.

이상과 같이 다양한 미학사상의 역사적 과정의 흐름들은 고스란히 크로체에게 영향을 미쳤다. 그 결과, 이러한 토대와 바탕 안에서 크로체 미학과 예술론이 탄생되고 꽃피우게 되었다.

크로체의 '직관'과 '표현'의 개념을 충분히 파악하지 못하면 그의 사상 안으로 들어감에 있어 난관에 부딪힐 수 있다. 이 두 가지의 개념은 크로체의 미학과 예술론의 핵심적 기초가 되고 있는 개념들이기 때문이다. 무엇보다 크로체가 강조하고 있는바, "직관하는 것은 곧 표현하는 것이다(To intuite is to express)."라는 말 그대로 두 개념은 한 동전의 양면과 같다.

크로체에 따르면 기본적으로 인간의 삶 속에서 얻어지는 '지식'은 두 가지로 분류된다. 하나는 '직관적인(intuitive)' 지식이며, 다른 하나는 '논리적인(logical)' 지식이다. 이 지식들은 미래의 삶을 위한 이미지들(images)과 개념들을 창출해나가는 원동력이자 그 바탕이 된다.

직관적 지식은 '상상'이나 감정, 그리고 즉각적인 체험 등을 통해 얻어진다. 논리적 지식은 지성적 교육 또는 학습의 반복적 연습을 통해 얻어진다. 여기에서 상상이나 감정을 통해 얻어지는 지식은 '개체성(the individual)'의 고유한 영역에 속하는 것이고, 지성과 교육을 통해 얻어지는 지식은 '보편성(the universal)'의 영역에 속한다. 개체성은 개별적인 사물 하나하나에 관한 독특한 지식이며, 보편성이란 사물들 상호 간의 관계들로부터 이루어지게 되는 전체적 관점의 총괄적 지식을 의미한다.[3)]

크로체에 의하면, 우리 인간은 보통의 '일상적 삶(ordinary life)' 안에서 지성적이며 과학적인 지식의 활용을 행하기보다는 상상과 감정에 따른 즉각적이며 본능적인 통찰과 직관의 삶을 살아가고 있다. 그리고 실제로 이런 상황들이 인간의 모든 생활 영역에 걸쳐 쉽게 드러나고 있음을 알 수 있다. 왜냐하면 현실 속에서 벌어지고 있는 모든 사건들은 수학적 공식이나 논리적, 교육적 이론에 맞춰 예측한 대로 발생하는 것이 절대로 아니기 때문이다. 그러므로 이런 상황들에 대한 문제는 지성적, 합리적 방법론에 입각하여 원칙적으로 해결될 수 없다. 그런 까닭에 현실 속의 실제적 삶 안에서 예기치 못한 여러

---

3) Benedetto Croce, *Aestietic: As Science of Expression and General Linguistic*, translated by Douglas Ainslie, New Brunswick and London: Transaction Publishers, 1955, pp.1~10.

상황과 맞부딪히게 될 때 교육적 이론가들이나 학식이 뛰어난 수학자들의 해결 방법보다는 해당 분야에 있어 다양한 경험들과 탁월한 직관을 갖춘 노련한 경험자의 깊이 있는 판단과 조치가 더 효율적일 수 있다. 곧, 크로체의 주장대로 어떤 상황에 있어서는 '추론에 의해서(by reason)'보다 '직관에 의해서(by intuition)' 원만하고 융통성 있게 문제를 풀고 해결해나가는 것이 훨씬 더 바람직하고 효과적일 수 있다는 의미이다.

◆ ◆ ◆

다음은 조선의 실학자 박지원의 『연암집』에 나오는 일화 중 한 가지이다. 크로체의 직관과 통찰의 개념과 연관하여 시사해주는 의미가 크다.

서화담이 밖에 나갔다가 땅바닥에 주저앉아 울고 있는 한 청년을 만나게 되었다. 그가 그 청년에게 물었다.

"자네는 어째서 그토록 슬피 울고 있는가?"

젊은이가 대답했다.

"저는 다섯 살에 눈이 멀어 지금까지 20년에 이르고 있습죠. 그런데 오늘 아침 길을 나서는 순간 기적같이 눈이 떠져 천지만물을 밝게 볼 수 있게 되었습니다. 너무나도 기쁜 나머지 정신없이 나도 모르게 여기까지 먼 거리를 오게 되었구요. 이제 집으로 돌아가려 하니 두렁길은 여러 갈래요, 문전과 문전은 모두가 하나같이 똑같아 도무지 우리 집을 찾을 수가 없습니다요. 그래서 한탄하며 울고 있었습니다."

그러자 서화담이 말하였다.

"내가 네게 집으로 돌아가는 법을 알려주겠다. 네 눈을 감거라. 그러고 나서 다시 집으로 가는 길을 찾아보거라. 곧 너의 집에 도착하게 될 것이다."

젊은이는 곧바로 눈을 감았다. 지팡이를 두드리며 발걸음과 몸의 감각에 의지하니 쉽게 집을 찾아갈 수 있었다.

당대 실학파의 거목다운 서화담의 심오한 사고와 혜안을 엿볼 수 있는 대목이다. 또한 이 예화 안에 내재된 직관과 통찰의 의미를 유추해볼 수 있다. 이 방법론은 크로체의 직관적 지식의 영역과 상통하는 유사성을 내재한다.

◆ ◆ ◆

크로체에 따르면 세상에는 지성적 지식과는 전혀 관계됨 없이 직관만으로도 파악할 수 있는 것들이 수없이 많이 다양하게 존재한다. 가령 화가들의 경우, 그들이 상상하고 표현하는 자연의 사물들에 대한 수많은 묘사들, 예를 들어 아름다운 달빛, 출렁거리는 파도, 밤하늘의 찬란한 별빛 등에 관한 느낌의 표현들은 우리의 감탄을 불러일으키기에 전혀 손색이 없다. 그 밖에 지도 제작자들에 의해 그려지는 현란한 곡선의 굽이치는 해안선의 라인들, 부드러움과 연약함의 음악적 선율들, 그리고 인간과 세상에 대한 생동감과 달콤함의 다양한 인상들, 애절함과 향수가 가득한 서정적 언어들, 그 외에도 일상생활 속에서 우리가 질문하고, 명령하고, 또 탄식할 때 터져 나오는 다채로운 말들의 구사와 그 표현들 등은 사실상 논리적이며 지성적인 교육의 경험들을 뛰어넘거나, 어떤 경우 무관하기까지 한 것들이다.

이와 같은 과정들을 통해 얻게 되는 미적 체험은 저 멀리에 있는 것이 아니라 우리의 마음과 행동, 그리고 삶의 자세에 달려 있다. 우리가 삶 안에서 깊이 있고 다양한 미적 체험을 갖게 될 때 그것은 우리의 삶을 더욱 풍부하고 가치 있게 만들어줄 수 있다. 나아가 우리의 자유와 정신을 한층 더 높이 고양시켜줄 것임이 틀림없다.

여기에서 주목해야만 할 중요한 사실이 한 가지 더 존재한다. 다름 아닌 직관과 감성은 '독립적'이며 '자율적'이라는 것이다. 또한 세상 안에 모든 일들의 이면(裏面)에는 직관과 감성의 요소들이 내포되어 있다는 사실이다.

다음 크로체의 언급을 살펴보자.

> 직관적 지식은 표현적 지식과 동일한 것이다. 그리고 이것이 지적 기능과 연결되어 고려될 때 이는 이로부터 (지적 기능) 독립적인 것이고 자율적인 것이다. … 직관한다는 것은 표현하다는 것 이외의 그 이상의 어떤 것도 그 이하의 어떤 것도 아닌 어떤 것이다.
>
> 직관은 똑같은 순간 표현과 함께 나타난다. 왜냐하면 직관과 표현은 둘이 아니라 하나이기 때문이다.[4)]

위의 크로체의 말 그대로 "모든 참 직관이나 참 표상은 바로 표현인 것(Every true intuition or representation is also expression)"이고, "직관과 표현은 둘이 아니라 하나인 것"이다.

인간의 모든 삶의 활동 안에서 본능적이고 기계적이며 수동적인 행동들을 제외한 모든 활동은 능동적이고 정신적인 것으로서, 곧 삶의 표현이 됨과 동시에 표상이 된다. 이런 표현 활동은 인간의 삶의 내면 깊숙이 파고들어가 인간 영혼의 부정적이며 불분명한 영역을 관조와 명상의 밝은 영역으로 옮아가게 만드는 주요한 역할을 담당

---

4) 위의 책, pp.10~11.

한다. 반면에 표현 활동이 자신들의 개성과 특징을 구체화하지 못하거나 어떤 인상으로 표출시키지 못할 경우, 그런 상태는 직관이나 표상의 차원으로 승화하지 못하고 기계적이며 일상적인 감각의 단계 그대로 머물러 있게 한다. 크로체에 따르면 인간이 삶 속에서 적극적이며 역동적으로 무엇을 상상하고, 무엇을 만들며, 그리고 그것들을 표현하는 행동을 수행해나갈 때 이는 표상의 차원을 관통하여 인간존재의 참 가치를 창조하는 단계에까지 도달케 된다. 크로체가 주장하는바, 이는 '정신(Lo Spirito)'의 차원이며 인간존재의 가치들 중 마지막의 단계에 해당한다. 그의 철학을 '정신의 과학(la scienza dello spirito)'이라 일컫는 이유가 바로 여기에 있다.

그리고 '정신의 소산물'들로서 인간 삶 안에서의 모든 직관들과 표상들, 인상과 감정, 느낌과 정서, 그리고 충동 등을 예로 들 수 있다. 그리고 '정신'의 차원으로 승화되지 못한 상태는 '인간존재'와 그 삶의 본질을 충만하고 완전하게 표현한 단계가 아닌 것으로 이해된다.

한편, 예술이 근원적으로 인간의 본성과 생활 속에 그 뿌리를 두고 있음은 부인 못할 사실이다. 이런 이유로 인하여 삶과 생활 안에서 웃고, 울고, 기뻐하고, 슬퍼하고, 미워하고, 사랑하고…, 그리고 그 속에서 영감을 얻고, 나아가 '창조적 삶'을 만들어가게 되는 것까지…, 말하자면 모든 것들이 예술의 재료가 될 수 있다.

여기에서 창조적 삶의 경우, 그것은 특별히 직관과 감성에 근거한 예술적 체험의 밑거름이 된다. 이처럼 수많은 감정과 이미지로부터 창출된 직관과 통찰은 끊임없이 우리의 삶을 새롭게 만들어주고, 미적인 아름다움을 선사해줄 것이다.

크로체가 주장하는바, 훌륭한 '예술' 또는 '예술작품'이란 직관들 중에서 '독특한 종류의 직관'을 의미한다. 크로체의 판단에 따르면 이것은 보통의 직관을 넘어서 '더 폭넓고 더 복잡한(wider and more complex)' 직관들이 모여 완성된 '그 어떤 결집'을 의미한다. 크로체는 이것을 '직관의 직관(an intuition of an intuition)'으로 지칭한다. 크로체가 말하는 '직관의 직관'이란 '일반적인 직관이 잘 손질되어(elaborated) 어떤 형식을 갖추어 나타난 표현'을 의미한다. 이 단계에서의 '표현'은 일상적 개념의 차원에 머물러 있는 표현의 단계를 뛰어넘어 '개념의 개념(the concept of a concept)'으로서 자신을 객관화하고 탈바꿈시킨 또 다른 차원의 새로운 표현을 뜻한다. 이처럼 달라진 또 다른 객관화된 표현이 바로 '예술(Art)'로 탄생되는 것이다.

이렇게 탄생된 크로체의 '미학'은 '직관적 혹은 표현적 지식의 과학'으로 정의될 수 있다. 나아가 그것은 '정신의 철학'으로서 크로체 사상의 '원천(source)'이 되고 있다 하겠다.

3. 신앙과의 관계 안에서

예수님께서 이 비유를 말씀하였다.

"두 사람이 기도하러 성전에 올라갔다. 한 사람은 바리사이였고 다른 사람은 세리였다. 바리사이는 꼿꼿이 서서 혼잣말로 이렇게 기도하였다. '오, 하느님, 제가 다른 사람들, 강도짓을 하는 자나 불의를 저지르는 자나 간음을 하는 자와 같지 않고 저 세리와도 같지 않으니, 하느님께 감사드립니다. 저는 일주일에 두 번 단식하고 모든 소득의 십일조를 바칩니다.' 그러나 세리는 멀찍이 서서 하늘을 향하여 눈을 들 엄두도 내지 못하고 가슴을 치며 말하였다. '오, 하느님! 이 죄인을 불쌍히 여겨주십시오.'

내가 너희에게 말한다. 그 바리사이가 아니라 이 세리가 의롭게 되어 집으로 돌아갔다. 누구든지 자신을 높이는 이는 낮아지고 자신

을 낮추는 이는 높아질 것이다." (루카 18:10~14)

위의 성경 구절에서 보면 바리사이의 기도와 세리의 기도가 극명하게 대조됨을 알 수 있다.

기도란 기본적으로 곧 하느님과의 관계 정립을 위한 우리 마음가짐의 점검이다. 이 과정을 통해 하느님과의 소통과 만남이 이뤄질 수 있다. 나아가 그분께 드리는 우리의 정신과 신앙의 표출을 통해 그분과의 관계를 더욱 견고히 만들어나갈 수 있다.

일반적인 기준에 의거할 때 기도는 논리적인 것이거나 학습적인 것이 아니다. 오히려 기도는 직관적인 것, 감성적인 것에 훨씬 더 가깝다. 어떻게 보면 기도는 자연스럽게 우러나오는 '하나의 직관'이고 또 자유스럽게 발산되는 '마음의 표현'인바, 논리적으로 풀어낼 수 있는 문제의 영역이 아니다.

그러므로 기도는 교육이나 공부의 결과로 이루어지는 것이 아니다. 기도는 하느님 앞에 있는 그대로의 자신의 모습을 솔직하고 온전하게 드러냄이다. 다시 말해 자신을 비우고 반성하면서 진심으로부터 우러나오는 겸손과 바람을 아뢰는 '직관'과 '통찰'의 자세인 것이다.

바리사이의 기도는 진정성 있는 회개나 반성의 자세에 입각한 표현이 아니었다. 기도의 본질과 신앙인의 올바른 자세를 망각한 형식주의적 청원에 가까웠다. 반면에 세리의 기도는 아주 짧은 단 한 문장의 기도였지만 한없이 자신을 낮추고 반성하는 진심이 꾸밈없이 담겨 있었다. 세리의 이러한 기도의 표현은 하느님의 마음을 움직일 수 있었던 '직관 중의 직관'이었다. 곧, 크로체가 주장하는바, 세리의 기도는 인간 삶에 있어 최고의 가치인 정신과 자유의 영역 깊숙한 곳에까지 스며들어간 절실한 내면의 통찰이자 신앙고백이었다고 말할 수 있다. 예컨대, 바리사이의 기도가 논리적이고 학습적이며, 또 보편적 지식의 차원에 입각한 고백이라면, 세리의 기도는 즉각적이고 직관적이며, 개별적인 감성의 차원에 입각한 고백으로 비교할 수 있다.

신앙 안에서 논의되는 믿음과 믿음의 바탕이 되는 사랑의 실천은 오히려 이론이나 이성의 입장보다는 직관과 표현의 미학에 더 가까울 수 있다. 삶 안에서의 신앙과 사랑 실천의 근거는 미학의 이론에 있어 꾸밈없는 직관, 진심과 솔직함을 담고 있는 행동, 그리고 이것들에 대한 꾸밈과 가식이 없는 표현들과 상당한 부분들에 걸쳐 서로 일치하고 있다고 볼 수 있다.

4. 살며 사랑하며

아마 고등학교 1~2학년 때쯤이었을 것이다. 한 40~50년 전쯤으로 기억된다. 『초원의 빛』이란 영화를 본 적이 있었다. 당시 그야말로 큰 인기와 반향을 일으켰던 영화이다. 내겐 너무나 강렬했던 인상과 감동을 심어줘 이따금 생각이 나고, 수십 년이 지난 지금에도 여러 장면들이 새록새록 떠오르며 달콤한 상상의 추억에 빠져들곤 한다. 만약 지금 다시 보게 된다면 그때의 느낌과 얼마나 다를까 하는 궁금증과 함께….

그때는 그 영화의 느낌이 내 가슴속에 너무 깊이 밀려들어와 나를 심하게 흔들어놓았고, 아주 오랫동안 내 마음속에 머물러 있어 가슴앓이를 심하게 하도록 만들었다. 그리고 그 상태로부터 빠져나오는데 한참의 시간이 걸렸다.

그때의 시간을 더듬어 생각나는 대로 영화의 내용을 한 줄로 요약해본다면, 열정과 순수한 감정이 가장 섬세할 수밖에 없는 청년 시기의 절정에 있어 서로 뜨겁게 사랑하는 두 젊은 남녀의 관계와 사랑을 섬세하고 밀도 있게 표현한 영화로 기억된다.

영화 끝부분의 내용이 인상적이었다. 여주인공으로 등장하는 윌마(나탈리 우드)는 젊은 날의 수많은 애증과 갈등을 겪은 뒤 심리와 육체의 치유를 위해 정신병원에 장기입원까지 하게 된다. 회복과 안정을 되찾고 퇴원을 하게 되자마자, 윌마는 그토록 사랑했던 연인 버드(워렌 비티)에 대한 그리움과 궁금함으로 그의 집을 찾아간다. 거기에서 그녀는 옛 남자친구와 얼굴이 황색인 그의 부인, 그리고 사랑스런 그의 혼혈의 자녀들을 만나게 되고, 또 집의 내부와 마당 등 모든 것들을 둘러보게 된다. 결국 직접적인 이 방문은 자신의 삶의 방향과 가치관을 확실하게 정리해주는 결정적 계기이자 마침표가 된다.

방문을 마친 윌마는 그 집에서 발을 돌려 나오면서 왈칵 눈물을 쏟는다. 이렇게 흐르기 시작한 눈물은 끝없이 뺨을 타고 흘러내린다. 이런 상태로 다시 자신의 집으로 돌아가는 윌마의 모습 위로 한 편의 시가 오버랩된다. 그것은 바로 윌리엄 워즈워스의 「초원의 빛(Splendor in the Grass)」이란 시(詩)이다. 이 장면은 영화 전체를 깔끔히 마무리 짓는 최고의 결론이 되게 된다.

이 영문시의 한국말 번역본은 여러 가지가 있는데 그중에서 원문에 충실한 것으로 생각되는 것 한 가지를 선택해 소개해보고자 한다.

초원의 빛

윌리엄 워즈워스

한때 그처럼 찬란했던 광채가
이제 눈앞에서 영원히 사라졌다 한들 어떠랴

초원의 빛, 꽃의 영광이여! 그 시간을

그 어떤 것도 되불러올 수 없다 한들 어떠랴

우리는 슬퍼하지 않으리. 오히려
뒤에 남은 것에서 힘을 찾으리라

지금까지 있었고 앞으로도 영원히 있을
본원적인 공감에서

인간의 고통으로부터 솟아나
마음을 달래주는 생각에서

죽음 너머를 보는 신앙에서
그리고 지혜로운 정신을 가져다주는 세월에서

감수성이 예민했던 중고등학교 시절, 『초원의 빛』과 같은 영화 등에 대한 미적 체험은 청소년 성장기의 내 삶에 너무나도 큰 영향을 주었다. 또 같은 시기에 읽게 된 헤르만 헤세의 『지와 사랑』과 같은 서적들 역시 내 마음을 걷잡을 수 없이 휘저어놓아 그것으로부터 벗어나는 데 한참의 시간을 보내야만 했다.

지금 생각해보면 그런 경험들은 인생에 대한 이해와 감정의 폭을 크게 넓혀주는 데 큰 역할을 하였다. 이처럼 과거의 뭉클하고 가슴 아파했던 경험들이 생각지도 않은 때에 문득 떠오름은, 그것이 절대로 논리적이거나 이성적으로 설명될 수 있는 것이 아님을 깨닫는다. 그것은 오직 어떤 직관과 통찰에 의해서만 해석될 수 있는 것이기 때문일 것이다.

아인슈타인의 다음과 같은 언급이 위의 상황을 공감케 한다.

"오직 직관만이 교감을 통하여 통찰력으로 이어질 수 있다. 연구의 성과는 면밀한 의도나 계획으로부터 오는 것이 아니라 바로 가슴으로부터 나오는 것이다."

그에 의하면, '창조적으로 생각한다'고 하는 것은 무엇보다 '느낀다'고 하는 감정(feeling)으로부터 산출될 수 있음을 명심해야 한다는 것이다. 그런 까닭에 감각적이며 정서적인 느낌이 우리가 수행해 나가고자 하는 업무에 동반되게 될 때 그 효과는 더욱 배가될 수 있다. 기본적 업무의 수행에 상상력과 통찰력이 함께하면 보다 효율적인 결과물이 도출될 수 있다는 뜻이다. 어떤 의미에서 합리적이며 효율적인 과정의 결집을 만들어나감에 있어 직관과 느낌의 활동이 오히려 이성적 사고의 활동보다 더 필요하고 더 원천적일 수 있다.

우리는 실제적으로 '일상적인 생활' 안에서 반복적 학습이나 이성적 훈련에 의한 '논리적 지식'의 삶을 살아가기보다는 상상과 감정에 근거한 '직관적 지식'의 삶을 살아갈 때가 훨씬 더 많다. 막상 삶 안의 많은 활동들과 사건들이 논리적으로, 또 이성적으로 진행되고 해결되기보다는 즉흥적이고 임기응변으로 대처되고 있기 때문이다. 크로체의 주장을 참고한다면 인간사 안에는 '추론에 의하여(by reason)'보다는 '직관에 의하여(by intuition)' 판단되고 해결되는 일들이 무한히 존재하고 있다는 의미이다.

어떤 면에서 말이나 숫자에 갇혀 사는 우리에게 '느낌'과 '상상'의 세계는 현실 상황에 대한 도전적 자세와 희망적 생동감을 불러일으키기에 모자람이 없다. 그것은 더욱더 깊이 있고 탄력적으로 세상을 바라보게 해준다. 또 더 많은 타인과의 교감을 성사시켜주기도 한다. 동시에 더 중요한 사실은 우리의 꿈과 이상을 관념의 세계에만 머물게 할 것이 아니라 현실의 세계로까지 다시금 옮길 수 있어야 한다. 그럴 때 그 꿈과 이상은 우리 손으로 어루만져지게 될 것이며, 마침내 현실로 새롭게 탄생되게 될 것이다.

다음 윌리엄 헨리 데이비스의 시를 음미하면서 우리의 삶을 다시 한 번 진지하게 되돌아볼 수 있는 기회가 되기를 빌어본다.

가던 길 멈춰 서서

윌리엄 헨리 데이비스

근심에 가득 차, 가던 길 멈춰 서서
잠시 주위를 바라볼 틈도 없다면 얼마나 슬픈 인생일까?
나무 아래 서 있는 양이나 젖소처럼
한가로이 오랫동안 바라볼 틈도 없다면
숲을 지날 때 다람쥐가 풀숲에
개암 감추는 것을 바라볼 틈도 없다면
햇빛 눈부신 한낮, 밤하늘처럼
별들 반짝이는 강물을 바라볼 틈도 없다면
아름다운 여인의 눈길과 발
또 그 발이 춤추는 맵시 바라볼 틈도 없다면
눈가에서 시작한 그녀의 미소가
입술로 번지는 것을 기다릴 틈도 없다면,
그런 인생은 불쌍한 인생, 근심으로 가득 차
가던 길 멈춰 서서 잠시 주위를 바라볼 틈도 없다면.[5)]

5) 장영희, 『문학의 숲을 거닐다』, 서울: 샘터, 2005, p.201.

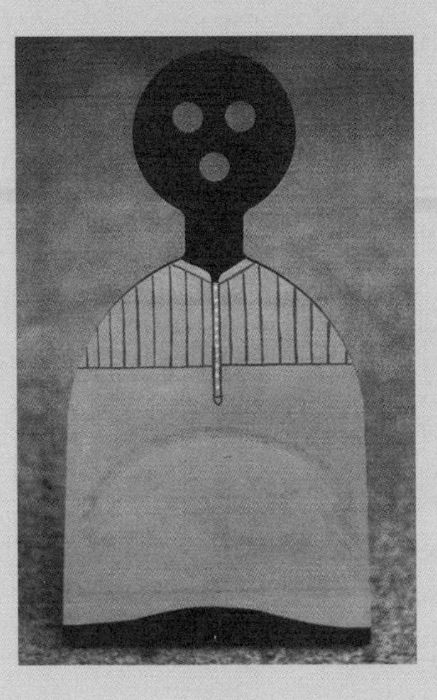

2.

인간이란 얼마나 훌륭한 형이상학인가

오르테가와 함께

1. 삶이 내게 말을 거는 순간

우연한 기회에 「내 인생의 가을이 오면」이란 작자 미상의 시 한 편을 만났다. 이 가을에 이런 시를 만나게 된 것은 분명 행운이 아닐 수 없다.

가끔 풀밭을 거닐며 이런저런 생각에 잠겨 혼잣말을 중얼거리다 무수히 퍼져 있는 클로버 잎들 중에서 네 잎 클로버를 발견하면 신기하기도 하고, 또 나에게 행운이 찾아올 것 같아 설레는 마음을 감출 수가 없다. 네 잎 클로버의 꽃말은 '행운'이다. 수많은 세 잎 클로버들 속에서 그 네 잎 클로버가 너무나 신기하여 고개를 숙이는 바람에 총알을 피해 생명을 구할 수 있었다는 나폴레옹의 일화에서 비롯되었다고 한다.

다시 또 시를 소리 내어 읽어보며 '삶을 어떻게 살 것인가'를 고뇌하고 번민한다는 것은 기쁜 일이 아닐 수 없다. 그리고 아름답고 가치 있는 삶의 추구가 무엇인지를 새롭게 일깨워주고 있는 것 같아 감사하고 또 감사할 따름이다. 마치 이 시는 나에게 그렇게 살아가라고 가르침을 주고 있는 것만 같다. 나의 인생도 이제 사계절 중 가을처럼 황혼으로 들어가고 있음을 감지하면서 중얼거려본다.

이 시는 오르테가의 '삶의 형이상학'과 '삶에 대한 사유'의 본질과 맥락이 상통한다고 판단해도 큰 무리는 없을 듯하다. 오르테가의 '삶을 어떻게 살 것인가'에 대한 철학적 사유를 문학적으로 잘 표현해놓았다는 생각이 든다. 또 시 안에 담겨 있는 반성의 자세는 흡사 예수님께서 말씀하셨던 '충실한 종'의 내면과 너무도 유사하게 닮아 있다.

삶을 되돌아보고 어떻게 살아야 하는가에 대한 사유와 다짐이 더욱 깊어졌으면 좋겠다. 점차 깊어가는 이 가을과 함께…. 더불어 풀벌레 울음소리에 장단 맞춰 이 시를 곱고 맑게 음송해보면 참 좋을 것 같다.

내 인생의 가을이 오면

작자 미상

내 인생의 가을이 오면
나는 나에게 물어볼 몇 가지가 있습니다.

내 인생의 가을이 오면
나는 나에게 사람들을 사랑하였는지 물어볼 것입니다.
그때 나는 가벼운 마음으로 대답하기 위해

지금 많은 이들을 사랑하겠습니다.

내 인생의 가을이 오면
나는 나에게 열심히 살았느냐고 물을 것입니다.
그때 나에게 자신 있게 말할 수 있도록
하루하루를 최선을 다해 살아야겠습니다.

내 인생의 가을이 오면
나는 나에게 사람들에게 상처를 주지 않았느냐고 물을 것입니다.
그때 대답하기 위해 사람들에게 상처를 주는
말과 행동은 하지 말아야겠습니다.

내 인생의 가을이 오면
나는 나에게 삶이 아름다웠느냐고 물을 것입니다.
나는 그때 기쁘게 대답하기 위해
내 삶의 날들을 기쁨으로 아름답게 가꾸어 나가겠습니다.

내 인생의 가을이 오면
나는 나에게 부끄럼 없이 살았느냐고 물을 것입니다.
그때 반갑게 말할 수 있도록
지금 좋은 가족의 일원이 되도록 가족을 사랑하고 효도하겠습니다.

내 인생의 가을이 오면
나는 나에게 물을 것입니다.
이웃과 사회와 국가를 위해 무엇을 하였느냐고 물을 것입니다.
나는 그때 힘주어 대답하기 위해

지금 이웃에 관심을 가지며 좋은 사회인으로 살아야겠습니다.

내 인생의 가을이 오면
나는 나에게 물을 것입니다.
어떤 열매를 맺었느냐고 물을 것입니다.
내 마음 밭에 좋은 생각의 씨를 뿌려
좋은 말과 좋은 행동의 열매를 부지런히 키워야겠습니다.

2. 철학사상: 오르테가와 함께

호세 오르테가 이 가세트(José Ortega y Gasset, 1883~1955)는 스페인이 배출한 현대의 세계적인 철학자들 중 한 사람이다.

오르테가의 '생적 이성의 형이상학'은 삶의 존재론적 구조 안에서 그가 계속적으로 강조하고 있는바 '삶'으로 표현된다. 그의 철학은 삶 안에서 '근원적 사고'의 체계를 정립해나가는 사상의 구축임과 동시에 '이성적 생명력'의 새로운 창안이라 말할 수 있다. 그리고 이러한 삶의 근본 실재의 탐구는 곧 그의 형이상학의 유일한 과제이자 목적이 되고 있다 하겠다.

오르테가에서 있어 '삶이란 곧 형이상학'이다. 그의 말 그대로 "형이상학은 삶 가운데서 창조하는 그 무엇이며, 삶의 환경 안에서 행하는 그 무엇이다. 곧, 삶을 떠나서 그 의미를 말할 수 없는 그 무엇이다."

곧, 그의 형이상학은 마치 아주 작은 입자들, 예를 들어 원자들로 구성된 물질들이 모여 하나의 실체적 실재를 만드는 것과 같이 세상 안에서의 서로 다른 다양하고 특징 있는 사건들이 서로 관련을 맺고 뒤엉켜 어떤 실재의 상황을 만드는 것과 같다. 그것이 바로 삶으로 이해될 수 있다. 여기에서 삶의 요소 하나하나는 인간 영역 내부의 다양한 일들로 구성된다. 이는 삶의 근원적이며 기본적인 구조로 해석할 수 있다. 이렇게 만들어진 '상황'이 바로 오르테가가 주장하는 나의 삶의 상황인 것이며, 이것은 동시에 인간의 근원적 상황인 삶 자체임과 동시에 인간이 세상 안에서 '살고 있음'을 뜻하는 것이기도 하다.

다음 형이상학에 대한 오르테가의 진술을 음미해보자.

> 인간이 형이상학이다. 형이상학은 피해갈 수 없는 그 무엇이다. … 인간이란 얼마나 훌륭한 형이상학인가!
>
> 형이상학이란 사람이 행하는 그 어떤 것이다. 그리고 그 어떤 것은 그의 상황 안에서 근본적 방위 결정을 추구하는 것으로 구성된다.[6)]

오르테가에 따르면 형이상학은 "삶의 내부에 존재하는 그 무엇이며 삶을 떠나서는 그 의미를 찾을 수 없는 그 어떤 것"이다. 그러므로 그러한 형이상학은 삶과 철학 속에 녹아들어가 있다는 평가를 받기도 한다.

형이상학이 '삶 속에 녹아 있다'고 하는 것은 그의 사상이 '살아 있음'을 보여주는 특징이 된다. 제자리에만 머물러 있어 '정체되어

---

6) José Ortega y Gasset, *Some Lessons in Metaphysics*, W. W. Norton & Company, 1969, pp.28, 122.
"Man is metaphysics, Metaphysics is a thing that is inevitable. … How man may be good metaphysics.
METAPHYSCIS is something that man does, and that doing consists of his seeking a basic orientation in his situation."

있거나 죽어 있는 것'은 오르테가에게 철학이 될 수 없다. 그러므로 그의 철학은 언제나 만남과 현장, 그 자체로부터 출발한다. 그런 까닭에 인간의 삶은 항상 하나의 '지금'이 된다. 그리고 그 삶은 언제나 살아 있는 실재로서의 '현재의 상황'이 되고 있는 것이다. 다음 오르테가의 언급은 의미가 있다. "우리의 삶은 바로 지금 여기 이 강의실에서 공부하는 것이다."

이는 톨스토이가 말하고 있는 인생에 있어 가장 중요한 세 가지, 곧 첫째, 지금 이 시간, 둘째, 지금 만나는 사람, 셋째, 지금 내가 하고 있는 일이라고 하는 언급과 그 의미가 상통한다.

오르테가는, 삶이란 과거와 미래조차도 지금의 '실재(reality)' 안에 녹아들어가 있고 함축된 것이라고 말한다. 또한 '지금 내가 행하는 바의 모든 일'은 다름 아닌 그의 형이상학의 구성물이 된다. 오르테가는 삶을 다음과 같이 서술하고 있는데, 이 언급은 곧 형이상학의 의미를 내재하고 있다.

> 산다는 것은 생각하는 것, 꿈을 꾸는 것, 또는 걱정하는 것으로부터 시작해서 장사하는 것, 또는 전쟁에서 승리하는 것에 이르기까지 우리가 행하는 것과 우리에게 일어나는 모든 일들이다.

> 그렇다면 삶이란 무엇일까? 멀리 떨어져서 찾지 말라. 삶에 대해 학식 있는 표현들을 생각해내려 노력하지 말라. 근본적 진리들은 언제나 가까이에 있어야만 한다. 그렇게 존재해야만 진리들이 근본적일 수 있기 때문이다. …
>
> 삶이란 우리인 것, 그리고 우리가 행하는 바의 그 무엇이다. 그래서 그것은 모든 것들 가운데 우리 각자에게 가장 밀접한 것이다. 삶 위에 손을 얹어보라. 그러면 삶 자체는 길들여진 한 마리의 새와 같

이 쉽게 잡힐 것이다.[7]

위의 글을 볼 때 오르테가의 철학적 진술의 분위기는 약간은 산문적이며 문학적인 색깔을 띠고 있음을 느낄 수 있다. 또 솔직하고 직설적이며 심미적이다. 그의 철학적 언급과 스타일은 다른 철학자들과는 달리 상당히 특이하다. 이런 표현들은 그가 비판을 받는 원인이 되기도 하는 반면, 친근감을 느끼게 하고 가깝게 다가가게 하는 이유가 되기도 한다.

오르테가의 경우 '삶의 형이상학'은 각자 자신이 살아 움직이고 활동하고 있다는 사실에 대한 느낌과 깨달음의 사고로부터 출발한다. 동시에 그것은 각자 모두가 '존재하고 있음을 인식하는 것'의 탐구와 직결된다.

오르테가는 '왜?' 그리고 '무엇 때문에?'라는 것을 근거로 언제나 삶이 전개됨을 인식할 필요가 있다고 주장한다. 그에게 삶이란 또 다른 자기이해의 연속적 과정이다. 이는 우리 자신과 우리 주위의 세계에 대하여 중단 없이 지속적으로 무엇인가를 추구해나가는 탐색과 발견의 과정이기도 하다. 오르테가는 삶이 우리 각자에게 표현하는

---

7) 위의 책, pp.35~36.

"And so the first definition we find is this: to live is what we do and what happens to us, from thinking or dreaming or worrying, to playing the market or winning battles."

"What, then, is life? Do not search far afield: do not try to recall learned expressions of wisdom. The fundamental truths must be always at hand, for only thus are they fundamental. …

Life is what we are and what we do: it is, then, of all things the closest to each one of us. Put a hand on it and it will let itself be grasped like a tame bird."

놀라운 '현전성(現前性)'을 우리가 지각할 수 있어야 함을 강조한다.

오르테가의 표현에 따르면, 삶이란 "우리에게 영향을 미치고 있는 세계 안에서 제 사물들, 제 장면들을 보고 있는 것이요, 그것들을 사랑하거나 증오하는 것이요, 또 그것들을 욕구하거나 두려워하는 것"이다. 그러므로 모든 삶이란 우리 자신이 다른 사람, 다른 사물, 다른 물질과 관련하여 행하게 되는 그 어떤 일들로서 이해할 수 있다고 판단한다.

그러므로 삶의 형이상학이란 삶의 배경이 되는 주위 환경과의 공생(共生), 즉 우리가 활동하는 공간인 환경 한가운데서 우리 자신을 발견해나가는 작업이다. 그 결과, '삶이 무엇인가'를 묻는 것은 '세계란 무엇인가'를 묻는 것과 그 의미가 상통한다. 따라서 삶이란 어떤 관점에서 세계 내에서의 우리의 관여이고 행동이다. 오르테가가 주장하는바, '근본적 실재'는 '우리의, 우리 모든 이들의 삶(our life)'이며, 그리고 그것은 인간의 '운명(destiny)'과 '자유(freedom)'의 역사 안에서 끊임없이 움직여 앞으로 나아가는 삶의 실재들인 것이다.[8]

오르테가는 "사람은 그의 삶의 상황 속에서 하나의 방위 결정(orientation)을 추구할 때 그는 형이상학에 참여하고 있다."[9]라고 말한다. 여기에서 꼭 기억해야 할 것은 "방위 결정이란 근본적 '방위 상실(disorientation)'들로 구성되어 있다."는 사실의 전제이다. 우선적으로 '방위 상실'은 '자기 상실의 느낌' 같은 것으로 해석할 수 있다. 오르테가에 의하면 '자기 상실'의 상태는 과학문명의 발달과 기계주의 한가운데서 정신(the spirit)의 참뜻을 상실한 상황으로부터

---

8) José Ortega y Gasset, *What is Philosophy?* New York and London: W. W. Norton an Company, 1964, pp.226~229.

9) 오르테가 이 가세트, 정영도 옮김, 『삶의 형이상학』, 서울: 문음사, 1987, p.29.

시작된다. 그리고 이는 자기 마음(mind)의 상실, 자기 사고(thinking)의 상실, 그리고 자기 정신의 상실까지 확장된다. 이런 '방위 상실', 또는 '자기 상실의 느낌'의 상태는 어떤 계기를 통하여 서서히 어떤 목표를 발견하여 '방위 결정'의 위치로 바뀌지게 된다.[10] 방위 결정으로 옮아감은 점진적으로 회복과정의 길을 걷게 됨을 뜻한다.[11] 오르테가는 방위 결정의 개념을 인식의 개념과 같은 뜻으로 해석하기도 한다. 여기에서 인식의 개념은 자기 자신과 사물들의 존재, 그리고 서로의 상황에 대한 지적인 앎 내지는 지적인 소유를 의미한다.

오르테가의 철학은 '삶의 현존'에 대한 사유로부터 시작된다. 삶에 관한 사유는 그것들이 존재하고 있는 그 모습 그대로 사유되어야 한다. 또한 삶의 구성 요소들이 명확하게 이해되기 위해서는 있는 그대로의 삶 자체가 온전히 수용됨과 동시에 정밀하게 분석되어야 한다.

그런 전개과정 안에서 '우리를 둘러싸고 있는 환경들'과 생존의 현장인 '여기', 곧 현실 한가운데서 나와 연관되는 문제들을 해결할 수 있는 계획들이 수립될 수 있다는 것이다. 전체적으로 정리해볼 때 나 자신과 제 사물들과의 관계 속에서 목표와 계획이 수립된다고 하는 것은 사물과 나의 삶의 상호 관계 안에서 서로가 공통적 연관성을 갖게 되었다는 뜻이다. 이 상황은 제 사물들과 나와의 완전한 '공존의 의미'로 발전하게 된다. 오르테가의 판단에 따르면 위에서 언급한 목표와 계획의 수립이란 '세계(the world)'와 '우주(universe)'를 구성하는 원동력에의 참여까지 포함한다. 이 모든 상황은 오르테가가 정의하는 "그것이 제공하는 방위 결정이 바로 형이상학이다."라는 말 속에 함축되어 있다.

---

10) 위의 책, p. 35.

11) José Ortega y Gasset, *Toward a Philosophy of History*, Urbana and Chicago: University of Illinois Press, 2002, pp.158~161.

다음의 언급을 음미해보자.

형이상학이 우리에게 우주란 무엇인가를 말하기 시작하기 전에 형이상학이란 단지 인간(여러분과 나)이 그 자신의 삶 가운데서 창조해나가는 그 무엇이다.
따라서 이 삶은 형이상학이 — 또는 어떤 과학이나 종교 자체도 마찬가지 — 우리를 위해 무엇을 발견하고자 하든지 간에 그것보다 더 이르고 그것에 선행하는 그 무엇이다.[12)]

위에서 언급한 바와 같이 오르테가는 형이상학이란 그가 말하는 '거기', 곧 우리의 삶이 영위되는 세상 안에서 인간의 지향과 의식이 어떤 목적을 갖고 다가가느냐에 따라 의미를 갖게 된다고 주장한다. 오르테가의 판단에 따르면, 여기에서 가장 중요한 것은 세상 안에 존재하느냐 존재하지 않느냐의 문제가 아니라, 행동하느냐 행동하지 않느냐, 또는 앞으로 나아가느냐 멈추어 서 있느냐 하는 활동성과 생동성 여부이다. 삶이란 정체해 있거나 멈추어 있어서는 안 된다고 오르테가는 반복해서 강조한다. 삶이란 모름지기 앞으로 나아가야 하고, 살아 움직여야 하고, 행동해야만 한다. 그렇지 않을 때 그 삶은 의미가 없는 삶이고, 죽은 삶이다. 생명력과 활동은 형이상학이 될 수 있는 필수적 조건들이다. 이런 상황이 바로 그의 철학을 '생명적 이성(La reason vitale)의 형이상학'이라 평가받게 만드는 요인들이라 할 수 있다.

오르테가에게 인간은 본래부터 삶이 지니는 '불안정성' 속에서 세계 내의 자신을 안정시키기 위해 세계를 만들어가고 그 안에서 '자신

12) 오르테가 이 가세트, 『삶의 형이상학』, pp.41~42.

을 구하는(save himself)' 존재로 이해된다. 오르테가는 다음과 같은 결정적인 언급으로 인간과 형이상학과의 관계를 요약하고 있다. "인간이란 형이상학이다. 그리고 형이상학이란 피할 수 없는 어떤 것이다(Man is Metaphysics, Metaphysics is a thing that is inevitabie)."[13]

그러므로 오르테가는 독자적인 '생(生)'의 철학적 관점 안에서 본인만의 고유한 철학적 사유로 현대의 정신적 상황을 탐구해나가고 있다고 결론지을 수 있다. 이러한 사상적 바탕 위에 그는 그의 '생적(生的) 이성의 형이상학'을 정립시키고 있다고 말할 수 있다.

3. 신앙과의 관계 안에서

그때에 예수님께서 제자들에게 말씀하셨다.

"너희는 조심하고 깨어 있어라. 그때가 언제 올지 너희가 모르기 때문이다. 그것은 먼 길을 떠나는 사람의 경우와 같다. 그는 집을 떠나면서 종들에게 권한을 주어 각자에게 할 일을 맡기고, 문지기에게는 깨어 있으라고 분부한다. 그러니 깨어 지켜라. …

집주인이 언제 돌아올지, 저녁일지, 한밤중일지, 닭이 울 때일지, 새벽일지 너희가 모르기 때문이다. 주인이 갑자기 돌아와 너희가 잠자는 것을 보는 일이 없게 하여라. 내가 너희에게 하는 이 말은 모든 사람에게 하는 말이다. 깨어 있어라." (마르 13:33~37)

위의 성경 말씀을 살펴볼 때 예수는 '주인'과 '종'의 관계에 대한 비유 안에서 '깨어 있어야 한다'는 당부를 몇 차례에 걸쳐 강조하고

13) José Ortega y Gasset, *Some Lessons in Metaphysics*, p.122.

있다. 여기에서 "깨어 있어라"의 의미는 앞에서 오르테가가 이미 언급한 바 있는 '행동하는 것, 존재하는 것, 그리고 활동하는 것'에 대한 '방위 결정'과 '생명적 이성(La raison vitale)'의 개념과 무관하지 않다. 곧, 위의 성경 구절은 오르테가가 주장하는바, '삶은 살아 움직이는 것이요, 앞으로 나아가는 것'의 형이상학과 매우 닮아 있기 때문이다.

예컨대, '주인'이 집을 비우면 '종'들의 행동은 주인이 함께 있을 때와는 달라질 수 있다. 성경 안에서도 서술하고 있듯이 다양한 모습들을 예측해볼 수 있다. 일단 주인이 없으니 하던 일을 뒤로 미루고 우선 좀 쉬고 보자 하는 종이 있을 수 있고, 그동안 하지 못했던 자신의 일을 챙겨보는 종도 있을 것이다. 아니면 주인이 맡긴 소임에 평소보다 더 충실하게 일하는 종도 있을 수 있다.

그런데 '주인'이 전혀 예상치도 못한 시각에 갑자기 집으로 돌아온다면 종들은 어떤 모습으로 주인을 맞게 될까 하는 상상도 해볼 수 있다. 예를 들어 마음 놓고 쉬고 있다가 깜짝 놀라는 종, 게으름을 피우고 있다가 당황하며 허둥지둥하는 종, 또 무슨 일을 해야 할지 갈피를 잡지 못해 이리 뛰고 저리 뛰고 하는 종, 그리고 엉뚱한 일에 빠져 있다가 갑자기 어떤 일을 어떻게 시작해야 할지 몰라 난감해하는 종들이 있을 수 있다. 그럼에도 불구하고 주인이 맡긴 일에 대하여 꾸준히 성심성의를 다했던 종은 갑작스럽게 무슨 상황이 닥친다 해도 당황하거나 서두름 없이 평소처럼 하던 일을 계속하고 있을 것이다. 그렇다면 이런 모습을 보게 된 주인은 최종적으로 누구를 선택할 것인가? 성경의 표현대로 어떤 종이 주인과 함께 충만함과 영원한 기쁨의 세계로 들어갈 것인지는 설명이 필요 없을 것이다.

주인이 맡긴 소명에 충실한 삶을 산 '종'의 의미와 본질은 무엇일까? '주인'이 좋아하는 '종'의 비유를 우리는 어떻게 이해할 수 있을까?

예수님의 이런 비유의 언급은 보편적으로 우리 인간생활 전반에 걸쳐 그 의미가 적용될 수 있다. 종교적 관점에서 볼 때 '충실한 종'이란 하느님께서 우리에게 맡긴 소명에 한결같이 최선을 다하는 사람들이다. 곧, 그분을 언제나 기쁘게 맞을 준비로 순간순간을 내게 주어진 최후의 시간이라 여기며 그분의 가르침을 성실하고 꾸준히 실천해나가는 사람들이다. 그리고 이 사람들은 하느님 뜻을 지혜롭게 헤아리며 맡겨진 자신의 소임을 충실히 수행해나가는 모범적 신앙인이라 말할 수 있다.

예수님의 "깨어 있어라"라는 말씀의 진의는 각자 자신의 삶을 깊이 되새김으로써 자신을 둘러싼 세계와 하느님의 현존에 대한 사유를 깊이 있고 정확하게 만들어가라는 뜻이다. 이는 오르테가가 분석하는바, 세계와 나와의 공존의 의미를 함축한다. 그러므로 '충실한 종'은 오르테가가 주장하는 '형이상학적 존재'로서 나름대로의 통찰과 탐구를 통해 삶의 목적과 초월성을 추구해나가는 존재를 의미한다.

결과적으로 '충실한 종'과 '형이상학적 존재'는 정해진 목표를 지향하며 방황함 없이 흔들리지 않는 의지와 올바른 판단, 그리고 분명한 의식과 행동으로 역동적이고 긍정적인 삶을 창조해나가는 사람들이다. '충실한 종'의 삶은 오르테가의 형이상학 안에서 언급한 바와 같이 생동감 있고 탄력 있게 앞으로 나아가는 살아 움직이는 삶을 살아가는 사람들일 것이다.

과연 우리는 어떤 모습의 '종'일까?

4. 살며 사랑하며

1980년대 중후반, 그러니까 지금으로부터 35년 전쯤 프랑스에서

학위를 받고 귀국하여 발안성당 주임신부 겸 수원가톨릭대학 철학과(당시 철학과가 있었다) 조교수로 임명되어 천방지축 정신없이 일할 때 경험했던 일화이다.

당시 나는 보좌신부 딱지를 떼고 주임신부로 첫 사목생활을 시작함과 동시에 수원가톨릭대학 철학교수를 겸임하면서 타 대학 강의도 함께 나가고 있을 때였다. 이 와중에 틈나는 대로 그간 모아 두었던 유학생 때의 일기와 메모 쪽지들을 정리하게 되었는데, 이때 출간하게 된 것이 나의 처녀작이라고 할 수 있는 『삐루지아』이다. 지금까지도 이 책을 나는 제일 좋아한다. 언제든지 볼 때마다 새롭고 그때마다 나를 상상과 사색, 추억과 꿈의 세계 속으로 데려가주기 때문이다.

부임 첫해, 나는 각오를 다지며 열정을 갖고 가정방문을 시작하였다. 이는 이듬해 봄까지 계속되었는데, 사순시기를 맞게 되면서 일시적으로 중단하고 부활판공[14]을 시작하였다. 이때가 가톨릭교회에서는 1년 중 가장 일이 많고 바쁜 시기이다. 당연히 준비할 것도 많고 신경도 많이 써야 한다. 주임신부를 비롯해 성당의 모든 구성원들이 허리끈을 동여매고 그 기간을 잘 보내기 위해 최선을 다하는 그야말로 '대목'의 시간이기도 하다. 그런 까닭에 이 기간이 끝나면 일반적으로 수고한 성당 식구들이 격려와 재충전의 의미로 엠마우스를 떠나거나, 풍성한 회식 또는 휴식의 시간 등을 갖는 것이 통과의례로

14) 예수부활대축일 전 40일의 기간을 '사순절'이라고 부른다. 가톨릭교회에서는 예수부활을 뜻 깊게 맞이하기 위하여 사순절의 시기를 중심으로 반성과 참회의 시간을 갖게 된다. 그리고 부활 전에 성당이나 구역에서 성사표를 갖고 고백성사를 보면서 미사도 함께 봉헌하는데, 이런 과정을 '부활판공'이라 일컫는다. 이는 세계교회 안에서 한국 가톨릭교회가 갖는 유일한 지방교회의 특징이기도 하다.

되어 있다.

사순시기를 무사히 잘 끝마친 우리 성당 가족들(주임신부, 수녀님들, 신학생, 사무장, 관리장 등) 모두는 함께 고생하고 애쓴 것에 대한 치하의 의미로 인근에 위치한 미군부대 장교식당에서 저녁식사를 하기로 하였다.

당시 부대 정문에는 미군과 한국군이 함께 근무를 서고 있었고, 장소가 남다른 까닭에 신분 검사가 매우 엄격하였다. 나는 학생 시절부터 친분이 있었던 군부대 군종신부님의 갑작스런 병고로 인하여 한시적으로 그 신부님을 대신해 몇 달간 미군부대의 사목을 맡고 있었다. 그런 관계로 출입증을 소지하고 있어 출입이 자유로웠다. 나와 동행한 일행은 정문 경비실에 신분증을 맡기고 들어갈 수 있었다.

우리가 도착한 장교식당은 사병들이나 일반 방문객들이 이용하는 일반 식당과는 분위기에서 확연한 차이가 있었다. 식당에 들어서자 입구에서 겉옷을 받아 맡아주었다. 우선 조용한 것이 마음에 들었다. 식당 내부는 붉은 카펫이 깔려 있어 방음이 잘되고, 조명은 약간 붉은 듯 은은하게 차분한 분위기를 조성해주었다. 가로등 스타일의 벽전등은 알맞은 밝기를 만들었고, 천장에 전등은 전혀 없었다.

음식은 취향에 따라 티본스테이크와 안심 스테이크를 메인 식사로, 음료수는 보르도산 붉은 포도주와 생수를 함께 주문하였다. 우리는 오랜만에 시간에 구애받지 않고 그동안 쌓인 긴장을 풀며 기쁘고 즐겁게 식사를 마음껏 즐겼다. 후식으로 과일, 달콤한 치즈 케이크, 커피, 그리고 아이스크림까지 맛있게 먹었다.

돌아갈 시간이 다가왔다. 식사 후 감사기도를 마친 다음 우리 일행은 모두 일어나 맡겨두었던 겉옷들을 찾아 출입문 쪽으로 향했고, 나는 카운터로 다가갔다. '오늘은 비용이 좀 나왔겠는데…' 하는 생각이 스치며 주머니에서 지갑을 꺼내 들었다.

"얼마나 나왔습니까?"

카운터의 여직원이 대답 대신 환하게 웃음을 띠었다. '이 사람은 식사비가 얼마인지를 말하지 않고 왜 웃고 있는 것일까?' 약간 의아해하면서 다시 물었다.

"얼마 나왔죠?"

여직원은 서두를 것이 뭐가 있냐는 듯 여유 있게 대답하였다.

"이미 다 지불이 되었는데요."

"예? 그럴 리가요? 우리가 식사한 식탁은 저기 저 식탁인데요!"

동시에 나는 거의 무의식적으로 우리가 앉았던 식탁을 손으로 정확히 가리켰다. 그리고 혼잣말로 중얼거렸다. '이 직원이 뭔가 잘못 알고 있는 것 같은데, 그럴 리가 없겠지….'

혹시 나를 아는 어떤 분이 대신 지불해주었나 하는 생각에 나도 모르게 주위를 둘러보았다. 그러나 식당 안에 아는 사람은 없었고, 누구인지도 전혀 감이 오지 않았다. 그때서야 어리둥절해하는 내 모습을 보고 직원이 말했다.

"어떤 분께서 모두 지불하셨습니다. 그냥 가시면 됩니다."

나는 즉시 되묻지 않을 수 없었다.

"어떤 분이라니요? 그분이 누구시지요?"

뭔가 석연찮은 마음으로 물러나올 수는 없었다. 순간 혼란해진 머릿속을 정리할 필요가 있었다. 내친김에 힘주어 다시 물으니 직원은 어쩔 수 없다는 듯 짧은 설명을 덧붙였다.

"저기 오른쪽 끝자리에 앉으신 미국 사람 보이시죠? 저분께서 모두 지불하셨어요. 이 부대의 장군님이십니다."

나는 즉시 직원이 가리키는 쪽을 바라보았다. 그분은 사복 차림으로 부인과 함께 평화로이 담소를 나누며 식사를 하고 있었다. 내친김에 직원에게 계급을 물어보았다. 직급은 별 두 개의 사단장임을 알게 되었다. 나는 망설임 없이 그쪽으로 걸어갔다. 이런 일이 생기리라고는 전혀 상상하지 못했다. 나는 사단장 내외분의 식탁으로 다가가 감사의 말을 전했다. 그리고 오늘의 고마움을 오래오래 마음속에 간직하겠노라고, 또 나도 이렇게 멋진 일을 할 기회가 오면 한번 꼭 실천해보겠노라고 말했다. 지금까지 살아오면서 이런 경험은 오늘이 처음이었다고도 덧붙였다. 나는 우리 일행과 함께 다시 한 번 감사의 인사를 전했다. 그는 부인과 함께 손을 흔들어 답례하며 우리의 행운을 빌어주었다.

이후 긴 시간이 흘러갔음에도 불구하고 이 사건은 잊히지 않고 가끔씩 떠오르는 특별한 기억이 되었다. 그러면서 떠오르는 한 가지 의문은 그 부부가 무엇 때문에 생면부지의 우리에게 그런 은혜를 베풀었을까 하는 것이다.

그리고 내가 생각해낸 답은 이것이었다. 우리도 우리 이웃들에게 그렇게 베풀며 살라고 하는 어떤 사인(sign)을 하느님께서 그 부부를 통해 우리에게 전해준 것은 아니었을까? 우리 모두가 그렇게 살 수 있다면 우리의 삶은 분명히 행복하고 풍요로워질 것이다.

요한복음 13장 14~15절의 말씀이 자연스럽게 떠오른다. "내가 너희의 발을 씻겨준 까닭은 너희도 가서 그렇게 하라는 본을 보여준 것이다." 그리고 현대의 스페인의 철학자 오르테가의 말이 떠오른다. "인간이란 그 얼마나 아름다운 형이상학인가!"

3.

산, 바람, 하느님 그리고 나

스피노자와 함께

1. 삶이 내게 말을 거는 순간

예, 알고 있나이다. 이것이 임의 사랑일 뿐이외다. 오, 내 가슴의 사랑이시여—잎마다 춤추는 황금의 빛이여, 하늘을 노 저어 가는 느리고 느린 구름이여, 내 이마에 차가움을 남기고 지나가는 산들바람이여.

아침 햇살이 내 눈에 넘쳤나이다.—이것이 내 가슴에 보내시는 임의 말씀이외다. 임의 얼굴은 위에서 굽어보십니다. 임의 눈은 내려다보나이다. 그리고 이내 가슴은 임의 발을 어루만지나이다.

위의 글은 인도의 시성(詩聖) 타고르의 '임'에 대한 사랑의 노래, 즉 그가 상상하고 그리는 절대적 존재자인 신(神)을 '임'에 비유하여

신에게 바치는 사랑의 고백으로 해석할 수 있다.

타고르의 '임'의 속성은 위의 시구에서 보듯 다양하게 표현되고 있다. 예를 들어 나뭇가지의 잎들을 비추는 아침 햇살로, 춤을 추는 황금의 빛으로, 하늘을 떠다니는 구름으로, 그리고 폐부 깊숙이 스며드는 맑고 차가운 산들바람으로 묘사되고 있다. 곧, 힌두교도였던 타고르의 범신론적 사상의 색채가 농후하게 표현되고 있다.

그는 자연과 사람, 그리고 삶이 세계 속에서 서로 뒤엉켜 어우러져 있는 상호적 관계의 느낌을 자연스럽게 신의 이미지와 연결시켜 표현하고 있다. 타고르의 이러한 표현들은 본 장에서 다루고자 하는 스피노자의 신(神) 개념과 상당한 부분에 있어 매우 밀접히 서로 닮아 있다고 할 수 있다.

◆ ◆ ◆

아인슈타인이 50세 되던 어느 날, 한 파티 석상에서 어떤 손님이 그에게 질문을 던졌다. 과연 소문으로 듣던 대로 종교적 신앙을 갖고 있는 것이 맞느냐는 것이었다. 덧붙여서 과학자로서 그것이 어떻게 가능할 수 있는지도 함께 질문하였다. 아인슈타인은 망설임 없이 분명하게 답변하였다. "예, 맞습니다!"

다음 아인슈타인의 언급을 음미해보자.

우리 과학자들에게 있어 제한된 수단을 가지고 자연의 신비를 탐구해나가다 보면 모든 인식할 수 있는 법칙이나 연관성 뒤에는 여전히 미묘하고도 이해할 수 없는, 그리고 설명할 수도 없는 그 무엇인가가 여전히 남아 있다는 것을 발견하게 됩니다.

우리가 이해할 수 있는 것 저 너머에 있는 어떤 힘에 대한 경외감이 곧, 나의 종교입니다. 그 점에서 본다면 나는 무척 종교적이라 말할 수 있습니다.

아인슈타인은 자신의 신앙의 관점들에 대해서 궁금증을 갖고 있는 사람들을 위하여 1930년 『나는 무엇을 믿고 있는가(*What I Believe*)』라는 저서를 출간하였다. 이는 신의 신조에 대한 내용을 담고 있는 것으로서 책의 후반부에 '자신을 종교적이라고 하였을 때 이것은 무엇을 의미하는가'에 대한 설명을 삽입하고 있다. 아래 이와 연관된 그의 서술은 나름대로 의미를 지닌다.

우리가 경험할 수 있는 가장 아름다운 감정은 신비적인 감정이다. 그것은 모든 순수한 예술과 과학의 요람에 서 있을 때의 근원적인 감정이다. 이런 감정이 어색하다든지, 또 이렇듯 경이로운 것 앞에서도 더 이상 놀라지 않고 정신을 빼앗기지 않는 사람은 죽은 것이나 마찬가지요, 다 타버린 양초와 같은 것이다.

경험할 수 없는 것 그 뒤에 우리가 파악할 수 없는 무엇이 있고 그것의 아름다움과 미묘함은 간접적으로만 도달할 수 있다고 느끼는 것, 바로 그것이 종교심이다. 이런 점에서 그리고 이러한 감정으로만 나는 진실한 종교인이다.

위와 같은 언급들에도 불구하고 그의 신관에 대한 사람들의 관심은 날로 커져만 갔다. 뛰어난 과학자의 명확한 신관은 어떤 것인지에 대한 궁금증 때문이었다. 아인슈타인이 유대교의 신봉자였음에도 불구하고 그의 신(神) 개념의 정의나, 그 밖의 영혼과 내세의 존재 문제에 대한 그의 신학적 개념 정리는 사실상 명확치 않다. 결국, 그는 스피노자의 신관의 내용 중 일부를 소개하면서 자신의 신에 대한 생각을 다음과 같이 귀결하였다.

> 나는 인간의 운명이나 행위 하나하나에 관심을 가지는 하느님이 아니라, 모든 존재들이 법칙을 이루는 가운데 자신을 나타내 보이는 스피노자의 하느님을 믿습니다.[15)]

이상과 같이 인도의 시성 타고르의 신에 대한 사랑의 고백 내용, 그리고 스피노자의 신관에 동의를 표한 아인슈타인의 하느님에 대한 사고를 통하여 그들이 바라본 절대적 존재자인 신(神) 개념과 그 속성에 대한 이해 등을 살펴보았다.

이제 스피노자의 『에티카』를 중심으로 그의 신 개념과 성경을 통해 표현된 그리스도교적 사상의 관점들을 고찰해보도록 하자.

2. 철학사상: 스피노자와 함께

바뤼흐 스피노자(Baruch de Spinoza, 1632~1677)는 네덜란드 출신의 포르투갈계 유대인 혈통의 범신론적 철학자로서 17세기 유럽 사상계의 합리주의자 가운데 한 사람이다.

스피노자는 그의 대표적 저서 『에티카(*Ethica*)』에서 인간이 행복에 이르는 길에 대한 내용을 기하학적 방법론을 통하여 탐색하고 있다. 그는 이 저서를 통해 논리적, 이성적 '윤리학'을 정립시키고자 노력하였다.

---

15) 『타임』지는 2007년 4월 16일자에서, 이미 출판된 월터 아이작슨(Walter Isaacson)이 쓴 아인슈타인 전기의 내용을 「아인슈타인과 신앙」이라는 기사 안에 게재하였다. 위 인용문은 그 내용의 일부이다.

일반적으로 볼 때 인간이 세상에서 목표로 하는 최종 목적은 행복의 성취라 할 수 있다. 그렇다면 누가 권하지 않아도 자연스럽게 그것에 대하여 궁금해하고, 또 어떻게 그것을 얻을 수 있는지 여러모로 알아보고 싶은 마음은 당연한 일이다.

이 문제를 풀어가기 위해서는 윤리학적 관점에 입각하여 무엇보다 세계의 본질과 인간의 본성에 대한 이해가 선행되어야 한다. 곧, 세계의 본질과 인간의 본성에 대한 선이해적 규명이 이루어진 바탕 위에 행복의 개념이란 어떤 것이며 우리가 그것을 어떻게 얻을 수 있는지에 대한 작업들이 순조롭게 진행될 수 있기 때문이다.

다음 스피노자의 언급을 음미해보자.

> 무지한 자는 외부의 원인들에 대하여 여러 가지 방식으로 교란되어 결코 정신의 참다운 만족을 향유하지 못할 뿐만 아니라, 마치 자신과 신과 사물을 의식하지 못하는 것처럼 생활한다. 그리고 작용받는 것을 멈추자마자 동시에 존재하는 것도 멈춘다.
>
> 이에 반하여 현자는 현자로서 고찰되는 한에 있어서 정신이 거의 동요되지 않고, 자기와 신과 사물을 어떤 영원한 필연성에 의하여 의식하며, 결코 존재하는 것을 멈추지 않고 언제나 정신의 참다운 만족을 향유하고 있다.[16]

위의 언급에 따르면 '정신의 참다운 만족은 자신과 사물, 그리고 신에 대한 의식과 파악'으로부터 시작될 수 있다. 이런 개념들의 탐구에 대한 방법론적인 접근에 있어서는 도덕적, 사회적 고찰의 방법도 용이할 것이나, 스피노자의 경우, 형이상학적 고찰의 방법을 선택

16) B. 스피노자, 황태연 옮김, 『에티카』, 피앤비, 2011, p.336.

하고 있다. 그는 형이상학이 윤리학과 별개의 독립적인 것이 아니라 일체적으로 고찰된 것으로 판단한다. 곧, 실재들의 본성에 대한 탐구는 인간의 삶 안에서 포괄적으로 우리가 어떻게 살아가야 하는지를 결정하는 전체적 문제의 영역이라는 의미이다.

실체에 대한 문제들을 탐색함에 있어 스피노자는 최종적으로 세상의 모든 실재는 오직 하나의 근원적 실체로부터만 비롯될 수 있다고 결론짓는다. 그것은 다름 아닌 신(神)으로 귀착된다. 궁극적으로 이 원리에 입각하여 세상에 존재하는 모든 존재자들은 신으로부터, 그리고 신 안에 존재한다고 해석할 수 있다. 다음의 스피노자의 신에 대한 진술을 살펴보자.

> 신 이외에는 어떤 실체도 있을 수 없고 인식될 수도 없다. (1부 정리 14)

> 존재하는 것은 무엇이든 신 안에 있고 신 없이는 어떤 것도 있을 수 없고 인식될 수도 없다. (1부 정리 15)

> 각각의 관념이 함축하는 신의 영원하고 무한한 본질에 대한 인식은 적합하고 완전하다. (2부 정리 46)

스피노자의 신은 인격이나 의지를 갖고 있지 않은, 자기 본성의 내적 필연성에 따라 존재하고 작용하는 유일한 실체이다. 이러한 실체의 무한한 속성으로부터 다양하게 변양(變樣)되고 발현(發現)되어 표출된 것이 바로 세상과 세상 속의 모든 존재사물들이다. 그리고 우주와 세계는 인간을 포함하여 불완전하고 유한한 모든 개물(個物)의 활동의 영역이 된다.

스피노자의 언급 그대로 '신은 곧 자연'으로 해석할 수 있다. 즉, 신은 실재들의 원리이자 속성으로서 자연의 모든 개체 속에 보편적 요소로 내재되어 있다.

인간존재의 경우, 그들은 신의 속성 중 상위적 개념에 해당하는 물질의 본성(연장)과 사유의 본질(사유)을 소유하고 있다. 그리고 인간의 정신과 육체는 동일한 존재 안에 두 가지의 불가분의 일체적 실재로 이해된다. 그러므로 한 실체 안에는 '육체'라고 하는 물질적 조건과 '정신'이라고 하는 이성적 조건이 공존한다.

스피노자가 주장하는바, 신 존재는 비가시적 형상을 갖고 있음에도 불구하고 자연세계 안의 모든 개체들의 활동들과 긴밀한 연결관계를 갖는다. 다시 말해 신의 기운이 자연의 본질과 법칙에 포괄적으로 내재되어 있다는 뜻이다. 그 결과, 세계 안에 존재하는 삼라만상의 모든 존재자들이 자연의 필연적 법칙에 따라 운행되고 있다는 것은 곧, 신의 법칙에 따라 안정되게 움직이고 있다는 것으로 이해할 수 있다.

스피노자의 신관은 그리스도교에서처럼 창조주 하느님이 인간과 자연을 무로부터 창조한 것으로 이해하지 않는다. 스피노자의 경우, 신의 입김이나 혹은 그 속성이 마치 신령스러운 혼처럼 세상과 모든 사물에 깃들어 있다고 생각한다. 그런 까닭에 스피노자에게 있어 신은 바로 자연이고, 자연 또한 신의 속성을 지닐 수밖에 없다. 그렇다고 해서 신이 자연세계와 개체들의 능력의 측면과 비교하여 그 본질이 똑같다는 의미는 아니다. 스피노자가 파악한 세계는 신의 모상 내지는 분여(分與)의 산출물로 해석될 수 있기 때문이다.

스피노자가 이해하고 있는 우주와 삼라만상의 존재들은 인과적 법칙에 따른 원리와 필연성이 지배하는 세계이다. 그리고 생성, 소멸되는 자연세계의 모든 것들은 이런 인과적인 질서의 법에 따라 움직인다. 그렇다고 해서 결정론에 입각한 어떤 목적을 위해서 미리 계획된 설정에 따라 작용되는 것은 아니다. 그런 이유로 스피노자의 신은 목적론적, 인격적, 정서적 신이 아님을 알 수 있다. 그러므로 믿음과 기도의 대상이 될 수 없다. 구체적으로 어떤 기도나 간절한 염원에 응답하여 은총과 기적을 베풀어주는 그런 숭배의 대상이 되는 신이 아니란 뜻이다.

결과적으로 이러한 스피노자의 신관은 '범신론적' 사상이라는 비판을 받을 수밖에 없다. 또한 이런 주장들로 인해 스피노자는 그리스도교회의 총본산이라 할 수 있는 로마 교황청으로부터 파문을 받게 된다.

사실상 스피노자의 신의 존재와 속성에 대한 이론과 주장은 그리스도교나 유대교 등의 정통 교리와는 비교가 불가능할 정도로 큰 간격의 차이가 있다. 예컨대 그의 저서 『에티카』가 교황청의 금지 목록까지 되었던 것과 한 시대를 통해 이 저서가 지속적으로 배척과 거부를 받게 되었던 것이 이를 반증하는 명백한 증거들이 되고 있다 하겠다.

이제 스피노자의 도덕과 정신의 관계를 살펴보도록 하자. 스피노자는 그의 저서 『에티카』 속의 「정신의 본성 및 기원에 대하여」라는 내용 안에서 인간을 '사유(thought)'와 '연장(extension)'이라는 신의 속성을 갖고 있는 존재로 파악한다. 곧, 정신과 신체는 동일한 실체의 서로 다른 두 가지의 양상이란 의미이다. 스피노자에 따르면 인간은 신의 속성을 부여받은 존재로서 자연의 일부임과 동시에, 특별하게도 윤리적 규범인 도덕을 갖춘 존재로 이해된다. 그런 까닭에 인간존재와 도덕은 뗄 수 없는 관계가 성립된다. 그러므로 도덕에 대한 탐구는 곧 인간 정신의 본질에 대한 이해와 직결된다. 나아가 인간의 삶 속에서 '도덕은 무엇인가?' 라는 물음은 '인간 정신의 본성은 무엇인가?' 라는 것과 상통되는 의미를 갖는다.

스피노자는 인간을 자연의 일부로 보는 까닭에 인간의 정서를 포함하여 인간과 관련된 사건과 현상, 그리고 여타의 윤리적 상황까지 모든 것을 자신의 고유한 철학적 사고방식의 방법론으로 접근한다. 이 같은 방법론은 특별히 본 장에서 주안점을 두고 있는 스피노자의 감정과 정념의 개념에 대한 탐구에도 마찬가지로 적용된다.

스피노자에 의하면 정념은 '정신적 인식'의 감정이다. 그리고 정념을 분출시키는 의지는 정신적 영역의 특징이기에 직접적으로 신체적 움직임에 영향을 미치지는 않는다.

스피노자에 따르면 인간의 인식은 인식론적인 관점에 입각하여 감성지(感性知), 이성지(理性知), 직각지(直覺知)로 구별된다. 그리고 이것들 중 직각지만이 '영원한 상(相) 아래서' 사물들을 파악할 수 있는 가장 적합하고 필요한 능력의 도구로 선택된다. 그리고 이 직각지의 활동은 세계의 모든 존재자들이 신의 변양(變樣)과 발현(發現)의 산물이기에 필연적으로 신과의 필연적인 연관성 안에서만 이것에 대한 고찰이 가능할 수 있다.

인간 정신은 신의 영원하고 무한한 본질에 대한 적합한 인식을 갖는다. (2부 정리 47)

스피노자의 주장에 의하면 이 '영원한 상(相) 아래서' 파악하는 '신과의 대면'은 가장 지고한 인식의 차원임과 동시에 가장 높은 행복의 단계에 해당된다. 이 단계에 있어 인간의 지성은 신의 지성의 한 부분을 닮고 있기 때문이다. 인간이 신의 지성을 공유한 까닭에 인간의 모든 인식은 신을 닮으려 노력하며, 또한 그런 인간의 삶은 언제나 신을 지향한다.

한편, 신에 대한 인식은 신에 대한 지적인 사랑으로 표출된다. 또한 이 직각지의 작용을 통해 '자연'을 전체적인 것으로 바라보고 '직각'하는 것은 바로 신 안에서 전체적인 진리 자체를 바라보는 통찰이 됨과 동시에 삶에 용기를 주는 희망이 됨을 뜻한다. 이런 과정은 인간존재에 있어 인간의 인식의 상태를 점검해볼 수 있는 가늠자가 되기도 한다.

이제 스피노자의 '감정'의 개념을 살펴보자.

아래 스피노자의 언급은 인간의 사고가 인간의 감정과 매우 밀접히 연관되어 있음을 보여주고 있다. 그는 '감정의 취급법'이라는 새로운 방법론을 통하여 인간의 감정을 수동 감정과 능동 감정으로 구분하고 있는데, 여기에서 수동 감정은 위에서 잠깐 살펴본 정념을 의미한다. 이는 부적합하고 부정적인 관념으로부터 비롯된다. 반면에 능동 감정은 긍정적이며 적합한 관념으로부터 비롯되며, 이는 정념의 지배 상태에서 벗어난, 곧 자신의 행동과 처신을 스스로 결정해나갈 수 있는 자발적 상태의 감정을 의미한다.

> 우리의 정신은 [능동적으로] 어떤 것을 하고 [수동적으로] 어떤 것을 겪는다. 즉, 정신은 적합한 인식을 가지고 있는 한 필연적으로 어떤 것을 하고, 부적합한 관념을 가지고 있는 한 필연적으로 어떤 것을 겪는다. (3부 정리 1)

> 정신의 능동은 적합한 관념으로부터만 나오지만, 수동은 부적합한 관념에만 속한다. (3부 정리 3)

그렇다면 스피노자는 인간의 감정을 통제하는 방법을 어떻게 제시하고 있는가? 정념의 감정이란 본시 인간을 이리저리 제 마음대로 몰아가고, 또 무력한 희생자로 전락시키기도 하는 감정이다. 이로부터 인간이 자유로울 수 있는 방법은 무엇보다 먼저 정념의 조정과 영향을 받는 수동적 상태로부터 벗어날 수 있어야 한다. 우선적으로 자신의 판단과 의지를 능동적이며 자발적으로 행사해나갈 수 있어야 한다. 곧, 어떤 감정들의 원인이 확실히 파악되고 인식되면 그 감정은 더 이상 정념의 형태로 인간을 구속할 수 있는 힘을 잃게 된다. 이에 대처하는 반응이 뒤따라 수행되기 때문이다. 감정의 원인이 정확히 파악되면 그 원인은 인간 안에 내면화되어 변화되는 과정을 겪게 된다. 그 결과, 이 과정 안에서 인간의 자유의지의 행사와 선행적으로 결정을 내리는 우리의 행동이 서로 조화와 균형을 이뤄가며 적합한 관념을 만들어내게 된다. 다시 말해 부정의 감정의 예속으로부터 탈피하여 자신의 판단과 의지의 힘으로 긍정적이고 적극적으로 적합한 관념의 정신의 능동을 회복시켜낸다. 이는 자신을 보존하는 데 있어 유익하다고 생각하는 강한 확신으로부터 비롯된 '정신의 인식'의 정서를 갖게 될 때 가능하다. 인간 정신이 인식작용을 통하여 능동적으로 타당한 관념을 갖게 될 때, 인간은 수동 감정에서 벗어나 능동 감정으로부터 비롯되는 기쁨과 욕망의 감정을 갖게 된다.

스피노자는 생활 속에서 우리가 어떤 감정과 지향을 갖고 행동하느냐에 따라 우리의 삶이 달라질 수 있음을 주장한다. 곧, 인간 정신에 있어 능동적 인식의 능력을 강화시키며 이에 부응하는 적합한 관념을 갖게 될 때, 위에서 언급한 대로 인간은 모든 수동 감정에서 탈피하여 기쁨과 욕망의 능동 감정 안으로 들어갈 수 있다. 곧, 삶 속에서 매 순간 우리가 대면하는 것들과 마주하여 이를 어떻게 받아들이고, 여기에서 파생되는 문제점에 어떻게 대처해야 할 것인가에 대한 정확한 통찰과 올바른 인지는 우리로 하여금 '능동의 감정' 안에서 행복하고 충만한 삶을 찾게 해줄 수 있다고 스피노자는 주장한다.

위의 인식론적 과정의 방법을 통해 인간은 '정념으로서의 사랑'을 능동적인 감정의 사랑으로 바꾸어놓을 수 있다. 이처럼 수동의 감정의 지배에서 벗어나 적합한 관념의 '정신의 능동'으로 나아갈 수 있게 하는 방법론이 바로 스피노자 사상의 핵심이기도 하다.

이와 같은 방법론을 통하여 인간은 인식의 차원에 있어 최고 단계인 신에 대한 인식에까지 다다를 수 있다. 곧, 직각지에 입각한 인식방법으로 만물과 신과의 대면이 이뤄질 수 있다. 신과의 대면일 수 있는 '영원한 상(相) 아래서' 서로 간의 소통이 만들어지게 되면서, 이 소통의 만남을 통해 인간은 진정한 행복에 다다를 수 있게 된다.

다음의 스피노자의 진술을 살펴볼 때 인간이 어떻게 신(神)과의 관계 안에서 기쁨과 행복, 지성과 사랑의 참뜻을 깨닫게 되는지를 이해할 수 있다.

스피노자는 '지성의 능력 또는 인간의 자유에 대하여' 언급하는 내용에서 인간의 삶에 있어 최고의 행복은 인간이 신을 인식할 때만이 가능할 수 있다고 말한다. 이러한 신에 대한 인식은 인간으로 하여금 삶 안에서 최고의 기쁨을 얻게 만든다. 나아가 이렇게 얻어진 기쁨은 신에 대한 지적인 사랑으로 표출된다.

> 자기 자신과 자신의 정서를 명석판명하게 파악하는 사람은 신을 사랑하고, 그가 신을 사랑하면 할수록 그는 자기 자신과 자신의 정서를 더 많이 파악하게 되고, 그 정서는 신에 대한 이해로 연결된다. *(5부 정리 14~15)*

> 다시 말해 자기 자신과 자신의 정서를 명석판명하게 파악하는 사

랑은 기쁨을 느끼고, 이러한 기쁨은 신의 관념을 동반한다. 그 결과 그는 더욱더 신을 사랑하게 된다. (3부 정리 53, '정서들에 대한 정의', 3부 정리 6, 동일한 추론과정의 내용)

그가 주장하고 있는바, '지적인 사랑'은 사람들에게 마음의 평화와 최고의 정신적 만족을 누리게 해준다. 스피노자는, 지고의 사랑은 언제나 그 정점에서 신에 대한 사랑과 밀접히 연결되어 있음을 강조한다. 결과적으로 스피노자의 최고의 선(善)인 '신(神)에 대한 지적 애(知的愛)' 사상은 윤리학적 관점에 있어서 그의 철학의 핵심이 되고 있음을 알 수 있다.[17]

3. 신앙과의 관계 안에서

주 저희의 주님
온 땅에 당신 이름, 이 얼마나 존엄하십니까!
하늘 위에 당신의 엄위를 세우셨습니다.

우러러 당신의 하늘을 바라봅니다.
당신 손가락의 작품들을
당신께서 굳건히 세우신 달과 별들을.

인간이 무엇이기에 이토록 기억해주시나이까?
사람이 무엇이기에 이토록 돌보아주시나이까?
(시편 8:2~5)

17) 박삼열, 『스피노자의 윤리학 연구』, 서울: 선학사, 2002, pp.167~169.

위의 시편의 구절은 창조주 하느님께 대한 찬양과 감사의 '창조시'이다. 이 시구는 하느님의 위엄과 영광, 그리고 그분의 인간에 대한 사랑의 마음을 표현하고 있다.

구약성경의 시편 작가는 광대한 우주를 상상하며 우주를 구성하고 있는 창조물들을 통하여 드러난 하느님의 위엄을 예찬하고 있다. 이와 함께 바닷가의 모래알보다도 더 작고 보잘것없는 인간의 나약함과 왜소함을 표현하고 있다.

시편 작가는 세상의 인간이 그토록 한없이 유한하고 불완전한 존재임에도 불구하고 하느님께서 친히 당신과의 친밀한 관계 안에서 보잘것없는 인간을 창조와 구속의 주인공이 되게 하여주셨음에 무한한 감사를 드린다. 나아가 그분의 자비로우심에 대한 벅차오르는 감정을 감동한 노래로 찬미 드리고 있다. 곧, 시 내용의 구절구절마다 시편 작가의 하느님께 대한 신뢰와 사랑이 가득히 담겨 있다 하겠다.

◆ ◆ ◆

다음 소개하는 일화는 가톨릭대학교 학부 시절 선배였던 김정훈 부제에 대한 이야기이다. 굳이 신경을 써서 스피노자의 신관과 연관을 짓고 싶은 생각은 없다. 서로의 신앙적 관점이 있는 그대로 존중되었으면 하는 생각이다. 필자의 경우, 그리스도교적 신관의 관점에서 서술해보고자 한다.

사실상 스피노자와의 관계 안에서 서로 간의 공통적 연결고리를 찾아내기란 쉬운 일이 아니다. 둘 사이에 있어 사상의 뿌리와 근원이 너무나 현격히 차이가 나기 때문이다. 그럼에도 불구하고 공통점을 찾아본다면 스피노자의 정신의 관념에 의거한 정서와 감정의 문제, 그리고 기쁨과 욕망, 신에 대한 지적 애(知的愛)와 최고의 선인 신 존재의 개념 등에 대한 이해는 여러 관점에 입각하여 그리스도교적 사상들과 비교할 때 그 유사점들을 찾아볼 수 있다.

김정훈 부제의 유고집(遺稿集)『산 바람 하느님 그리고 나』속의 일화를 통해 표현되는 그리스도교적 신관의 의미들을 스피노자의 신관의 관점과 비교해보며 음미하도록 하자.

우리는 별이 총총한 밤에 세르레스(Serles)에 등반한 적도 있었다. 우리는 아직 동이 트기 전인 엷은 어둠 속에 거대한 산정의 십자가 밑에 서 있었다. 동녘으로부터는 서서히 새날의 빛이 밝아오고 있었지만, 계곡에서는 아직도 밤의 불빛들이 반짝이고 있었다. 베드로(김정훈 부제의 세례명)는 이 모든 것에 깊이 감동된 듯 한마디의 말도 없었다. 그의 눈에는 눈물이 고이고 있었다. 우리는 그곳에 오랫동안 서서 위대한 자연을 바라보고 또 바라보았다.

그것은 베드로에게, 매번 인간적인 거처의 제약과 협소성으로부터 탈출하여 근원적인 세계로의 잠입과 같은 것이었다.

그것은 위대한 자유와 무한의 넓이의 예시였으며, 거룩한 세계에의 체험이었다.

베텔불프(Bettel Wurf) 정상 정복자가 된 우리는 그곳의 방명록에 우리의 이름도 기록하였다. 베드로는 이름뿐만 아니라 한국말로 무엇인가 썼다. 내가 무엇을 썼는지 묻자 그는 독일어로 그 밑에 주를 달았다.

"산, 바람, 하느님과 나, 김 베드로"

이처럼 베드로는 단순한 산에의 낭만주의뿐만이 아니라 그때그때의 깊은 종교적 느낌 속에서 산을 찾고 만나고 있었던 것이다.

그 목요일은 특히 아름다운 날이었다. 제그루베(Seegrube)는 늦은 봄의 꽃들로 덮여 있었다. 그 가운데를 걷는 기쁨은 특별한 것이었다. 그러나 우람한 바위들로 이루어진 산에서 예기치 못했던 거절이 뒤따랐다. 잘못 디딘 걸음! 오를 때 의지가 되었던 우람한 바위들이 그에게 돌이킬 수 없는 깊은 상처를 주었다.

나는 베드로가 그의 최후의 시간에 이 불가사의한 체험을 받아들였다고 믿는다. 그것은 이 불가사의함을 포함하고 있는 커다란 신뢰속으로, 즉 그가 믿었던 최종적 해방이며 사랑의 신비인 하느님께 바치는 신뢰에로 이끌어갈 수 있었다고 믿는다.

베드로는 그가 의식이 있던 동안 몇 번이고 되풀이하여 손을 모아 기도하였고, 그러는 가운데 세상을 떠났다.[18]

산을 그렇게도 사랑했던 김정훈 부제는 언제나 자연 속에서 자신의 삶의 모든 것이었던 하느님을 만나곤 하였다. 산은 언제나 자신을 정화시켜주었고, 또 하느님을 더욱 깊이 체험케 해주는 매력과 두려움의 대상이기도 했다. 신비(mysterium) 그 자체였다. 스피노자에게 '신'이 곧 '자연'이었던 것처럼, 김정훈 부제에게 산은 곧 하느님의 표상임과 동시에 '하느님께로 가는 길'이었다. 곧, 김정훈 부제의 산에 대한 사랑은, 그가 믿는 하느님께로의 전적인 신뢰였고 의지였다.

스피노자는 인간과 우주만물, 그리고 그 속에 존재하는 모든 개체적 사물들의 근원을 신으로 파악하고 있다. 그리고 이런 관계성 안에서 모든 존재물들은 어떤 모양으로든지 신과 연결되어 있다고 이해한 것이다.

이런 스피노자의 사고방식과 경향들은 어떤 시각에서는 아인슈타인의 종교적 관점과 유사한 측면이 있다. 아인슈타인의 경우, 우리

18) 스테판 호퍼(Stefan Hofer) 신부의 추모 글. 등반 사고 시 현장에서 김부제와 함께했던 대신학교 영적 지도 신부였다.

인간의 예술과 과학의 요람 위에서 가장 아름답고 근원적인 감정은 다름 아닌 '종교심'이라고 언급하고 있고, 한 걸음 더 나아가 그는 궁극적으로 "스피노자의 하느님을 믿습니다."라고 직접 고백하고 있기 때문이다.

◆ ◆ ◆

좀 더 엄밀히 고찰해본다면 스피노자의 신관 안에서 신(神)의 개념은 인간과 신의 관계에 있어 초월적이며 인격적인, 또 정서적인 소통을 허락하는 그런 신이 아니다. 그런 까닭에 스피노자의 신은 '아브라함과 야곱과 이사악의 하느님'의 신이 아니라 '철학자의 철학적 신'에 지나지 않는다는 비판을 받고 있다.

스피노자의 비판에 따르면, 사람들이 신의 본성에 대한 오해[19]를 갖게 될 때, 인간은 인간이기에 부족한 한계가 있을 수밖에 없는 인간적 본성들의 나약함과 결함들을 자책하게 된다는 것이다. 또 슬픔을 찬양하거나 기쁨을 증오하는 미신적 태도로 돌변하기도 쉽다는 것이다. 역설적이게도 이러한 스피노자의 종교에 대한 비판적, 부정적 사항들은 기존의 신앙인들로 하여금 그들의 무조건적 내지는 습관적 신앙을 다시금 점검케 해보고, 또 맹목적 신앙을 새롭게 반성케 하는 긍정적 요인들이 되기도 하였다.

---

19) 프랑스의 저명한 스피노자 연구자인 자크(Sylvain Zac)는 『스피노자에 관한 시론들(*Essais spinozistes*)』에서 신의 본질에 대한 일반 대중들의 편견을 다음처럼 요약하고 있다. (1) 신의 절대적 정신성, (2) 신의 창조적 자유와 세계에 대해 행사하는 통치의 자유, (3) 무소불위의 권능을 지닌 신(제왕적 신), (4) 인간의 자유의지, (5) 초자연적 상벌의 관념(신의 명령에 대한 복종으로서의 덕과 불복종으로서의 죄, 이에 대한 상과 벌, 사후 심판을 위한 영혼 불멸의 관념).

스피노자는 더 이상 목적론적 관점에서 신을 바라보지 말 것을 촉구한다. 인간의 힘을 위축시키는 공포나 두려움, 또는 슬픔이나 역경 등의 정서들로부터 스스로 벗어나기 위해서는 결정론적, 목적론적 사고 안에서는 불가능하다고 판단하기 때문이다. 다시 말해 자신의 존재를 긍정하고 단란한 행복을 추구해나갈 줄 아는 '기쁨의 윤리학'의 삶을 살아가야 하는 것이 무엇보다 우선적이고 필요하다는 의미이다.[20]

인간은 자연의 일부임과 동시에 신의 지성(知性)을 닮은 유일한 존재이다. 그러므로 우리는 신의 모상을 닮아 창조된 존재자들로서 우리에게 주어진 것들을 기꺼운 마음으로 수용할 수 있어야 한다. 또 함께 살아가는 이웃들에게 사랑과 기쁨의 충만함을 전할 수 있는 사명감도 가져야 한다. 그 이웃들에게 더욱 친밀히 다가가고자 노력하는 것은 인간의 도리이자 하느님의 가르침에 순응하는 참 신앙인의 자세일 수 있기 때문이다.

4. 살며 사랑하며

두 개의 물통이 우물가에서 서로 만나게 되었다. 그중 물통 하나가 시무룩한 표정을 짓고 있었다. 그러자 다른 물통이 걱정스러운 듯 물었다.

"무슨 일이 있었나요?"

우울해하던 물통이 마지못해 겨우 대답했다.

---

20) 스피노자, 조현진 옮김, 『에티카』, 서울: 책세상, 2012, p.124.

"이젠 우물에 끌려오는 것도 지쳤어요. 아무리 나를 채워도 그때마다 늘 텅 빈 채 되돌아오게 되잖아요."

다른 물통이 소리 내어 웃으며 말했다.

"그래요? 정말 이상하네! 난 항상 빈 통으로 와서 물을 가득히 채워 너무 좋아 기쁘게 돌아가거든요…. 당신도 저처럼 생각해봐요. 훨씬 기분이 좋아질 거예요."[21)]

위의 예에서 보듯 똑같은 장소, 똑같은 일, 곧 똑같은 상황임에도 불구하고 우울해하는 물통과 기뻐하는 물통 사이에는 상황을 판단하는 인식과 마음가짐에 시초부터 근본적인 차이가 있다. 이 둘의 정신자세는 처음부터 전혀 달랐다. 예컨대, 우울해하는 물통은 자신에게 주어진 세계와 상황에 대하여 언제나 수동적이며 부정적이다. 더구나 주어진 상황에 대한 통찰이나 대처의 자발적 의지의 기미가 전혀 보이지 않는다. 앞으로 또 다른 무슨 일이 발생한다 해도 마찬가지 상황일 것이다. 반면에 기뻐하는 물통의 경우, 그는 매사에 있어 긍정의 눈으로 자신과 세계를 바라본다. 그래서 이렇게 말하길 좋아한다. "너도 나처럼 생각해봐! 그러면 기분이 정말 좋아질 거거든!" 말하자면 우리 자신이 어떻게 생각하고 어떻게 인식하느냐에 따라 자신의 태도와 행동, 주위의 분위기까지도 다르게 만들 수 있다. 곧, 적극적이고 창조적인 정신자세와 그 활동이 현재의 나의 삶은 물론 미래의 삶까지 바꿔놓을 수 있다.

스피노자가 주장하는 대로 주체자의 지향과 결단에 따라 우리의

---

21) 프랭크 미할릭 엮음, 성찬성 옮김, 『느낌이 있는 이야기』, 서울: 바오로딸, 2010, p.267.

정서가 수동의 감정이 되느냐, 아니면 능동의 감정이 되느냐가 판가름 나게 된다는 것이다.

이 시점에 있어 우리 각자는 어떤 물통 쪽으로 가깝게 다가가 있는지 한번 반성해볼 필요가 있다. 가령, 능동의 감정을 만들어나가고자 할 때 사고의 획기적 전환은 필연적이다. 왜냐하면 바꾸어진 능동적 감정의 적극적 사고방식이야말로 긍정적 인식에 입각한 판단과 행동을 만들어낼 수 있고, 슬픔을 기쁨의 감정으로 변화시킬 수 있는 동력이 되기 때문이다. 마치 물통이 텅 비어 있어 새롭고 신선한 것들을 더 많이 가득 채울 수 있는 것처럼 획기적 발상의 전환을 통해 창조와 도전의 기쁨과 전율을 만끽할 수도 있다. 곧, 스피노자의 말처럼, 정신의 정서를 지속적으로 함양시켜 더 많은 미래를 나의 것으로 창조해나갈 수 있다.

◆ ◆ ◆

어느 날 한 농부가 오래 써서 무디어진 낫을 들고 계속해서 일하고 있는 아들에게 느닷없이 묻게 되었다.

"너는 왜 낫을 갈지 않고 쓰고 있느냐?"

아들이 바로 답하였다.

"할 일이 너무 많아서 칼을 가는 데 시간을 허비하고 싶지 않아서요."

그러자 아버지가 타일렀다.

"아들아, 무딘 연장을 갈아서 아주 잘 드는 낫으로 만드는 것은 절대 시간 낭비가 아님을 알아야 한단다."[22)]

---

22) 위의 책, p.191.

풀을 베는 데 있어 낫을 갈지 않고 오래 사용하다 보면 날이 닳아 무디어지게 된다. 당연히 무디어진 낫으로 인해 작업의 효율성은 확연히 떨어진다. 바로 이때 무딘 낫을 한 번 날카롭게 갈아줄 필요가 있다. 그러면 날카로워진 날로 인해 풀이 쉽게 잘 베어질 수밖에 없다. 풀이 잘 베어지니 무엇보다 힘이 훨씬 적게 들고, 기분까지 덩달아 좋아지며, 잠깐 동안에 베어진 가득히 쌓인 풀 더미를 흐뭇한 마음으로 바라보게 될 것이다. 일의 능률이 오를 것은 말할 것도 없다.

우리네 삶도 이에 비유할 수 있다. 삶 안에서 우리 자신이 나날이 새로워지기 위해, 또한 우리 각자에게 주어진 일들을 효과적으로 이루어내기 위해, 시간과 일, 생활과 삶에 예수님께서 강조하신 그리스도교적 '신뢰와 의지의 정신', 그리고 스피노자가 강조하는 '능동의 감정'이 부여될 있다면, 우리의 삶은 더욱 기쁘고 행복한, 그리고 보람된 나날들이 될 수 있을 것이다.

인생을 살아감에 있어 그 자리에 멈춰 서 있어서는 안 된다. 가끔씩 고개를 들어 저 하늘의 별과 달을 바라보며 우주를 향해 가슴을 열고 앞으로 나아가자. 그럴 때 우리의 시야(視野)는 훨씬 더 넓어지고 정신 또한 더욱더 맑아지게 될 것이다. 더불어 우리가 몸담고 살아가는 이 세상과 내 옆의 이웃들을 더 많이 사랑할 수 있게 될 것임도 굳게 믿어 의심치 않는 바이다.

4.

경찰 아저씨, 우리 아버지를 잡아가세요

한비와 함께

1. 삶이 내게 말을 거는 순간

1980년대 후반 유럽에서 귀국하자마자 수원가톨릭대학 철학과(당시에는 신학과와 철학과가 있었다) 조교수로 임명되어 강의를 처음 시작했을 때 체험했던 일이다.

당시 학교 앞 도로는 왕복 2차선이었고(지금은 왕복 4차선 도로로 바뀌었다) 제한속도는 시속 60킬로미터였다. 거기에다 드문드문 공사 중인 비포장도로도 많았다. 여하튼 도로 사정은 말할 수 없을 정도로 열악했다.

당시 귀국한 지 얼마 되지 않았고, 또 제한속도가 우리보다 높은 유럽 지역의 운전에 익숙해져 있던 터라 귀국 초기에는 나도 모르게 과속을 해서 자주 위반딱지를 뗐다. 처음엔 별것 아닌 것 같았지만 계속해서 딱지를 떼게 되니 은근히 걱정도 되었다. 이래저래 바짝 신경을 써서 조심스럽게 운전을 하니 과속딱지 떼는 일도 뜸해졌다.

그러던 어느 날 학교에서부터 오산까지 갈 일이 생겼다. 차를 운전하여 발안을 지나 오산 방향으로 접어들었을 때, 80세쯤은 되어 보이는 할머니 한 분이 무릎 앞에 커다란 짐 보따리를 놓은 채 오른손을 힘차게 흔들어 보이셨다. 생각할 것도 없이 할머니 앞에 차를 세웠다. 얼마를 기다리셨는지 모르겠지만 할머니는 동의를 구하지도 않으시고 막무가내로 차 문을 열고 올라타셨다. "할머니! 이 차는 오산으로 가는데요." 하고 말하니 당신도 그렇다는 듯 손짓으로 앞 방향을 가리키며 무조건 빨리 가자고 재촉하셨다.

오산 시내로 접어드니 할머니께서는 시내 지리를 잘 알고 계셨다. 큰길 교차로를 건너 우측 인도 변에 내려달라고 말씀하셨다. 할머니의 간청에 그만 빨간 신호등인 것도 잊어버린 채 황급히 큰 사거리를 가로질러 건너가고 말았다. 바로 그때였다. 뒤에서 요란한 호루라기 소리와 함께 젊은 교통경찰이 급하게 달려왔다. 그는 경례를 붙이며 "교통신호 위반입니다!"라고 말했고, 면허증 제시를 요구하였다. 난 상황 설명을 하려 했으나, 그는 전혀 들으려 하지 않았다. 마치 기다렸다는 듯 바쁘게 단속 서류부터 기록하기 시작했다. 할머니까지 나서서 적극적으로 사정을 해보았지만 아무런 소용이 없었다. 욱하는 마음에 나는 신호위반 딱지를 받자마자 박박 찢어 창밖으로 내던지고 말았다.

그 후 몇 개의 위반딱지와 벌점이 더해지면서 나는 100일간 운전정지 명령을 받았고, 이틀에 걸쳐 교통과 안전운전과 교통법규에 대한 지도교육을 받았다. 그리고 100일간 대중교통을 이용했다. 이 경험은 내 삶에 있어서 소중하고 가치 있는 교훈이 되었다.

그런 경험이 있은 후부터 동료들이나 이웃들로부터 유사한 경우를 듣게 될 때 과거 사건이 살며시 떠오르며 미소를 머금게 된다.

누구든지 내 경우 같았다면 할머니를 빨리 내려드리고 싶은 마음이 앞섰을 것이다. 그러나 좀 여유를 갖고 차분히 신호가 바뀔 때까지 기다려야만 했다. 할머니께 설명해드리고 대화도 나누면서 신호가 바뀐 뒤 안전하게 할머니를 내려드렸다면 그런 불상사는 없었을 것이다. 즉, 교통법규는 법규대로 잘 지키며 보람된 일을 가슴 뿌듯하게 잘 마칠 수 있었을 것이다.

당연한 사실이지만 나는 이 사건을 통해 무엇보다 공공의 안전과 이익을 위해 법과 원칙의 준수가 언제나 우선되어야 한다는 사실을 다시금 마음 깊이 간직하게 되었다.

◆ ◆ ◆

어떤 마을에 지독하게 가난한 가족이 살고 있었다. 홀아비 가장과 세 명의 자녀가 그들이었다. 야위고 굶주린 자식들의 모습을 보다 견디지 못한 아버지가 한밤중에 자신의 마을로부터 아주 멀리 떨어진 마을의 한 양계장에 들어가 몰래 닭 두 마리를 훔쳐왔다. 거의 매일 배를 곯는 아이들에게 어떻게 해서든 맛있는 음식을 한 번쯤은 배불리 실컷 먹게 해주고 싶었기 때문이다. 아이들은 저녁상 위에 차려진 김이 무럭무럭 나는 닭고기를 보자마자 허겁지겁 순식간에 먹어치웠다.

그로부터 며칠이 지났다. 예기치 않게 경찰들이 닭 주인을 동반하여 그 집에 들이닥쳤다. 무슨 일인지 눈치 챈 아이들의 아버지는 후다닥 뛰어 들어가 다락방 한쪽 구석의 짐을 쌓아둔 곳에 몸을 숨겼다. 여기저기 조사를 마친 경찰이 돌아가려는 찰나 큰아들이 갑자기 당당한 자세로 다락방을 향해 큰소리로 외쳤다. "아버지! 경찰이 왔어요. 무슨 일인지 숨어 계시지만 말고 내려오셔서 사실대로 말씀해

주세요!” 그리고 경찰을 향해서 이렇게 말했다. “저는 이 사회의 건전한 시민임을 자부하며 오늘날까지 살아왔습니다. 법을 어긴다는 것은 있을 수 없는 일입니다. 법을 어기면 마땅히 벌을 받아야 합니다. 경찰 아저씨, 우리 아버지를 잡아가세요!” 아버지는 결국 경찰에 붙잡혔고, 감옥에 갇히는 신세가 되고 말았다.

이와는 상반된 경우도 살펴볼 필요가 있다.

살림이 여의치 못한 가난한 부부가 첫아기를 출산하게 되었다. 이들 부부는 쪼들리게 가난해서 한 끼도 제대로 먹지 못하고 허구한 날 맹물로 배를 채워야 할 정도였다. 갓 태어난 아이에게 먹일 젖은 제대로 나오지 않았고, 분유 한 통 살 여유조차 없었다. 막노동 일자리라도 얻어볼까 동분서주하며 전전긍긍하던 남편이 어느 날 구멍가게에 들어가 주인이 한눈을 파는 사이 분유 한 통을 훔쳤다.

2~3일쯤 지나 경찰이 가게 주인과 함께 이들 부부의 집을 찾아왔다. 무엇 때문인지를 직감한 아내가 아주 진지하게 경찰에게 말했다. “남편은 제가 아이를 낳고 난 다음 일자리를 찾아 서둘러 집을 떠났어요. 그 후 들은 적이 한 번도 없었어요.” 그 말을 수긍한 경찰과 가게 주인은 어쩔 수 없이 발길을 돌려 그 집을 나왔다.[23)]

두 가지의 일화를 비교해본다면 ‘홀아비 가장’의 경우는 법과 원칙의 중요성을 강조한 예로 볼 수 있고, ‘첫아기를 출산한 부부’의 경우는 관용과 사랑의 실천을 강조한 예로 판단할 수 있다.

되새겨보건대, 이렇듯 우리가 살아가고 있는 세상에서 사회 법질

---

23) 『조선일보』, 2012년 11월 11일자, A28면.

서의 준수 문제와 타자에 대한 배려와 포용의 문제는 서로가 언제든지 충돌하고 대립하고 있음을 인지하게 된다. 이런 상황을 맞게 될 때 법과 원칙의 편에 서든지, 또는 사랑과 아량의 편에 서든지, 한쪽은 어쩔 수 없이 선택되고 다른 한쪽은 버려지게 될 수밖에 없다. 이런 선택의 순간 원만하고 합리적인 최상의 해결 방안은 과연 존재할 수 있는 것인가? 그 답을 찾아가는 과정은 우리가 생명을 다하는 순간까지 우리에게 중차대한 인생의 참뜻을 계속해서 일깨워줄 것이다.

2. 철학사상: 한비와 함께

한비(韓非, BC 280~233, '한비자'로도 불림)는 중국 춘추전국시대 말경, 한나라 출신의 이야기 수집가이면서 냉철한 정치사상가(公子)이기도 하다. 그는 옛날부터 자신의 시대까지 전해져 내려오는 위대한 인물들, 특별한 역사적 상황에 대한 일화들과 설화들, 그리고 의미 있는 기록들과 담론들을 방대하게 수집하여 꼼꼼하게 정리한 후 책으로 엮었는데, 이것이 바로 『한비자』란 저서이다. 그러나 초기의 저서는 양도 방대하고 중복되는 내용들이 들어 있어 긴 시간의 흐름 안에서 여러 차례 정리와 수정을 거치며 편집되었고, 그때마다 다시 책으로 출간되기를 반복하며 오늘날의 『한비자』가 탄생되었다.

이 저서 안에는 공자 등을 비롯한 유가학파에 대한 일화들로부터 시작하여 국가 지도자와 패자(覇者)들, 법가적 통치자들, 그 밖의 인물들과 역사적 상황들에 대한 구전적 이야기들까지 총망라되어 있다. 그런 관점에 입각할 때 『한비자』는 정치학설적 특징이 두드러질 수밖에 없다. 그런 까닭에 이 저술은 시대마다 도마 위에 오르며 현실정치와 연관하여 교훈적이고 시범적으로, 또 비판적으로 참고되기도 하고 인용되기도 하였다.

한비의 사상의 토대는 노자와 장자를 추종하는 노장사상으로부터 비롯된다. 그는 형명(刑名)과 법술(法術)에 관한 학문에 조예가 깊었다. 한비의 법가적(法家的) 사상에 따르면 세상을 살아가는 데 있어 학문과 교육이 꼭 필요한 것은 아님을 강조한다. 왜냐하면 세상에는 그야말로 불필요하고 쓸모없는 지식이 넘쳐나고 있다고 생각했기 때문이다. 그 결과, 위대한 사람의 지혜로운 가르침이나 살아 있는 삶의 방법을 충실히 배우고 익히는 것이 정규교육보다 더 중요하다고 판단하였다.

그의 저술 또한 매우 탁월한 것으로 평가된다. 이를 입증할 수 있는 다음과 같은 일화가 전해지고 있다.

어떤 사람이 한비의 책을 진나라로 가져갔을 때, 이것이 우연찮게 진나라 왕의 손에 들어가게 되었다. 왕은 저서 속의 '고분', '오두(五蠹)' 등의 내용을 읽고 나서 다음과 같은 말을 남겼다고 한다. "아! 과인이 이 책을 쓴 사람을 직접 만나보고 더불어 사귈 수 있다면 지금 죽어도 여한이 없겠노라…."

한비는 후일 중국 천하를 통일하여 '진시황'의 직위에 오른 진나라의 영정과 운명적인 만남을 갖게 되지만, 얼마 되지 않아 진나라 왕정의 암투에 휩쓸려 들어가게 된다. 그리고 이런 소용돌이 속에서 젊은 나이에 뜻하지 않게 생을 마감하는 운명을 맞게 된다.

춘추전국시대 당시 그 넓은 중국 땅에는 우후죽순으로 크고 작은 수많은 나라들이 생겨나기도 하고 없어지기도 하였다. 군웅이 할거하던 이 혼돈의 시대에 어느 나라든지 기회가 되기만 하면 더 넓고 강대한 나라를 만들기 위해 서슴지 않고 어떤 전쟁이든 불사하였다.

그 결과 중국 대륙은 한시도 평화롭고 조용한 날이 없었다.

과연 누가 이런 혼란과 살육의 난세를 극복하고 천하를 통일하며, 백성들을 태평성대로 이끌 수 있을 것인가. 이에 대하여 한비는 그의 저서 『한비자』에서 역사 속에 실제로 존재했던 괄목할 만한 인물들과 그들의 치적을 예로 들면서 지도자의 자질과 요건들, 신하들을 다스리고 백성들을 통치하는 방법 등을 언급하고 있다.

한비는 통치의 방법론들 중에서 가장 중요한 것으로 강력한 법과 원칙의 철두철미한 집행을 주장하였다. 한비의 정치사상들 가운데 법치주의의 우선과 강조는 그 핵심이 되고 있다. 사실상, 한비가 살던 그 시대는 전국이 어지러운 분란과 혼돈의 한가운데 있었다. 그렇기 때문에 국가의 안정과 기반을 바로 세우기 위해서는 무엇보다 이런 상황에 대한 판단과 결단력, 그리고 강력한 힘과 추진력을 갖춘 뛰어난 군주의 등장이 절실하였다. 이와 함께 법의 확고한 시행 또한 가장 우선적이고 필요한 것으로 판단되었다. 다시 말해 한비의 정치철학 가운데 최우선적 과제는 다름 아닌 법치주의의 확고한 확립이었던 것이다.

한비의 사상을 보다 정확히 이해하기 위해 덕(德)과 예(禮)를 우선시한 유가사상을 살펴볼 필요가 있다.

유가사상에 입각할 때, 공자의 경우, 그는 덕치(德治)와 예치(禮治)를 국가통치의 제일원리로 삼았다. 그리고 무조건적인 법령만의 공포와 일방적 시행은 반대하였다. 곧, 군주나 국가의 지도자는 덕(德)으로써 나라를 다스릴 수 있어야 함을 무엇보다 우선시한 것이다. 다음 공자의 언급을 통해 볼 때 법령의 공포를 거부했던 그 의도를 이해할 수 있다.

행정명령으로써 백성들을 이끌고 형벌로써 다스리면 백성들은 형벌을 면하는 데만 힘쓰고 부끄러움을 모를 것이다. 그러나 덕으로써 이끌고 예로써 다스리면 백성들은 부끄러움도 알게 되고, 또한 잘못된 것도 바로잡아질 것이다.[24)]

곧, 법령에 입각한 다스림과 형벌의 정치는 백성들로 하여금 이를 피하는 데만 급급하게 만들며 진정으로 부끄러움을 깨닫지 못하게 만든다. 백성들의 정신과 생활 자세에 심대한 부정적 영향을 미치게 된다는 것이다. 그러므로 덕으로 이끌고 예로 백성을 다스릴 때 백성들은 부끄러움을 깨닫게 되고, 모든 일을 스스로 알아서 행동함으로써 올바른 삶으로 돌아올 수 있다고 공자는 주장한다.[25)]

유가의 주장에 따르면 아무리 상세하고 명백하게 명시한 법조항이라 할지라도 세상의 그토록 많고 다양한 사건과 상황을 전부 글로써 법 안에 담을 수는 없다. 그러므로 그렇게 한계가 있을 수밖에 없는 법 규정을 만드느라 많은 시간을 허비하며 쓸데없는 고생을 할 것이 아니라, 세상의 모든 상황에 보편적으로 적용될 수 있는 합리적이며 이성적인 규범과 원칙, 더 나아가 무엇보다 덕(德)과 예(禮)의 정치로써 나라를 다스리고 백성을 이끄는 것이 더욱 합당하다고 판단한 것이다.

그렇다면 이를 반대하는 한비의 경우를 살펴보자. 한비는 유가의 사람들이 주장하는 덕치(德治)와 예치(禮治)에 대하여 명확히 반대 입장을 취한다. 예를 들어 유가의 사람들이 주장하는 덕치나 예치는

24) 『논어』, 「위정(爲政)」편, 2.3. "道之以政, 齊之以刑, 民免而無恥. 道之以德, 齊之以禮, 有恥且格."

25) 이상수 엮음, 『이야기의 숲에서 한비자를 만나다』, 서울: 웅진지식하우스, 2011, pp.214~216.

무엇보다 군주의 자의성이 개입될 수 있을 여지가 많고, 발생된 어떤 상황이나 사건에 대하여 이를 판단할 법률 조항이 없으니 백성들은 무엇을 기준으로 하여 어떻게 행동하고 또 어떻게 판단을 받을지 우왕좌왕할 수밖에 없다. 한비는 이해 갈등의 상황 등 문제가 될 수 있는 여러 사건이 발생했을 때 법치가 명확히 확립되어 있다면 당연히 제정되고 시행되는 법과 규정에 따라 모두가 예측한 대로 자연스럽게 문제 상황들이 해결될 수 있다고 이해하였다. 이렇듯 법과 원칙에 의거하여 정해진 규정을 준수하는 사회가 확장되어나갈 수 있다면 국가의 구성원들이 혼동이나 헷갈림 없이 맡은 바 제 역할에 최선을 다할 수 있는 안정된 사회가 뿌리내릴 수 있게 된다고 판단한 것이다.

거울을 맑은 상태로 유지해 아무 일이 없으면 거울에 비친 사물의 아름다움과 추함이 대조적으로 드러난다.

저울을 정확한 상태로 유지해 아무 일이 없으면 저울에 놓인 물건의 무거움과 가벼움이 분명하게 드러난다.

대저 거울을 흔들면 밝게 비출 수 없고, 저울을 흔들면 바르게 달 수 없다.

법치의 원리도 이와 같다. 그러므로 제대로 된 지도자는 거울과 저울처럼 객관적 기준이 될 수 있는 원리와 법규를 근본으로 삼아야 한다.

근본을 다스리는 사람은 이름이 두고두고 존중을 받지만, 근본을 어지럽히는 사람은 이름이 끊어진다.[26]

위의 글에서 말한 바와 같이, 거울의 경우, 그 면이 깨끗하고 흔들

26) 『한비자』, 「오두(五蠹)」편 참조.

리지 않아야 사물의 모습을 있는 그대로 비춰낼 수 있다. 만약 거울이 흔들린다면 사물의 모습을 올바르게 볼 수 없다. 또 물건의 무게를 달아 무겁고 가벼움을 계량하는 저울의 경우, 저울 자체가 정밀하지 못하거나 부정확하다면 물건의 무게를 정확히 측정해낼 수 없음은 당연한 일이다.

거울은 그 기능이 사물의 모습을 맑고 깨끗하게 있는 그대로 비추는 것이고, 또 저울은 사물의 무게를 정확하고 공명정대하게 측정하는 데 그 가치가 있다. 곧, 한비는 법치를 이처럼 거울과 저울의 예에 비유하였다. 말하자면 법치의 경우도 그 기준이나 바탕이 흐릿하거나 부정확해서는 안 된다는 것이다. 즉, 거울이나 저울의 경우처럼 법의 성립은 합리적이고 보편적이어야 하며, 나아가 그 집행은 공명정대하고 평등하게 적용될 수 있어야 한다는 것이다.

결국, 한비의 판단에 따르면 공자나 맹자 등이 주장하는 유가의 덕치나 예치는 어떤 원칙적인 법 규정이 명확히 성립되어 있지 않아서 군주의 개인적인 판단과 능력에 따를 수밖에 없다. 그러므로 군주의 선입관적이며 감정적인, 또 자신의 권력이나 이해관계에 입각한 독단적인 개입이 많아질 소지가 다분하다. 이에 따라 자연히 객관적이며 공정한 판정의 시비에도 문제가 뒤따를 수밖에 없다. 결과적으로 백성의 지도자나 군주의 개인적 능력이나 지혜에 큰 비중을 두기보다는 심사숙고를 거쳐 만들어진 법에 따라서 원칙적으로 나라를 다스리는 것이 무엇보다 중요하고 공평할 수 있다고 주장한다. 한비는 수많은 군주들의 몰락 원인을 검토한 결과, 법을 따르기보다는 자신들의 지식과 자의적 판단에 따라 임의적 잣대를 적용했기 때문에 더 많은 부정적 결말들을 초래하게 되었다고 분석한다. 나아가 강대국이 되느냐 약소국이 되느냐 하는 문제에 이르기까지, 그것은 법 수호에 대한 군주의 정신자세와 법 실천 의지에 달려 있다고 결론짓는다.

한편, 법치정치의 가장 중요한 특징들 중 또 다른 한 가지를 꼽는다면 '신상필벌(信賞必罰)'의 시행이다. 즉, 공을 세운 자에게는 반드시 포상의 약속이 지켜져야 하고, 반대로 법을 어겼을 경우 반드시 이에 대한 처벌이 실행되어야 한다.

법을 잘 준수할 때 상을 받게 되고 법을 어길 때 벌을 받게 된다고 하는 '신상필벌'의 원칙은 법치국가의 가장 기초적인 상식이자 기본임을 한비는 강조하고 있다.

한비의 주장에 따르면, 국가의 존립과 패망은 군주가 강건한 실권을 장악하고 있는지, 아니면 유명무실한지에 따르는 것이지, 그가 다스리는 백성들의 숫자의 많음과 적음, 영토의 넓고 좁음에 달려 있는 것이 아니다.

보다 구체적으로 군주의 영토가 작고 보잘것없는 것에 비해 가신의 영토가 지나치게 크고 넓으면, 또 군주의 권력은 약한데 신하의 권력이 강하면, 그 나라는 망할 수밖에 없다고 주장한다. 즉, 임금의 힘이 약하고 능력이 미천하여 주권을 확실하게 장악하지 못하게 될 때 신하에게 의지하여 도움과 지배를 받게 됨은 당연하고, 그 결과 임금은 허수아비로 전락될 수밖에 없다. 가령, 호랑이가 모든 동물을 굴복시키고 맹수의 왕으로 등극할 수 있는 이유들 중 가장 중요한 것은 무엇이든지 찢고 물어뜯을 수 있는 강한 어금니, 그리고 상상을 초월하는 엄청난 공격력과 민첩성 등을 갖추고 있기 때문이다. 만약 호랑이가 이런 능력들을 모두 상실케 된다면 그는 작은 동물로부터도 무시와 조롱거리가 될 수 있다. 예컨대, 작은 개미한테까지 굴복을 당할 수 있고, 다른 여러 동물로부터도 쫓겨 다니는 신세가 될 수 있다.

한비가 수차례에 걸쳐 강조하고 있는 군주나 지도자의 경우, 그들 자신들도 신하보다 훨씬 월등한 힘과 능력을 갖추는 것이 당연한 필수적 요건임은 말할 것도 없다.

> 어느 나라든지 늘 강할 수 없고 늘 약하다는 법도 없다. 법을 받드는 이(奉法者)들이 강하면 나라가 강해지고, 법을 받드는 이들이 약하면 약해질 수밖에 없다.[27]

한 걸음 더 나아가 한비는, 군주는 먼저 법을 지킬 굳건한 의지와 함께 강력한 힘을 갖고 있어야 함을 강조한다. 군주가 힘이 없으면 신하들이 군주를 가벼이 여길뿐더러, 백성들까지도 군주의 명을 따르지 않게 된다. 말하자면 법이 존재한다 해도 그런 법령은 시행이 어렵고, 어느 때는 휴지 조각에 지나지 않게 된다.

그런 까닭에 군주란 모름지기 법의 철저한 시행을 위해서라도 강력한 힘과 더불어 백성들이 의지하고 따를 수 있는 믿음과 신망도 함께 갖출 수 있어야 한다. 그럴 때 신하와 백성들의 신뢰가 돈독히 뒤따르게 되고, 그 결과로서 백성의 믿음과 신뢰는 국가를 이끌어감에 있어 매우 중요한 정치적 바탕이 될 수 있다는 주장이다.

3. 신앙과의 관계 안에서

> 내가 율법이나 예언서들을 폐지하러 온 줄로 생각하지 마라. 폐지하러 온 것이 아니라 오히려 완성하러 왔다.
>
> 내가 진실로 너희에게 말한다. 하늘과 땅이 없어지기 전에는, 모든 것이 이루어질 때까지 율법에서 한 자 한 획도 없어지지 않을 것이다. (마태 5:17~18)

27) 이상수 엮음, 『이야기의 숲에서 한비자를 만나다』, pp.205~209.

위의 성경 구절에서 율법과 복음의 연관성, 곧 율법의 행위들과 복음적 신앙과의 관계에 대한 정확한 파악을 위해서는 역사적 상황에 대한 통찰이 선행되어야 한다. 또 성서학적인 의미와 해석도 그렇게 단순하지가 않기에 폭넓게 역사적 배경 안에서 보다 객관적이며 깊이 있는 탐구가 이뤄질 수 있어야 한다.

구속사의 역사적 상황 안에서 고찰할 때, 위의 성경 말씀은 율법 제정의 동기와 본질이 우선적으로 그리스도의 등장과 활동을 구약적으로 예표하고 있는 것으로 해석될 수 있다.

성서학자들의 경우, 보편적으로 구약의 율법과 신약의 복음은 서로 반대되거나 상충되지 않고 그 근원에 있어서는 일치하는 것으로 해석한다. 곧, 둘 다 유효하고 둘 다 필요하다는 뜻이다. 그 근본적 이유로 율법과 복음의 내용 안에는 그리스도에 관한 예언들의 계시와 우리 인간이 현실 안에서 살아가는 일에 필요한 가르침이 상호 보충적으로 고스란히 담겨 있다고 이해하기 때문이다.

그러므로 율법과 복음의 관계는 사실상 반대와 대치의 입장이 아니다. 이 둘 사이는 상호 간의 긍정과 완성, 그리고 발전과 협력의 관계임을 알 수 있다. 다시 말해 예수님은 율법의 근본정신을 다양하고 더욱 깊이 있게 발전시켜 한층 완전한 도덕법을 만든 것이라 할 수 있다.

당시의 시대 상황에서 판단할 때, 위의 성경 구절의 가르침은 '율법의 가르침이 최고'라고 자부하며 복음적 신앙을 일방적으로 거부하는 종교적, 정치적 기득권자를 경계하는 데 첫 번째 목적이 있었다. 둘째로는 종교적 믿음에만 극단적으로 치우쳐 차라리 율법을 폐기해버리자고 하는 복음적 신앙주의자들의 극렬한 사고를 불식시키고자 하는 목적이 있었다.

위의 성경 말씀 그대로 예수님께서는 율법을 없애러 오지 아니하고 완성하러 오셨다. 그리고 세상 안에서 율법과 복음의 참뜻 두 가지를 모두 완성시키길 원하셨다. 예를 들어 그분께서는 십자가 위에 매달려서 병사들이 건네준 신 포도주를 드신 다음 "다 이루어졌다"(요한 19:30)고 분명하게 말씀하심으로써 당신에 관해 쓰인 율법과 예언서의 말씀이 세상 안에서 완벽하게 모두 이루어졌음을 확실하게 밝혀주셨다. 그러므로 구약이든 신약이든 어느 것 하나 마음대로 폐기하거나 임의대로 고쳐서는 안 될 것이다. 모든 것이 '거룩한 계명' 그대로 잘 보존되어 성경의 참뜻과 가르침이 후손들에게 잘 전달되고 계승될 수 있도록 힘을 모아야 한다.

율법에 따라 사는 사람들이 상속자라면 믿음(복음)은 의미가 없어지고 약속은 무효가 됩니다. … 율법은 진노를 자아내기 때문입니다. 율법이 없는 곳에는 범법도 없습니다. … 율법은 사람이 살아 있는 동안에만 그 위에 군림한다는 사실을 모릅니까? …

율법이 없었다면 나는 죄를 몰랐을 것입니다. 죄가 계명을 빌미로 나를 속이고 또 그것으로 나를 죽인 것입니다. 그러나 율법은 거룩합니다. 계명도 의롭고 선한 것입니다. 그렇다면 우리가 믿음으로 율법을 무효가 되게 하는 것인가요? 오히려 율법을 굳게 세우자는 것입니다. (로마 3:31, 4:14~15, 7:1, 7, 11~12)

위의 사도 바오로의 말씀은 사실상 복음과 율법이 서로 어떤 관계를 갖고 있는지 새롭게 일깨워주는 내용으로 알아들을 수 있다. 궁극적으로 율법과 복음 두 가지는 서로 배척의 관계가 아니라 발전과 승화의 관계로 이해해야 한다는 의미이다. 성서학자들의 경우, 율법이 계시의 지향에 따라 점차적으로 발전과 확장을 하면서 복음 안에 서서히 융해된 것으로 해석한다.

사도 바오로의 경우, 그는 '율법은 천사의 중재의 손을 빌려' 만들어진 것으로 말하고 있다. 그리스도께서 오시기 전까지 복음의 믿음을 대신해서 예비적으로 쓰인 것으로 이해한다. 그에 의하면 율법은 죄를 깨닫게 하고, 하느님의 뜻을 깨닫게 하는 역할을 담당한다. 그러나 율법 한 가지만으로는 육신의 연약함을 극복해나가며 사람을 온전하게 완성시키는 데 있어 충분한 조건이 되지 못한다. 예를 들어 바오로 사도가 율법의 부정적 예를 언급하고 있는바, 율법은 그것을 행하지 못하는 자에게 죄를 뒤집어 씌워 죄를 짓게 하는 근거로 작용하기도 한다는 것이다. 그런 이유로 이런 부정적 상황을 바로잡기 위해서는 신약의 시대에 있어 예수께서 사랑의 인도자인 성령의 힘을 요청함으로써 율법의 부족함과 약점이 될 수 있는 부분들을 보완코자 하셨다고 설명하고 있다.[28)]

사도 바오로는 구약의 율법의 부정적 측면들에 대한 비판에 대하여 거침이 없었지만, 그런 가운데에서도 역설적으로 율법은 언제나 굳건히 바로 서 있어야 하며, 율법의 시행은 그 본래의 제정 목적과 취지에 따라 반드시 지켜져야 함도 분명히 강조하고 있다.

'형식이 내용을 지배한다'는 말이 있다. 이때 '형식'의 개념은 법과 원칙에 해당하는 틀의 위치를 의미한다. 그리고 '내용'에 해당될 수 있는 사람과 환경, 그리고 사물들은 변화되는 상황에 따라 영향을 받게 될 수밖에 없다. 여기에서 틀에 비유될 수 있는 율법의 본질과 목적은 절대로 바뀔 수 없다는 점을 유의할 필요가 있다.

전체적으로 정리해볼 때 '율법의 한 자 한 획도 어겨서는 안 된다'

28) 차동엽 · 홍승모 신부 엮음, 『말씀의 네트워크』, 미래사목연구소, 2007, p.1197.

고 철저하게 율법의 준수를 강조하셨던 예수님께서는, 율법의 목적과 정신을 외면하고 율법의 본질을 벗어나 율법의 문자와 형식 자체만을 고집하여 독선적이며 이해타산적인, 그리고 위선적인 행위를 일삼는 무리들에 대해서는 단호히 단죄하고 계시다는 것을 명심해야 한다.

그런 가운데서도 꼭 잊지 말아야 할 한 가지의 사실이 있다. 곧, 예수님께서 주장하신 율법의 정신과 본질은 그 정점에 있어 언제나 '사랑'의 실천을 염두에 두고 있다는 사실이다. 또한 사랑의 실천의 원천은 예수님께서 언제나 강조하신 바와 같이, 천주 성부, 창조주 하느님께 대한 예수님의 사랑과 의탁으로부터 비롯되었다는 것을 잊어서는 아니 될 것이다.

4. 살며 사랑하며

고대 그리스의 철학자 소크라테스는 기원전 399년경 젊은이들을 선동하여 사회에 해악(害惡)을 끼치고 국가가 신봉하는 신(神)들을 받아들이지 않았다는 죄목으로 고소되어 아테네 법정에 섰다. 공판석상에서 원고 측의 변론 후, 피고인의 자격으로 소크라테스는 500여 명 배심원들과 시민 청중들 앞에서 변호 연설을 마친 다음, 순서에 따라 표결에 부쳐졌다. 표결 결과, 근소한 차이로 유죄 판결을 받게 되었다. 얼마 후 형량을 결정하는 2차 판결공판에서 소크라테스의 지나칠 정도로 당당하고 자신감 넘치는 태도는 재판관들의 비위를 크게 상하게 하며 미움을 사게 되었다. 급기야 그들의 권위와 자존심까지 건드렸다. 그 결과, 형량 결정의 판결에 있어 '소크라테스에게 사형선고를 내려야 한다'는 원고 측 주장이 압도적으로 통과되고 말았다.

사형을 앞두고 소크라테스가 다시 감옥에 갇혔을 때, 어린 시절 친구였던 크리톤이 감옥을 찾아와 후일을 생각할 것을 권하며 일단 타협할 것을 설득하였다. 크리톤이 말하였다. "지금이라도 늦지 않았으니 우선 이곳을 탈출하여 우선 목숨을 건지도록 하세나." 크리톤은 여러 다른 탈출방법도 거론하는 등 다양한 구명방안을 제시하였다. 그러나 소크라테스는 단호히 친구의 설득과 제시를 거절하였다. 그는 자신의 원칙과 신념, 그리고 자신이 옳다고 판단한 이성을 따르고자 이미 결정을 내렸던 것이다.

반대로 그는 친구를 설득하고자 다음과 같이 설명하였다.

"난 지금까지 살아오면서 언제나 내 이성이 옳다고 판단한 것을 따르며 살아왔네. 그것이 지나온 나의 삶의 방식이었네. 내가 어떤 처지에 놓여 있든지 간에 지금까지 한결같이 지켜온 나의 원칙을 어길 수야 없지 않겠나. 난 나의 원칙이 가장 합리적이라고 생각할 뿐 아니라 지금도 그 원칙을 전과 다름없이 존중하고 있네."

소크라테스는 법의 준수라는 틀을 파괴하고자 하는 시도는 취하지 않았다. 마침내 세상에 지금도 여전히 회자되고 있는 "악법도 법이다."라는 유명한 말을 남기고 독배를 마셨다.

위의 일화를 다시 한 번 곱씹어볼 필요가 있다. 우리가 사는 세상은 개인과 사회의 보호, 그리고 국가의 안녕과 질서 유지를 위해 실정법 준수와 시행은 절대적으로 필요한 것이다.

전체 국민들의 안위와 권익의 보호, 그리고 공동선의 유지를 위하여 법의 존재는 그 무엇과도 비길 수 없는 본질적 가치를 지닌다. 이런 점들에 관하여 소크라테스는 너무나도 잘 이해하고 있었을 것이고, 그래서 법의 존재와 가치를 무너뜨리기를 원치 않았을 것이다.

이런 소크라테스의 사고와 판단은 한비의 법가사상과도, 또 유가의 덕치와 예치의 사상과도 관련되는 측면이 있다. 문제는 소크라테스의 경우, 그에게 있어 무엇보다 소중했던 그의 원칙과 신념의 삶이 과연 한비의 법가사상의 공정하고 합당한 법치주의의 당위성을 얼마나 온전하게 담고 있었느냐 하는 것이고, 나아가 유가사상의 덕치(德治)와 예치(禮治)의 의미를 얼마나 함축할 수 있었느냐 하는 것이다. 나아가 두 사고의 노선에 있어 과연 어떤 논의와 협의의 과정을 거쳐 가장 합리적이고 원만한 결과물을 도출해낼 수 있겠는가 하는 것은 아주 중대한 숙제가 아닐 수 없다.

◆ ◆ ◆

개인과 사회, 그리고 국가의 안정과 발전을 위해서 사람들은 법을 만들고 이를 집행한다. 특히 오늘날 실로 복잡해진 현대사회 안에서 법의 역할과 그 중요성은 더 이상의 설명이 필요치 않다.

법이라는 것도 역시 사람이 만들고 또 사람이 집행한다. 그러므로 처음에 법을 잘 만들어야 한다. 잘 만들어지고 잘 집행되는 법은 우리가 추구하는 가치들, 예컨대 자유, 평화, 정의, 사랑의 의미들을 실현시킬 수 있기 때문이다. 또한 그런 법은 사람다운 삶을 살아가고 아름다운 세상을 만들어갈 수 있는 굳건한 틀이 되어주기도 하며, 사회 안에서 서로 충돌하고 논쟁하게 되는 개인과 개인, 개인과 사회, 개인과 국가 간의 복잡한 문제들을 정의롭고 유연하게 풀어갈 수 있는 살아 있는 '심판관'의 역할도 담당한다. 그런 까닭에 국민들 역시 이런 취지와 목적으로 성립된 법을 잘 이해하고 준수해야 함은 필수적이다.

자칫 법은 양날의 칼이 될 수 있다. 인간의 자유와 정의, 그리고 평화를 표방하는 법이 구속과 부정, 억압과 강제의 수단이 될 수도 있다. 다시 말해 법 통치자들의 사고와 의지가 권력자들에 편승하여 사적 이익을 추구한다든지, 국민들의 인권을 억압한다든지, 아니면 법으로 보호받아야 할 사회적 약자를 오히려 제재한다든지 하는 경우가 발생할 수 있다는 것이다. 그러므로 법의 제정도 중요하지만 법의 해석과 시행과정도 이에 못지않게 중요함을 언제나 명심해야 한다. 예컨대, 율법과 복음의 균형적 결합에서와 같이, 법의 본질인 정의와 공정함이 복음의 바탕인 사랑과 관용, 보호와 배려의 정신과 잘 조화를 이뤄 법다운 법의 활용과 복음 속의 형제애와 사랑 실천의 삶이 서로 균형 있게 어우러질 수 있어야 한다.

한비 등의 법가사상에 입각한 법술(法術)과 형명(刑名)의 시행과 그리스도의 율법과 복음의 정신, 그리고 사랑과 관용의 요소들의 공통점은 어떤 것인지, 또 서로 간의 조화는 어떻게 이루어나갈 수 있는지 숙고할 필요가 있다.

유가 사상가들, 예를 들어 공자와 맹자 등의 인(仁)과 예(禮)의 정신이 그리스도교 사상 안의 사랑과 봉사, 그리고 헌신과 같은 복음의 정신과 함께할 수 있는지도 고민해보게 된다.

앞의 에피소드에서 보았듯 "경찰 아저씨, 우리 아버지를 잡아가세요!"라고 외치던 아이 앞에서, 궁극적으로 법이란 과연 어떤 존재이고 어떤 가치를 지녀야 하는지 반성해보게 한다.

예수님께서는 언제나 율법의 준수가 '사랑'과 '관용'이라는 큰 틀의 원리에 입각해서 행해지기를 염원하셨다. 율법의 참 정신을 망각한 채 율법 조항의 글씨 하나하나에 얽매여 율법의 이상과 참뜻이 훼손되고 기득권자들의 사적 이익 추구의 방법이 되지 않기를 간절히 바라셨다. 자신들이 만든 법 조항들이 자신들의 의도대로 지켜질 것을 강요한 율법학자들에 비하여, 예수님께서는 율법의 제정 목적과 참 의미를 새롭게 상기시켜주셨고, 법의 시행과 준수는 사랑과 형제애의 큰 목적에 입각하여 보다 정의롭고 자비롭게 시행되기를 원하셨다.

법에 관한 가부간의 언급과 토론을 떠나, 우리가 꿈을 꾸고, 웃음을 나누고, 희망을 얘기하고, 미래를 나눌 수 있는 세계를 만들기 위해서는 무엇보다 '인간 영혼의 바로 서기'가 우선적인 것임을 나는 주장하고 싶다. 어쩌면 이는 세상 모든 사람들의 바람이기도 할 것이다. 이런 세계의 건설을 위해 우리를 겹겹으로 둘러싸고 있는 문제의 이데올로기를 떼어내고 '있는 그대로의 모습'을 찾을 수 있도록 최선의 노력을 다해야 한다.

우리 모두가 솔선수범하여 기존의 고정화된 관습이나 편협화된 사고방식으로부터의 과감한 탈출을 시도할 수 있어야 한다. 그러기 위해서는 '영혼의 바로 서기'를 위한 반성과 통찰이 반드시 선행되어야 한다. 이런 삶의 자세로 굳건한 믿음 안에서 삶과 진리에 대한 철저한 성찰과 규명을 탐색해나갈 때, 또 자신에게 주어진 객관적, 합리적 원칙들을 한결같이 온몸으로 실천해나갈 때, '영혼의 바로 서기'는 점진적으로 완성될 수 있을 것이다.

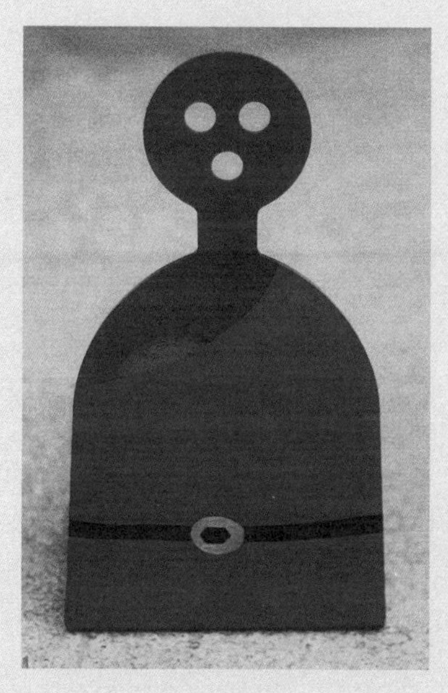

5.

인디언 노인의 개 두 마리

니체와 함께

1. 삶이 내게 말을 거는 순간

어떤 인디언 노인이 동네 이웃들과 대화를 나누면서 마음속에서 일어나는 갈등과 인간 내면의 상태를 다음과 같이 비유하였다.

"내 안에는 개 두 마리가 있어요. 한 마리는 고약하고 못된 놈이지. 또 다른 한 마리는 아주 착한 놈이오. 그런데 못된 놈이 꼭 착한 놈에게 싸움을 걸어요, 글쎄…."

대화를 듣고 있던 이웃 중 한 사람이 질문을 하였다. "그래서 어떤 개가 이깁디까?" 노인은 갑작스런 질문에 조금 당황한 듯 갸우뚱한 몸짓으로 잠시 생각 후에 이내 자신 있게 대답했다.

"그야 항상 내가 먹이를 더 많이 준 놈이 이깁니다."

이 일화 안에서 '먹이를 더 많이 주다'라는 대목에 주목할 필요가 있다. 선과 악의 근본 속으로 들어가면 둘은 반드시 맞부딪히게 되어 있다. 이 대립에 있어 과연 어떤 쪽이 승리할 것인가?

우리는 어느 쪽에 먹이를 더 많이 주고 있는가?

다음의 풍자적인 에피소드 한 가지를 더 음미해보자.

온 인류를 멸망시키려던 노아 시대의 대홍수 때, 온갖 종류의 생물과 동물들이 노아의 방주로 몰려들어 구원해주기를 간청하였다.

이때 선(善)도 급히 방주로 달려와 애원했으나, 노아는 선이 배에 오르는 것을 절대로 허락하지 않았다. 이른바, "나는 모든 종류에 있어 그 대를 잇기 위해 짝을 이룬 자만을 태운다."라고 처음부터 확고하게 선언하였기 때문이다. 곧, 후손을 위해 반드시 한 쌍의 짝이 되어야만 승선할 수 있음을 분명히 하였다. 그는 원칙에 의거하여 냉정하게 선의 요청을 거절하였던 것이다.

그래서 선은 다시 숲으로 돌아갔다. 그리고 자기의 짝이 될 상대를 찾아 헤맸다. 우여곡절 끝에 선은 결국 악(惡)을 찾게 되었다. 즉시 그를 데리고 돌아와 방주에 오를 수 있었다. 이때부터 선이 있는 곳에는 반드시 악이 함께 있게 되었다.

위의 '인디언 노인의 개 두 마리'의 예화와 선과 악을 의인화하여 풍자한 '노아의 방주'의 예화는 말할 것도 없이 세상 안에서의 선과 악의 공존은 필연적인 것임을 일깨워주고 있다. 곧, 세상이란 기본적으로 선과 악이 서로 섞여 있는 공존의 터전이란 뜻이다. 그런 까닭에 선악의 개념은 인간의 내면 안에서는 물론, 사회 안에서도 언제나 함께 공존할 수밖에 없다.

그런 상황에 입각해볼 때, 이 일화들은 세상 안에서 우리가 어떻게 살아가야 하는지에 대한 방향 제시와 삶의 의미를 부여해주고 있다고 말할 수 있다. 곧, 세상에서 끝까지 아름답게 살아남기 위해서는 언제나 선을 지향함으로써 악을 물리치는 삶을 살 수 있어야 한다. 그러기 위해서는 세상 삶의 소용돌이가 아무리 세차고 험하다고 해도 이 안에서 겪게 되는 고초와 어려움들을 현명하게 극복해나갈 수 있어야 한다. 즉, 삶 속의 고통과 갈등의 강을 건너지 못한다면, 우리가 목표로 하는 인생의 목적인 아름다운 삶 안으로 들어갈 수 없기 때문이다.

궁극적으로 우리는 선과 악이 뒤섞인 세상의 한가운데에서 선이 악을 이겨내게 함으로써 세상을 희망과 평화의 세계로 만들어나갈 수 있다.

◆ ◆ ◆

경준이는 모범적인 학생이다. 그리고 경준이는 신앙심이 깊다.

경준이는 다음 월요일 1교시에 중요한 수학시험이 있다. 그런데 시험 전날 일요일에 성당에서는 큰 행사가 있고, 그 행사에서 경준이는 사회를 맡기로 되어 있다. 행사준비 때문에 일요일에는 하루 종일 다른 일은 할 수가 없다. 그래서 경준이는 일요일에 성당에 가는 것과 그 다음 날의 수학시험을 준비하는 것 사이에서 갈등하고 있다. 성당을 가야 할까? 아니면 수학시험을 잘 준비해야 할까?

신앙인으로서 해야 할 일과 학생으로서의 본분 사이의 갈등을 어떻게 해결하면 좋을까?

플라톤의 대화편 『에우티프론』에서 고대 그리스의 사상가 소크라테스는 에우티프론에게 다음과 같은 질문을 던진다.

“신이 성스러운 것을 사랑하는 것은 그것 자체가 성스러워서 그러한 것인가, 아니면 신이 사랑했기 때문에 성스러운 것인가?”

‘에우티프론 난제’라고도 불리는 이 질문은 오늘날에 이르기까지 윤리학 안에서 도덕성의 기반이 신적 권위에 있는가, 아니면 인간의 이성적 판단의 능력에 있는가를 결정하는 기준의 시금석으로 문제시되고 있다.

현대 윤리학계에서는 이 질문을 다음과 같은 관점에 초점을 맞춰 진술하고 있기도 하다.

“어떤 행위가 옳은 것(선하다)은 신이 명령해서 그러한 것인가, 아니면 원래부터 옳은 것이었기 때문에 신이 그 행위를 명령한 것인가?”

에우티프론의 난제와 연관하여 다음과 같은 질문도 예측해볼 수 있다.

“신이 명령을 했기에 선과 악의 존재가 가능한가, 아니면 선과 악의 존재가 옳은 것이고 필요한 것이기에 신이 명령을 한 것인가?”

예를 들어 어떤 사람이 “어떤 행위가 옳은 것은 신이 명령해서이다.”라고 믿는다면 그 사람은 신앙이 투철하기 때문이고, 반면에 “그 행동이 옳았기 때문에 신이 그렇게 명령한 것이다.”라고 주장한다면 그 사람은 신보다는 인간의 이성적 능력과 진리의 보편성을 신뢰하기 때문이라고 판단할 수 있다.[29]

여기에서 전자의 경우, 이미 선험적으로 옳다고 전제된 개념으로 이해할 수 있다. 후자의 경우, 사회 안에서 후천적으로 형성된 경험적 사실들에 입각한 개념으로 판단할 수 있다. 사실상 종교적 관점에 입각한 개념들은 이미 선험적 개념으로 이해된다. 이해 반해 철학적

---

29) 이진남, 『종교철학』, 서울: 민음인, 2009, pp.105~106.

관점의 영역 안에서 판단되는 선과 악의 도덕적 개념은 후천적으로 삶 속에서 만들어지는 결과적 개념으로 이해될 수 있다.

소크라테스의 질문에 대한 두 가지 관점의 견해는 우리로 하여금 '선악'의 행위에 있어서 신적 권위를 우선시 할 것인가, 아니면 검증과 실험에 바탕을 둔 인간 이성을 우선으로 할 것인가의 문제에 봉착하게 만든다. 그런데 이런 대립적 관계의 상황에 우리 자신이 직면하게 될 때 우리는 선택의 기로에서 적잖게 당황하게 된다. 신의 명령에 무조건적으로 따르는 것이 합당한 것인가, 아니면 실험과 검증 원리에 입각한 인간의 이성을 우선시하는 것이 바람직한 것인가?

바로 이런 상황에 대한 갈등과 고민들이 도덕적 문제들을 해결함에 있어 더욱 신중하고 폭넓게 숙고하도록 만든다. 더불어 이런 숙고와 성찰이 또한 도덕적 규범의 새로운 해결 방안도 함께 모색해야 함을 일깨워주고 있다.[30]

다음으로 우리는 니체가 『도덕의 계보학』에서 계보학적으로 추적해본 선악의 개념에 대한 철학적이며 역사적인 관점을 탐색해보고자 한다. 이는 선과 악의 개념에 대한 보다 폭넓은 파악과 이해를 가능하게 해주리라 믿는다.

이어서 성경에 나타나 있는 '선악'의 의미와 연결지어봄으로써 도덕적 주제들에 대한 성서학적 입장도 함께 파악해보고자 한다.

2. 철학사상: 니체와 함께

『도덕의 계보학』은 니체(Friedrich Wilhelm Nietzsche,

30) 위의 책, 같은 쪽.

1844~1900)의 대표적 저술 중 하나로서 전통 도덕의 기원에 대한 분석과 비판의 저서로 평가할 수 있다.[31] 한편으로는 '폭탄선언'과 같은 저서로도 평가된다. 왜냐하면 기존의 서양철학의 흐름 속에 들어 있는 전통적 도덕 개념에 대하여 두드러지게 매우 신랄하고 독특한 비판을 가하고 있기 때문이다.

이 저서 안에서 니체는 '계보학적인 방법'이라는 철학적 수단을 이용하여 도덕적 가치들의 기원과 형성에 대한 고찰과 비판을 가하고 있다.

이 저서는 철학적 에세이의 구조로 꾸며져 있으며, 3개의 논문으로 편성되어 있다. 첫 번째 논문 「선과 악, 고귀함과 열등함」은 선과 악의 도덕관념의 기원에 대한 탐구, 두 번째 논문 「죄, 양심의 가책 및 기타」는 죄와 양심의 가책의 기원에 대한 고찰, 그리고 세 번째 논문 「금욕주의적 이상은 무엇을 의미하는가」는 금욕주의적 이상의 기원에 대한 고찰로 구성되어 있다.[32]

니체는 위의 논문의 비판과 폭로의 언급을 통해 영혼을 속박하는 낡은 도덕적 관념을 과감히 타파하고자 하였다. 그리고 이런 개혁적 사고가 우리의 영혼을 자유롭게 만들어줄 수 있고, 우리 삶의 생명력을 더욱더 활기차게 신장시켜줄 수 있다고 확신하였다.

이렇듯 니체는 의도한바 목적에 초점을 맞춰 주요 도덕 개념들에 대한 심리학적, 역사적 근원에 대한 비판과 분석을 시도하였다.

니체는 '선과 악'의 근원을 계보학적으로 추적해가는 가운데 도덕성에 관한 문제점들을 인간적 삶의 실제적 상황 안에서 풀어보고자 노력한다. 또한 도덕규범의 완성이란 곧, 선과 악의 대립의 상태와

---

31) 한국철학사상연구회, 『니체의 도덕계보학』, 서울: 삼성출판사, 2009, pp.50~53.
32) 위의 책, 같은 쪽.

변화, 그리고 그 해결의 과정을 꾸준히 찾아가는 여정이라고 파악한다. 그리고 그 여정 안에 바로 문제의 실마리를 풀 수 있는 해답이 들어 있다고 생각한다.

역사의 흐름 안에서 파악할 때 고대로부터 현재에 이르기까지 기존의 윤리학적 사상들 안에 선과 악, 양심 등과 같은 도덕적 가치들은 그 자체로 당연히 선험적으로 존재하는 것이라 의심 없이 믿어왔다. 그런데 니체가 여기에 반기를 제기하였다. 즉, 아무도 문제시하지 않았던 전통적 윤리의 규범들과 가치들에 대하여 이의를 제기함과 동시에 도덕적 가치의 기준과 발생사에 대하여 신랄한 비판과 공격을 하였다. 말하자면, 도덕의 근원에 대한 종래의 생각과 판단은 잘못된 것이며, 또한 역사적으로, 윤리적으로 도덕적 선과 악, 죄의 정의, 그리고 동정과 자기희생 등과 같은 개념들도 현대의 시각 안에서 볼 때 문제가 심각함을 지적하였다.

니체는 꼭 시정되어야 할 구체적 사례로서 중세 초중기에 있어 금욕주의자들의 지상의 세속적 삶에 대한 지나친 무시와 부정적 시각, 육체에 대한 혹독한 편태 등을 예로 들고 있다. 그들에게 지상의 삶이란 오로지 천국으로 가기 위한 아주 짧은 순간에 지나지 않으며, 천상의 영원한 행복을 위한 찰나의 시간이나 임시 경유지에 불과할 뿐이라는 것이다. 세상에서의 삶의 만끽이란 한낱 천박하고 타락한 인간적 삶의 모습에 지나지 않기에 이를 멀리해야 함은 물론이고 가능하다면 이를 단호히 끊어버릴 수 있도록 노력해야 한다는 것이다. 이를 위한 방법으로 어떤 욕구나 성욕 등이 발생할 때 그것을 이겨내기 위해 실제로 자신의 등이나 다른 육체적 부위에 가혹한 채찍질과 육체적 형벌을 가하였다. 이로써 지상에서의 쾌락적 삶의 추구와 즐김을 철저히 근절시키고자 하였고, 이렇듯 자신의 육체에 혹독한 고통을 가하고 처절한 학대를 감행함으로써 죽은 후에는 천상에서 찬란하면서도 영원한 보상의 상급을 받게 될 것이라고 굳게 믿고 있다는 것이다. 바로 이런 것들을 니체는 이를 통렬히 비판한다.[33)]

니체는 도덕 자체가 가지고 있는 가치에 대한 판단, 즉 '가치들의 가치'에 대한 개념에 대하여 실제적이며 복잡한 현실의 시각 안에서 다시금 새롭게 해석해야 함을 주장한다. 그 결과로서 현재의 상황에 적합한 새로운 도덕규범과 현실적 삶에 부응할 수 있는 '도덕과학'의 재정립은 필연적인 것임을 강조한다.

다음 니체의 언급을 되새겨보자.

> 인간은 어떤 조건 하에서 선과 악이라는 가치 판단을 생각해냈을까? 그리고 그러한 가치 판단들 자체는 어떤 가치를 지니고 있을까?
>
> 그것이 지금까지 인간의 번성을 저지했을까? 아니면 촉진했을까? 그것이 삶의 위기와 빈곤, 퇴화의 징조일까? 아니면 반대로 그 속에서 삶의 충만, 힘, 의지가, 삶의 용기와 확신과 미래가 드러나는 것인가?[34)]

『도덕의 계보학』에서 위의 니체의 언급은 선과 악의 가치들의 기준이 어떻게 만들어졌는지에 대해 궁금증과 의문을 제기하고 있다. 이런 의문들은 니체로 하여금 역사의 과정 안에서 그 기원을 분석하고 추적하게 만든 동기가 되었다.

33) 프리드리히 니체, 홍성광 옮김, 『도덕의 계보학』, 서울: 연암서가, 2011, pp.89~92.
34) 위의 책, p.15.

그리스 시대에 있어서 인간생활 안에서의 선과 악의 개념은 단순하고 자연스럽게 '좋음'과 '나쁨'의 개념으로부터 비롯되었다. 그리고 '좋음'은 선의 뜻보다는 우월함으로, '나쁨'은 악의 의미보다는 열등함의 의미로 해석되었다. 그러므로 이 시대는 천민과 노예계급에게 어떤 선택권이나 민주적 권리가 주어질 수 없었다. 실제적인 삶 안에서 좋음과 우월함의 개념은 그리스 전사나 귀족의 속성을 의미하기도 했다. 반면에 나쁨과 열등함의 개념은 천민과 노예의 속성을 의미하는 것으로 빈번히 사용되기도 하였다.[35)]

좋음과 나쁨의 구별은 시대의 형편에 비추어볼 때 거의 예외 없이 군주나 주인의 기준에 따라 형성되었다. 이런 개념들은 '주인'과 '노예'라고 하는 은유법적 비유로도 이해되었다. 좋음과 나쁨의 구별은 객관적인 기준으로 확립된 원칙에 입각하기보다는 권력을 독점하던 지배집단이 일방적으로 '좋다'고 정의하고 이를 지키기를 강요하면 그것은 곧 선악의 기준이 될 수밖에 없었다.

이와 같은 도덕적 가치기준은 게르만 전사들이 유럽 세계를 지배했던 강력한 힘과 권력의 시기에도 만들어졌다. 이런 권력과 힘의 세력이 유럽 대륙으로 퍼져나가게 되면서 게르만 민족의 관습도 함께 전파되었고, 동시에 권력과 힘의 논리에 입각한 그들의 도덕적 가치기준 또한 유럽 사회 속으로 확장되어나가게 된 것이다.

니체는 계보학적 탐구의 논의 속에서 '권력의지'나 '힘'과 같은 개념들을 해석하게 되면서 이것들이 독특하게 '원한(ressentiment)'이라고 하는 또 다른 개념의 힘의 작용을 만들어내고 있음을 밝히고 있

---

35) 이 시대의 '귀족'의 개념은 봉건사회의 상위 계급을 뜻하기보다는 고대 그리스의 영웅적 전사들을 의미하였다. 여기에서 영웅적 전사들의 최상의 가치는 힘과 용기의 덕목이었다.

다. 니체는 이런 상황을 부각시켜 도덕의 기원과 연결시킨다.

시대 상황 안에서 고찰할 때 원한의 개념이란 지배와 피지배의 대립적 권력관계 안에서 피지배자가 지배자의 독재와 폭력에 대하여 갖게 되는 증오, 복수심 등의 감정으로 해석할 수 있다. 피지배자들이 갖게 되는 원한은 힘 있는 지배층의 제도적 권력에 저항하는 피지배층의 보이지 않는 힘의 생산과 축적이다. 무력한 듯 보이는 피지배층의 반감과 저항의 힘의 응집은 지배와 피지배의 맥락 안에서 또 다른 성격의 특수한 반작용적 권력의지와 도덕적 가치를 만들어내게 된다. 이렇게 만들어진 또 다른 형태의 권력과 도덕이 바로 니체가 지적하고 있는 '원한'으로부터의 산출된 힘이다. 그리고 이는 현대에 와서도 계속 진행되고 있음을 주장한다.

> '좋음과 나쁨', '선과 악'이라는 두 개의 대립되는 가치는 이 지상에서 수천 년간 지속되는 무서운 싸움을 해왔던 것이다. …
>
> 현실적으로도 여전히 저 대립의 투쟁 장소가 되고 있다는 것보다 아마도 '더 높은 본성', 더 정신적인 본성을 나타내는 더 결정적인 표시는 없을 것이다.[36]

니체는 인간들이 '선악'의 도덕적 삶에 얽매여 꿈과 이상에 대한 자유스런 도전과 열정이 없이 그럭저럭 살다가 죽어가게 되는 주요 원인들 중 하나로 기존의 보수적인 도덕적 전통의 고수를 강하게 지적하고 있다. 니체는 이러한 기존 사회의 도덕적 사고의 형성이 역사의 흐름 안에서 원천적으로 지배를 받는 하층민 사람들의 원한 본능

36) 프리드리히 니체, 김정현 옮김, 『선악의 저편 / 도덕의 계보』, 서울: 책세상, 2012, p.386.

으로부터 시작되었다고 비판한다. 문제는 약자들인 피지배층의 복수의 감정인 원한(본능)이 밖으로 표출되어 해소되지 못하고 자신들의 마음속에 쌓여 '내면화'되어버리는 데 있다. 이 감정은 점차 자신의 내부로 파고들어 자신을 자책하고 스스로 학대하게 되는 자기 파괴의 본능으로 바뀌어가게 된다. 그리고 이것이 마침내 그들의 가치관을 서서히 바꿔놓으며 '노예도덕'을 만들어내게 된다.

니체가 주장하는 '노예도덕'의 근원은 피지배자 위에 군림하고자 하는 강한 자들에 대한 원한 감정으로부터 비롯된 것임은 말할 것도 없다. 피지배자들의 경우, 자신들은 선하고 착함에도 불구하고 힘 있는 자들이 강하고 악하기 때문에 그들의 지배와 명령을 받게 되었다는 생각을 갖게 된다. 이런 사고방식이 기나긴 역사의 흐름과 굴곡 안에서 군림자들은 '악'이 되고, 핍박받았던 피지배자들은 어느새 '선'으로 바뀌게 되는 역전의 현상을 만들어내게 된다. 곧, '선'과 '악'의 입장이 뒤바뀌게 된 것이다. 이런 상황은 지배층들에 대한 다수의 피지배계층의 축적된 원한과 증오에서부터 비롯된 것임은 자명한 사실이다. 주목할 점은 시대와 역사의 변화 안에서 선악의 평가도 점차로 조금씩 바뀌게 되었다는 것이다. 더불어 선과 악의 판단의 새로운 근거와 옳고 그름에 대한 이분법적 가치관도 함께 탄생되게 되었다.

시대 상황의 변천에 따라 노예도덕의 의미 안에 질적인 변화도 추가되었다. 즉, 타인에 대한 배려, 동정, 친절, 그리고 그들의 상처를 보듬어주려는 포용과 선량함 등의 덕목들까지 첨가되게 되었다. 한 걸음 더 나아가 인간은 모두가 평등하고 동등한 인격을 가진 존재인 까닭에 연약하고 고통 받는 존재들에게는 이에 상응하는 도움이 베풀어져야 한다고 하는 노예도덕적 덕목들이 폭넓게 나타나게 되었다.

이런 변화된 가치관은 역사의 흐름 안에서 자연스럽게 나약하고 열등한 하층민들을 지배층이나 강한 힘을 가진 타인으로부터 보호하는 역할을 담당하기도 하였다. 니체는 이런 경향들이 기독교 안에 가장 팽배하게 담겨 있다고 주장한다.

이제 니체가 이해하고 있는 기독교적 관점을 살펴보자. 기독교인들의 경우, 그들은 원한이나 증오의 원인들을 밖에서 찾지 않고 각자 개인들의 '양심'과 내부로부터 찾고자 한다는 것이다. 우선적으로 힘과 권력을 갖고 있지 못하기에 외부의 권력과 지배에 맞서 비판적이고 반항적인, 또 공격적인 행동을 표출할 수가 없다. 후일에 맞게 될 엄청난 보복과 피해를 생각하지 않을 수 없고, 자신들의 미래가 어떻게 될지 너무도 잘 알고 있기 때문이라는 것이다.

그러므로 이런 상황을 이겨나가기 위해서 그들이 믿고 의지하는 그들의 신에 대한 신앙심과 각자의 양심을 내세워 오히려 자신들을 반성하고 비판하게 하여 더욱 자책하게끔 이끌어간다. 나아가 이런 사고는 죄책감을 심화시켜 더 많은 고통과 학대를 자신들에게 가하도록 유도하기까지 한다.

니체의 비판에 따르면 이런 편태와 자학은 순박한 신자들로 하여금 그들의 교리를 더욱 굳게 믿고 따르게 하며, 이는 종말론적 사상과 결부되어 더욱 영광스러운 구원의 기회와 영원한 천상의 행복을 얻게 하는 최고의 수단과 방법이 될 수 있다고 생각하게 만든다. 또한 이런 사고는 자신들이 스스로 인내와 고통의 길을, 그리고 동시에 '축복과 구원'의 길을 직접 선택했다고 하는 대견한 자부심까지 갖게 만들고 있다는 것이다. 니체의 다음 언급을 음미해보면 그런 상황을 충분히 추정해볼 수 있다.

보복하지 않는 무력감은 '선함'으로 바뀝니다. 소심한 비겁함은

'겸허'로 바뀝니다. 증오하는 사람에게 복종하는 것은 '순종'(이러한 복종을 명하는 유일자에 대한 복종을. 그들은 그를 신이라 부릅니다)으로 바뀝니다.

약자의 비공격성. 그에게 비겁함 자체. 그가 문가에 서서 어쩔 수 없이 기다려야 하는 것이 여기서는 입에 발린 말로 '인내'가 되고, 또한 저 미덕으로 불릴지도 모릅니다. 복수할 능력이 없는 것이 복수할 마음이 없는 것으로 불리고, 심지어는 용서로 불릴지도 모릅니다. 또한 자신의 원수를 사랑하라고도 말합니다. 땀을 뻘뻘 흘리면서 말입니다.[37]

니체에 의하면, 증오와 복수심의 바탕 위에서 왜곡되어 나타난 '선함'의 형태는 처음부터 이해와 출발이 잘못되었기에 정당하고 합리적인 바탕 위에서 성립된 건강한 도덕규범으로 받아들여질 수 없다는 것이다. 그리고 마지막에 가서야 뒤늦게 실망과 패배감, 그리고 허망함만 남게 될 뿐이라는 사실을 깨닫게 될 것이라고 비판한다.

니체는 이러한 노예도덕의 사고가 기나긴 세월의 역사적 수난과 굴곡을 거치며 변신을 거듭하였고, 나중에 나름대로의 헤게모니를 갖게 됨을 다음과 같이 설명한다.

핍박받던 유대 민족의 경우, 그들의 전통종교인 유대교와 노예도덕의 정신이 결합되면서 그들을 하나의 동족으로 결집시키고, 또 단결시킬 수 있었다. 그리고 이러한 응집력과 결속력은 대단한 힘으로 표출되며 헤게모니를 창출하게 되었다. 이런 헤게모니의 쟁취는 백성의 지도자들과 사제들이 대중의 원한과 증오를 어떤 지배세력에게로 뿜어내도록 유도하였고, 긴 시간을 견디어내며 내부적으로 새로

37) 프리드리히 니체, 『도덕의 계보학』, p.57.

운 가치와 힘을 소유하고 축적할 수 있게 만들었다. 선과 악의 기준도 새롭게 만들었다. 그리고 지속적으로 피지배계층으로 하여금 자신의 원한과 수모를 지배세력에게로 향하도록 유도하였다. 나아가 내부적으로 복수를 준비하도록 이끌었다. 이런 복수의 과정이 의도적으로 이루어졌다기보다는 고난과 굴곡의 역사적 상황이 무려 2천 년이라는 기나긴 시간의 흐름 안에서 자연스럽게 그런 결과를 도출하게 되었다 해도 틀린 설명은 아닐 것이다. 결과적으로 노예도덕적 관점에서 해석한다면 현실적 쾌락을 악으로, 천상의 삶에 대한 믿음을 선으로 보았던 그들의 도덕적 가치관이 장구한 세월의 흐름과 더불어 점차적으로 그들의 의식과 판단, 그리고 민족성을 적극적이며 공격적으로 바꾸어버렸다고 판단할 수 있다.

니체 자신이 생각하는 종교적 관점과 사고에 대해서도 간략히 짚어볼 필요가 있다. 이런 시각이 그의 선악에 대한 도덕적 개념과 그의 생각들을 보다 정확히 이해하는 데 좋은 도움을 주리라 생각한다.

니체는 그의 초기 저작인 『즐거운 학문(*Gay Science*)』 108절에서 "신은 이미 죽어서 더 이상 존재하지 않는다."고 주장하였다. 다음과 같은 니체의 진술을 음미해보자.

> 신은 죽었다. 그럼에도 불구하고 사람들의 관습을 보게 되면 신의 그림자만이 남아 있는 동굴들을 수천 년 여전히 존속시키게 될지 모르겠다.

다음의 니체의 언급도 같은 맥락에서 이해할 수 있다.

> 선과 악의 저편에 천국의 수호의 여신들이 있다면 내가 가끔 볼

수 있게 해달라! 내가 아직 두려움을 느낄 만한 무언가 완전한 것, 최고로 완성된 것, 행복한 것, 강력한 것, 의기양양한 것을 한 번만이라도 볼 수 있게 해달라![38]

니체에 따르면 당시 유럽을 지배하고 있던 기존의 도덕적 규범과 전통의 관념들은 사람들을 숨 막히게 하고, 무엇보다 인간적 삶의 생동감과 감정을 위축시키고 피로하게 만든다. 뿐만 아니라 그 삶을 구태의연하고 소극적으로 만들어가고 있다고 비판한다. 그 결과, 현대의 인간들은 한 번밖에 주어지지 않는 삶을 생동적이며 자유롭게, 또 즐겁고 기쁘게 마음껏 누려보지 못하고 허무하게 인생을 마감하게 된다는 것이다. 그리고 그런 인생의 삶은 바로 '선악'에 대한 낡은 도덕적 관념과 새로운 시대에 적응치 못하는 전통적 사고방식에 젖어 있기 때문이라고 지적한다. 이에 덧붙여서 이 같은 상황을 야기한 데에는 옛날부터 오랜 시간에 걸쳐 명령과 지배를 받아온 사람들의 원한 본능과 노예 본능으로부터 형성된 기존의 도덕관념도 한몫을 거들었음도 지적한다. 예컨대 복수의 감정인 원한(본능)이 밖으로 표출되지 못한 채 '내면화'되게 되면서 자기 파괴의 본능으로 변질되었고, 이것이 피지배층을 자책과 파멸의 길로 이끌 수밖에 없었던 상황들도 인간의 삶을 뒷걸음치게 만들었다는 것이다. 다음 니체의 언급은 좋은 참고가 된다.

'좋음과 나쁨', '선과 악'이라는 두 개의 대립되는 가치는 이 지상에서 수천 년간 끔찍한 싸움을 해왔던 것이다. …

인간의 전체 역사를 통해 지금까지 이 싸움보다, 이 문제 제기보

38) 위의 책, pp.52~75.

다. 이 불구대천의 대립보다 더 큰 사건은 없었다.[39]

니체의 주장에 의하면 '도덕규범'이란 절대적이며 무조건적인 것이 아니다. 또 종교적이며 불변하는 것도 아니다. 그런 까닭에 '선악'의 개념에 대한 이해와 실천에 있어 인간을 인간답게 만드는 '힘에의 의지'에 정초한 도덕규범은 시대 흐름과 변화에 맞춰 새로이 조정될 수 있어야 하고, 또 그때의 상황에 따라서 합리적으로, 융통성 있게 수정되고 바뀔 수 있어야 한다. 니체의 판단에 의하면 존재하지도 않는 피안의 신에게 무조건적이고 수동적으로 자신을 의탁할 필요는 없다. 오히려 인간 스스로가 각자의 노력으로 자유롭게 자신들을 강하고 독립적으로 만들 수 있어야 한다. 뿐만 아니라 시대적 심리 상황과 변화된 환경에 적합한 살아 있는 도덕규범을 계속해서 새롭게 정립시켜나갈 수 있어야 한다고 강조한다.

이상의 서술이 니체의 『도덕의 계보학』에 입각하여 살펴본 선악의 개념에 대한 역사적, 사회적, 계보학적 관점의 고찰이다.

도덕철학에 대한 니체의 사고와 접근 방식, 그리고 그의 비판은 어느 사상가들보다 논란의 소지가 많았던 것은 부인 못할 사실이다.

본 지면에서는 포괄적인 니체의 철학사상에 대한 비판에 초점을 두고자 한 것은 아니다. 제목의 주제에 국한하여 한계적으로 '선과 악'의 개념에 대한 니체의 도덕적 관점을 고찰해보고자 하였다. 나아가 지금 우리의 주제와 연관된 니체의 비판은 가능한 한 있는 그대로 수용하여 표현하는 것이 좋다고 생각하였다.

39) 위의 책, pp.63~64.

3. 신앙과의 관계 안에서

다음은 성경에 나타나 있는 '선'과 '악'의 개념을 살펴보자.

사실상, 성경에 나타난 '선'과 '악'의 개념은 전적으로 신 개념에 입각한 종교적인 관점 안에서 분석되고 고려될 수밖에 없다. 그러므로 '하느님'과 '그리스도'를 닮은 인간의 본래적 모습과 그 의미 안에서 선악에 대한 도덕적 관점을 해석해나가야 할 것이다.

> 사랑하는 이여, 악을 본받지 말고 선을 본받으십시오. 선을 행하는 이는 하느님께 속한 사람이고, 악을 행하는 이는 하느님을 뵙지 못한 사람입니다. (3요한 1:11)

위의 구절을 비롯하여 요한의 셋째 서간의 전체적인 내용은 사도 요한이 여러 도시를 순회하며 복음을 전파하는 복음 전교자들에 전하는 말씀들을 서술하고 있다.

위의 성경 말씀은 사도 요한이 자신과 친분이 두터웠던 동료 가이오스(Gaius)에게 보낸 서신들 중 일부에 해당되는 내용이다. 그의 서신은 순회 전교자들의 선행을 칭찬하고 격려하며 그들에게 필요한 사항을 전달하고 있다.

요한의 3개의 서간을 통해 사도 요한이 강조하는 것은, 전교자들이 복음의 진리를 전교함에 있어 자신들의 사욕과 치부를 멀리해야 하며, 양들을 위해서는 자신의 생명까지도 바칠 수 있는 용기와 굳은 신앙심을 갖출 수 있어야 한다는 것이다. 한 걸음 더 나아가 참 목자란 어떤 사람들인지, 또한 그들은 어떻게 판단하고, 어떻게 행동해야 하는지에 대해서도 언급하고 있다.

위에 성경 구절은 그리스도교 공동체에 대한 사도 요한의 기본적 권고사항 중 일부의 내용에 해당한다. 여기에서 주목할 것은 선과 악의 판단과 실천에 관한 도덕적 규범의 대목이다. 구체적으로 생활 안에서 언제나 악을 멀리하고, 선을 행하고자 하는 의지와 자유의 확립은 필수적인 것임을 강조하고 있다.

사람들은 자연스럽게 자신들이 진심으로 흠모하는 대상을 모방하고 닮고 싶어 한다. 당연한 현상일 것이다. 요한의 셋째 서간의 성경 말씀은 선행의 모범적 모델로서 자신들을 앞서간 신앙의 선배들에 대하여 서술하고 있다. 구체적 본보기로서 가이오스를 비롯하여 회개한 데메트리오스 등을 예로 들고 있다. 그리고 이런 모든 분들의 최종의 모델로서 인류의 구원자가 된 예수 그리스도를 언급하였다.

성경 안에서 '선'은 단순히 착함과 악함의 양분된 논리를 넘어서 본질적으로 보다 근원적인 '선'을 목적으로 한다. 이는 신의 여러 속성 중 하나로 이해할 수 있다. 그리고 하느님의 형상을 닮은 인간의 본성과 양심은 선천적으로 주어진 포괄적 선을 지향하고 있다(창세 24:27; 여호 2:14; 예레 16:5; 호세 2:21; 애가 3:22).

성서학적으로 또 종교적으로 볼 때, 절대적으로 선하신 분은 하느님(마태 19:17)과 그리스도(히브 9:11)밖에 없다. 세상 안에 그리스도 하느님 외에 원천적으로 선한 존재는 있을 수 없다는 뜻이다(로마 7:18~19). 인간은 그리스도를 통해서만 선의 문 안으로 들어갈 수 있고, 그리스도를 통해서만 구원을 받을 수 있다(로마 12:2; 에페 2:10; 1테살 5:15). 사도 바오로의 주장에 따르면 우리 인간은 오직 그리스도로 인하여 삶 안에서 선에 대한 희망(필리 1:6)과 성취(로마 8:28)를 이룰 수 있다.[40]

40) 차동엽 · 홍승모 신부 엮음, 『말씀의 네트워크』, 미래사목연구소, 2007, p.835.

다음 '악'의 개념에 대하여 살펴보자. 성경에 의거할 때 악의 개념은 부패한 마음으로부터 시작된다(코헬 9:3). 또한 이 같은 악은 죄를 낳게 하고, 이런 죄는 죽음을 낳게 하며(호세 10:3), 그 죽음은 육체뿐만이 아니라 영혼까지 죽이는 것으로 서술하고 있다(에제 18: 20). 인간은 야훼 하느님을 경외하고 신뢰하는 가운데 마음으로부터 움터나는 악한 생각을 떨쳐버리고(잠언 3:7), 선을 추구하는 삶을 살아갈 수 있도록 노력해야 한다는 것이다. 더불어 그런 꾸준한 노력은 악한 생각이나 여러 가지의 분심들, 그리고 위험한 유혹들을 물리쳐줄 수 있음을 강조한다(예레 36:3). 이에 덧붙여 참으로 지혜로운 자들만이 자신의 악을 깨닫고 단련을 받아 자신을 정결하고 선하게 만들 수 있음을 언급하고 있다(다니 12:10).[41]

종교와 도덕의 갈등적 상황의 입장에서 본다면, 성서에서는 신과 양심의 명령에 따르는 무조건적인 선함과 이에 반대되는 무조건적인 악함이 존재할 수 있다. 이런 관점은 한편으로 신학적 또는 교리적으로 그리스도교의 절대 교리의 진리로 받아들여지고 있기도 하다. 이런 종교적 교의는 현실세계에 적용하는 상대적인 도덕적 상황들과 대립되는 관계를 만들 수도 있다. 문제의 해결은 양자 간의 이해와 양보의 관점 안에서 원만한 해결의 실마리를 찾을 수 있다. 그러나 현실 안에서 완벽한 종교와 도덕의 논리적, 과학적 합의는 사실상 불가능하다. 왜냐하면 두 영역의 관계는 흑백의 차이처럼 정확히 구분지을 수 있는 단순하며 고정적인 상황으로 파악할 수 없기 때문이다.

41) 위의 책, p.989.

4. 살며 사랑하며

전체적으로 볼 때 선악의 문제는 종교와 도덕 사이에 떼려야 뗄 수 없는 필연적 관계를 맺고 있음을 볼 수 있다.[42]

니체의 '선과 악'에 대한 이해와 해석에 의하면, 종교와 도덕 간 복잡하게 얽혀 있는 연관성 안에서 선악에 대한 인간 내면의 자유와 욕망, 자율성과 독립성, 그리고 이성과 감정의 요소들은 다양하게 상호관계적으로 작용하고 있음을 알 수 있다.

하루하루가 몰라보게 격변하는 현실 속에서 '선과 악'의 분명한 정의와 정확한 구분의 정립은 정말 쉽지 않은 일이다. 그런 이유에 입각할 때 신의 명령에 무조건적으로 순종하는 행위와 또 일방적으로 인간의 이성을 우선시하는 행위는 조정과 타협의 여지가 다분함을 고려해야 한다.

인간의 삶 안에서 이런 문제점들을 어떻게 하면 원만히 풀어갈 수 있을 것인가? 당연히 완벽한 해별방법은 없을 것이고, 그렇다고 임기응변식으로 일시적이고 단기적인 대책이나 해결방안을 성급하게 강구하는 것도 바람직한 방법이 아니다. 우선적으로 선악의 개념에 대한 여러 현자들의 비판과 지적을 겸허히 폭넓게 수용하여 그 문제점들을 여유 있는 시간을 갖고 더욱 넓게, 더욱 깊이 있게 검토하고 공론화시킬 필요가 있다. 다음 단계로 장기적 안목과 목표를 갖고 원리와 실천 규범들을 수립해야 한다. 그리고 결정된 사항들에 대해서는 과감히 실행해나갈 수 있어야 한다. 이런 과정을 통해 획득된 '선과 악'에 대한 우리의 원칙과 행동의 실천은 우리를 공동선의 사회로 이끌어줄 것임이 틀림없다.

---

42) 이진남, 『종교철학』, 서울: 민음인, 2009, pp.105~106.

앞에서도 언급한 바와 같이, 불완전하고 변화무쌍한 인간세상 안에서 선악에 대한 인식과 도덕적 기준의 설정에 관하여 학자들의 이론들을 하나로 일치시켜 비중 있고 완벽한 결론으로 도출해낸다고 하는 것은 불가능한 일이다. 이유인즉슨 하이데거의 주장처럼 철학과 삶에 대한 정답은 어차피 '질문'으로 시작해 질문으로 끝날 수밖에 없는 주제이기 때문이다.

어떤 관점에서 볼 때, 니체의 비판과 주장은 복잡한 삶의 숲길을 헤치고 나옴에 있어 선악의 엉킨 가시나무 가지들을 전지하며 우리의 발걸음을 잠시 멈추어 서게 하는 것만으로도 큰 의미가 있다고 할 수 있겠다. 그런 의미 안에서 평가한다면 그의 외침과 사상은 나름대로의 목표를 달성했다고 말할 수 있다.

◆ ◆ ◆

이 시점에서 맹자의 '성선설'과 순자의 '성악설'을 간략히 고찰해 봄은 우리의 주제를 이해함에 있어 큰 도움을 주리라 믿는다.

맹자의 성선설과 순자의 성악설은 일반적으로 인간 본성을 논하게 될 때 빈번히 언급되곤 한다. 여기에서 '성선'이나 '성악'의 개념은 인간이 처음 세상에 나왔을 때 그 천성이 과연 선한 것인가, 아니면 악한 것인가 하는 두 가지 관점의 견해를 의미한다. 일단은 맹자의 성선설과 순자의 성악설은 인간 본성에 대한 이해가 원초적으로 상반된 상태에서부터 출발하고 있다는 것을 유의할 필요가 있다.

맹자의 성선설의 주장에 따르면, 인간은 태어나면서부터 이미 선한 본성인 인의예지(仁義禮智)라고 하는 네 가지의 도덕적 성격의 단서를 지니고 있다. 맹자의 경우, 선이란 보잘것없는 어린이 하나를 불쌍히 여기는 아주 작은 마음에서부터 시작된다.

그렇다면 모든 인간이 똑같이 인의예지의 사단을 가지고 태어났음에도 불구하고 우리가 살고 있는 현실 속에서는 왜 성인, 군자 등의 대인(大人)과 악인, 불량배, 강도 등과 같은 소인배들로 구별되어 나타나는 것일까?

맹자의 주장에 따르면, 대인과 위인의 경우는 태어나면서부터 본래 지니고 있던 인의예지의 싹, 곧 선천적으로 부여받은 사고와 실천의 능력을 선하게 발전시킨 경우를 말한다. 즉, 자신의 선한 본성의 장점을 꾸준히 의식적으로 잘 가꾸어간 예에 해당한다. 반면에, 악인이나 소인배의 경우는 태어나면서부터 부여받은 인의예지의 본성을 악하게 또는 삐뚤어지게 잘못 발전시켜나간 경우에 해당한다. 곧, 절제와 이성의 힘이 삶의 유혹과 달콤함, 그리고 감각적, 생리적 욕망을 슬기롭게 극복하지 못하여 마침내 악의 수렁으로 떨어져버리게 되고 마는 상황을 뜻한다. 이런 경우, 점점 더 깊게 악의 심연 속으로 빠져들게 된다.

결과적으로 맹자는 "착한 마음을 본래대로 잘 간직하여 본성을 길러나가야 한다."고 주장한다. 이러한 맹자의 주장에 의거할 때 인간은 본래부터 도덕적 존재인 것이다. 나아가 삶의 과정 안에서 원래의 천성적 덕성을 잘 보존하여 꾸준히 성장, 발전시켜나갈 수만 있다면 세상 안에서 자신이 목표로 하는바 삶의 가치와 목적을 훌륭히 실현시킬 수 있다는 것이다.

이와는 반대로 순자의 '성악설'의 경우, 인간 본성은 태어나면서부터 악한 것으로 판단한다. 곧, 인간의 본성이란 본래적으로 이기적이고 욕심이 많으며, 또 공격적이고 동물적인 어떤 성향을 지닌 것으로 파악한다. 이렇게 천부적으로 자신만의 욕구를 먼저 충족시키고자 하는 원초적 속성 때문에 이런 본성은 자신을 만족시켜줄 대상을 끊임없이 찾아 헤매게 된다. 그러나 그 욕망은 끝이 없기 때문에 대상의 소유에 대한 싸움과 다툼은 멈춰지지 않는다. 그 결과, 양육강식의 논리에 입각하여 강한 자만이 타자를 굴복시켜 욕망을 충족시키고, 반면에 약한 자는 패배하여 굴복하게 되고 만다.

순자의 판단에 따르면, 사악한 욕망은 사물을 탕진케 함은 물론, 생활물자 또한 결핍케 만들어 삶의 긍정적 동력을 약화시키고, 인간의 삶을 황폐하게 만들어버린다. 순자는 이를 방지하기 위한 방법으로 어렸을 때부터 '성인의 예'를 제정하여 이를 엄격히 실천하는 것이 무엇보다 중요하고 필수적인 것임을 강조한다. 이와 같이 성인의 예법의 철저한 준수는 기본적으로 세상 사람들 모두가 골고루 공평하게 각자의 욕망을 달성케 만들어줄 뿐만 아니라, 나아가 각자에게 주어진 사회적 공동선의 영역인 분(分)의 한계가 붕괴되지 않도록 균형적으로 이를 통제함으로써 안정된 사회를 이룩해나갈 수 있음을 주장한다.

그러므로 순자는 근본적이며 지속적인 해결방안으로 "인간의 성품을 교화시켜 예의법도를 일으켜야 한다."고 역설함으로써 예법의 제정과 준수를 강조하고 있다. 인간이 자연적 욕망의 노예로 태어난 까닭에 이를 바르게 시정하기 위해서는 예의, 법도, 교육의 덕목들을 강제적 의무로 규정하여 아주 어렸을 때부터 악한 본성을 차단함으로써 선한 성품을 키워나갈 수 있도록 크게 심혈을 기울여야 한다는 것이다. 다시 말해 인위적이며 후천적으로 만들어진 올바른 규범과 좋은 가치를 잘 배우고 익히며, 또 이를 꾸준히 실천해나갈 때 악한 본성을 선한 성품으로 변화시킬 수 있다고 주장한다.[43]

43) 김교빈 외, 『함께 읽는 동양철학』, 서울: 지식의 날개, 2006, pp.50~52.

궁극적으로 맹자는 인간 본성의 뿌리를 '선'으로 보았고, 순자는 '악'으로 이해하였다. 이로부터 추론될 수 있는 한 가지 분명한 전제는 인간은 숙명적으로 '선'과 '악'의 양면을 모두 지니고 있다는 사실이다. 결과적으로 인간 안에는 선천적으로 선한 면도, 또 악한 면도 동시에 공존하고 있다고 보는 것이 합당할 것이다.

그러므로 대립하는 양면의 특징들을 사려 깊고 신중하게 통찰하여 그 문제점들을 잘 해결해나갈 때 우리의 삶의 방향은 올바른 길로 나아갈 수 있게 될 것이다.

우리 마음속에 공존하고 있는 선과 악의 존재는 마치 작은 돌 하나에도 주의를 빼앗기고 흔들리며 큰 파장을 일으키는 연못과도 같다. 그렇기에 연못물과 같은 우리의 마음을 늘 주의 깊게 경계할 필요가 있다. 가령, 미세한 악이라도 행여 고개를 들라치면 즉시 이를 엄하게 다스리고 없앨 수 있어야 한다. 그렇게 함으로써 더 크게 확산될 수 있는 악을 미연에 차단할 수 있게 된다. 반대로 아주 작은 선이라도 그 싹이 고개를 들라치면 이에 관심과 정성을 집중해야 한다. 마치 작은 싹이 튼실하고 건강한 나무로 잘 자랄 수 있도록 보살피는 것과 같이 인간의 선한 성품이 더 큰 선으로 뻗어나갈 수 있도록 있는 힘과 노력을 다해야 한다.

다음 유비가 유선에게 남긴 한 고사의 내용을 음미해보도록 하자.

勿以惡小而爲之(물이악소이위지)
勿以善小而不爲(불이선소이불위)
악이 아무리 작다고 해도 그것을 행하지 말라.
선이 작다고 해도 그것을 아니 행해서는 안 된다.

위의 고사는 장무 3년(223) 유비가 63세의 일기로 죽음을 맞으며 후주(後主)의 유선(劉禪)에게 남긴 유언의 말이기도 하다. 이 언급은 훗날 『명심보감』, 「계선」편에 실리면서 세상에 널리 알려지게 되었다. 이 진술의 진의는 선과 악의 실천적 투쟁에 있어 늘 깨어 있는 마음공부의 수련만이 선의 의지를 굳건히 세워 악의 힘을 물리칠 수 있다는 중요한 의미를 담고 있다.

선과 악의 투쟁에 대한 동양의 사고방식 안에서 선이 승리하기 위해서는 마음을 다스리는 것이 무엇보다 가장 중요한 덕목임은 말할 나위 없다.

'깨어 있는 마음'의 실천이란 마음속에 내재된 자유의지에 따른 행동을 말한다. 여기에서 참된 행동을 이끌어내는 자유의지는 도덕성의 근원적 동력이 된다. 이 동력을 충만히 성장시키기 위해서는 그 밑거름이 되는 마음공부와 수양, 그리고 신체의 수련은 필연적일 수밖에 없다.

삶을 영위해나감에 있어 기본과 원칙은 분명한 것이다. 악한 일은 제아무리 작더라도 결코 실행하지 말아야 하며, 선한 일은 아무리 작더라도 꼭 실천해야 함을 잊지 말아야 한다. 그리고 이것은 어렸을 때부터 학습되고 습관화될 수 있도록 노력해야 한다.

작은 시냇물과 강물이 모여 큰 바다를 이루듯 작은 선한 행동들 하나하나가 모여 우리 각자의 인격 완성은 물론, 궁극적으로 우리의 삶을 공동선의 사회 안으로 이끌어줄 것임은 자명하다.

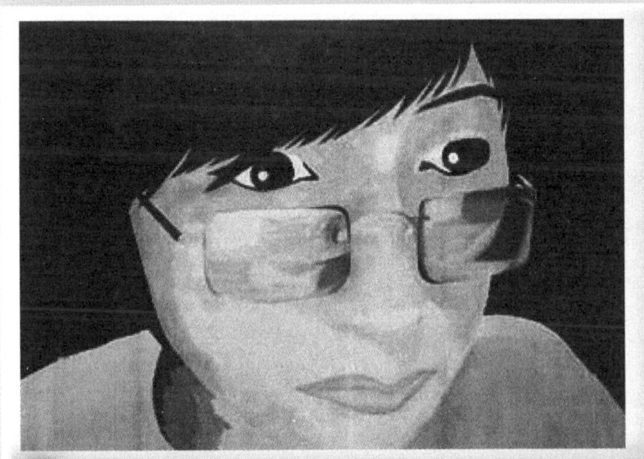

6.

우리의 자유는 우리의 힘과 지식에 비례한다

라이프니츠와 함께

1. 삶이 내게 말을 거는 순간

대학 시절

기형도[44]

나무의자 밑에는 버려진 책들이 가득하였다
은백양의 숲은 깊고 아름다웠지만
그곳에서는 나뭇잎조차 무기로 사용되었다
그 아름다운 숲에 이르면 청년들은 각오한 듯

44) 시인 기형도는 1960년 경기도 연평에서 출생, 연세대학교 정외과를 졸업했다. 1984년 중앙일보사에 입사, 정치부, 문화부, 편집부 등에서 근무했다. 1989년 3월 만 28세의 나이로 타계했다. 1985년 동아일보 신춘문예에 시 「안개」가 당선되어 문단에 등장한 이후 독창적이면서도 강한 개성의 시들을 발표했다. 『입 속의 검은 잎』이란 시집에서 그는 일상 속에 내재하는 폭압과 공포의 심리구조를 추억의 형식을 통해 기이하면서도 따뜻하게, 처절하면서도 아름답게 표현하였다.

눈을 감고 지나갔다. 돌층계 위에서
나는 플라톤을 읽었다. 그때마다 총성이 울렸다
목련철이 오면 친구들은 감옥과 군대로 흩어졌고
시를 쓰던 후배는 자신이 기관원이라고 털어놓았다
존경하는 교수가 있었으나 그분은 원체 말이 없었다
몇 번의 겨울이 지나자 나는 외톨이가 되었다
그리고 졸업이었다. 대학을 떠나기가 두려웠다

"진리가 너희를 자유롭게 할 것이다."

1960년대 중후반부터 1970년대 초중반까지 삼선개헌 반대와 유신헌법 철폐, 그리고 군사독재의 반대와 철폐를 위한 데모가 거의 매일 동숭동 쪽에 위치한 서울대 문리대와 길 건너에 마주한 법과대학, 그리고 혜화동 로터리와 청계천 길을 따라 벌어졌다. 위의 표어는 학교 정문이나 로터리 또는 가로수 길 사이에 내걸렸던 현수막의 슬로건이었다. 당시 필자는 동숭동과 혜화동 쪽에 위치한 가톨릭대학에 갓 입학한 학부 초년생이었다. 그 슬로건은 신선하면서도 새롭게 폐부 깊숙이 다가왔다. 나중에 이 말이 성경의 요한복음의 한 구절임을 확인하게 되었다.

각 대학 정문에 내걸린 현수막의 굵고 커다란 이 글귀는 점점 내 몸속으로 꿈틀거리며 스며들었다. 그러나 당시는 너무 어리고 아무것도 몰라서 시대적 상황과 학문적 해석들 안에서 그 의미를 명확히 이해하기까지 적잖은 시간을 필요로 했다. 또 완전한 내 것으로 소화하기까지 다소 무리가 있는 듯했다. 그럼에도 불구하고 이 말은 대학 초년생이었던 나를 가슴 떨리게 했고 정의에 불타게 만들었다. 또 막연하지만 저 멀리 높고 고결한 이상을 꿈꾸게도 만들었다.

학부 생활을 기숙사 생활과 함께 시작했을 때 학사와 도서관을 들락날락거리며, 연극반이나 산악반 등의 동아리 활동을 하면서, 미사 중에, 또 기도 중에조차 그 말씀은 내 곁을 떠나지 않고 귓가에서 맴돌았다. 또 살아 있는 생물처럼 보일 듯 말 듯 눈앞에 어른거렸다. 결국, 이런 열정과 정의감은 절제와 인내를 무너뜨리며 학교의 간곡한 만류에도 불구하고 교문 밖으로 뛰쳐나가게 만들었다.

학부 1학년 늦가을, 급기야 아서 왕의 기사라도 된 양, 박정희 군사독재정권과 유신헌법 폐지에 뜻을 같이하는 많은 학생들과 함께 지도신부님들의 간청과 수위실의 저지에도 불구하고 가톨릭대학교 정문을 열어젖히며 앞으로 나아갔다. 우리의 합류 지점은 동숭동에 위치한 서울대 문리대 앞이었다. 우리는 서로의 팔을 껴서 스크럼을 짰고, 행군 대열을 만들어 커다란 목소리로 구호를 외치며 혜화동 로터리와 동숭동, 청계천 길을 향해 행군했다. 그런데 뜻하지 않은 일이 발생했다. 혜화동 로터리 부근에서 나는 최루탄 가스 물대포를 직통으로 맞아 정신을 잃고 말았다. 꿈인지 생시인지 한참 시간이 지나 혜화동 성당 제의실에서 윗옷이 벗겨진 채 겨우 깨어날 수 있었다. 나는 뉘어 있었고 온몸이 젖어 있는 상태였다. 친구들이 나를 그곳으로 피신시켜놓은 것이었다. 그때 타교 학생들과 함께 내 친구 홍형택이 진압 군인들에게 잡혀가고 말았다.

이는 가톨릭대학교 건립 이래 장기집권 군사독재 타도와 유신헌법 철폐를 위하여 처음으로 학생들이 교문 밖으로 뛰쳐나간 사상 초유의 시위 사건이었다.

시위 사건 이후 학교에서 사정회의가 열렸다. 학생들에게 사건의 재발을 방지하기 위한 본보기였는지 회의 결과는 아주 냉혹했다. 집합 타종을 친 학생을 비롯해 시위에 참가한 많은 학우들이 퇴학을 당하거나 정학 처분을 받아 성소(Vocatio: 사제로의 부르심)를 잃었다. 이때 가장 친했던 형택이도 학교를 떠났다. 이 사건은 내게 수십 년

이 지난 지금까지도 잊히지 않는 깊은 상처를 남겼다. 아직도 가끔씩 생생한 기억으로 떠오르곤 한다.

군대생활 28개월을 마치고 대학원으로 복학한 직후 1979년 10월 26일, 박정희 대통령이 조선국방경비사관학교(사관학교의 전신) 동기였던 김재규 중앙정보부장의 총격으로 사망하는 사건이 발생했다. 이어서 5 · 18 광주민주화운동이 터졌고, 뒤이어 이를 진압한 전두환, 노태우 등의 신군부 세력이 12?12 사태를 일으키며 계엄령을 선포하였다. 이들은 완벽하게 군권과 언론, 그리고 정치권 모두를 장악했다. 이때부터 전두환 정권의 강력한 통제정치가 시작되었다.

5 · 18 광주항쟁 이후 수많은 대학 학생들의 군사독재정치의 종식을 외치는 데모가 연일 일어났다. 이때에도 가톨릭대학의 많은 학생들이 학교의 자제 요청에도 불구하고 행군가를 힘차게 부르며 정문을 박차고 나갔다. 다행스럽게도 우리는 혜화동 로터리와 서울대 문리대와 법대 앞, 청계천과 종로를 지나 데모 학생들의 집결지였던 서울역 광장까지 무난히 행진할 수 있었다. 우리가 도착했을 때는 이미 수십 개 대학의 엄청난 학생들이 일찍부터 시위에 참여하고 있었고, 우리 역시 서둘러 이에 동참하였다.

이렇듯 격동의 시대에 맞부딪쳐 살얼음판 같은 학부 생활을 해나가며 진정한 '진리'와 '자유'의 참뜻은 나의 삶 속의 다양한 해석들 안에서 보편적으로, 또 정의(定義)적으로 알 듯 말 듯 다가왔다. 지금 역시도 그 참뜻은 과연 무엇인지 다시 한 번 골똘히 숙고해보게 한다. 그리고 진리와 자유의 본질적이며 근원적인 의미는 과연 무엇인지를 또다시 반성하게 만든다. 분명한 것은 위와 같은 체험들이 당시 나와 같은 젊은이들로 하여금 미래와 이상을 향해 나아가게 하는 자유와 감성을 갖게 해주었다는 것이다.

2. 철학사상: 라이프니츠와 함께

라이프니츠(Gottfried Wilhelm Leibniz, 1646~1716)[45]는 라이프치히대학에서 법률과 철학을 수학하였고, 이어 알트도르프(Altdorf)대학으로 옮겨 법률학 분야의 박사학위를 받았다. 이후 마인츠(Mainz) 후국(侯國)의 국정에 참여하였고, 이 기간 중에 물리학에 관한 논문을 발표하면서, 1673년 런던왕립과학협회의 회원으로 추천받게 되었다.

독일에서는 베를린학사원 창설에 주력함으로써 학사원 초대 원장으로 취임하게 된다. 1672년 이후 프랑스 파리에 외교사절로서 파견되어 근무하기도 하였다. 이에 덧붙여 영국 등의 방문 기회를 갖게 됨으로써 이런 경험들은 라이프니츠의 학문과 식견의 폭을 더욱 넓혀가게 하는 계기들이 되어주었다.

이 같은 시간들을 통하여 그는 신시대의 학문을 접하게 되고, 한편

---

45) 라이프니츠는 독일 라이프치히 출신의 철학자이며, 수학자이면서 물리학자이기도 하다. 도덕철학 교수인 부친의 덕분으로 어려서부터 여러 학문들과 접하며 다양한 분야의 공부를 할 수 있었다. 7세 때 작센 주(州)의 유명한 라틴어 학교인 니콜라이 학교에 입학하여 당시의 대표적 언어였던 라틴어를 깊이 있게 공부할 수 있게 되었고, 또한 법률학, 철학, 역사, 논리학 등을 공부하였다. 그는 계속해서 정치, 신학, 언어학 등의 여러 분야에 걸쳐서 폭넓은 지식을 갖추어나가게 된다.
라이프니츠의 유저(遺著)는 방대한 양에 달하는데, 생전에 간행된 저작은 『변신론(*Essais de théodicée*)』뿐이고 나머지 저작들은 그의 사후에 출간되었다. 한편, 데카르트와의 관계에 있어서는 데카르트의 이론 — 우주에 있어 불변인 것은 운동량(질량 곱하기 속도)이며 물체의 본질은 연장(延長)에 있다는 공식 — 을 반박하였다. 그 결과, 질량과 속도의 2승(二乘)은 불변이며 물체의 본질은 힘과 작용에 의거한다고 주장하였다. 이 이론체계는 근대 역학의 근본법칙인 '에너지 보존의 법칙'의 바탕이 되기도 하였다.

으로는 수학의 연구에 몰두함으로써 미적분학의 기초 원리를 깊이 있게 탐구한 결과, 이에 적합한 기호법을 창안하게 된다. 1676년 귀국의 도상에서 당대의 최고의 사상가로 명망을 떨치던 노학자 스피노자를 만나 헤이그에서 회담 겸 학문적 토의를 갖기도 하였다.

라이프니츠의 철학은 그의 사후(死後) 20여 년이 지나서야 독일의 사상계와 철학계에 지대한 영향을 미치게 된다. 그의 사상은 근대사상의 형성기인 17세기 유럽에서 기존의 보수적 사상과 근대의 개관을 가져온 새로운 이성적 사유체계의 사상이 상충하던 갈등의 시기에 생성되었다. 이때는 자연을 과학적으로 인식하고 자연 속의 모든 현상을 물질적, 기계적 법칙에 따라 설명하고자 했던 주관주의와 기계론적 사상이 압도적으로 세력을 확장시키고 있던 시기이기도 하였다. 이러한 새로운 철학사조의 물결은 근세 이전 전일적(全一的)이며 계층적인, 그리고 다원론적인 존재의 개념들을 주장하고 있었던 종래의 스콜라 철학을 여지없이 무너뜨리게 된다.

라이프니츠는 기존의 보수적 사상의 분위기를 배척하지 않고 적절히 융통성 있게 수용하면서 근대 서양사상계가 갈등하고 고민하고 있었던 신앙과 학문, 종교와 과학의 조화로운 합일을 모색해보고자 시도하였다. 이런 시도의 노력과 탐색의 과정은 라이프니츠로 하여금 새로운 형이상학적 체계를 구축하게 만들었다. 이로부터 라이프니츠를 추종하는 사상가들이 등장하였고, 제자였던 볼프를 비롯하여 빌 핑거, 마이어, 바움가르텐 등이 나타나게 된다.

라이프니츠의 철학사상은 '단자론'으로 불리기도 한다. 이는 플라톤의 '선의 이데아'와 닮은꼴의 개념으로 이해할 수 있다. 곧, 플라톤이 자신의 우주론적 세계관의 궁극적 원리를 '선의 이데아'라 부른 것처럼, 라이프니츠도 선의 이데아의 개념에 해당하는 불가분의 비연장적(非延長的) 실체를 곧 '모나드'(Monad: 단자[單子])로 칭하였다.

실체의 여러 종류들 안에서 일반적 실체는 보편적으로 연장성을 지닌 까닭에 끝없는 분할(分割)이 가능하다. 그러나 근원적 물체인 모나드(단자)의 경우는 이 같은 분할이 불가능하다. 모든 실체들 중에서 모나드는 가장 원초적 존재로서의 '비연장적 실체'이기 때문이다. 모나드는 우주의 어떤 시점, 어떤 상황의 변화를 다양하게 표출해내기에 이에 따른 무수히 많은 종류의 모나드들이 존재할 수밖에 없다. 따라서 모나드가 일률적으로 똑같은 성질과 똑같은 모습으로 존재하기란 불가능하다. 그러므로 모든 모나드들은 각자가 나름대로의 독특한 특징에 따라 각기 다른 표상(表象)을 나타내게 된다. 그리고 모나드의 특징과 비중에 따라 위계적 질서와 체계가 성립되게 된다.

라이프니츠에 따르면 '신(神)'의 존재는 최초이자 최고의 모나드(단자)로 이해된다. 이 단자는 다양한 종류의 단자들로 구성되어 있다. 신은 세계의 창조에 있어 맨 처음의 근원이 되는 절대적 존재이다. 라이프니츠는 이 최고의 단자가 무한히 가능적인 세계들 중에서 최상의 것을 선택하여 오늘날 우리의 세상을 만들었다고 주장한다. 곧, 단자들과 그 표상의 표출로 빚어진 세계가 바로 우리가 살고 있는 이 세계라는 것이다. '정신'과 '혼'의 경우, 이는 육체와 질료에 대한 지배적 위치의 단자로 해석된다. 결과적으로 신은 '모든 사물들의 최종의 원인(ultima ratio rerum)'이 됨을 알 수 있다.

라이프니츠가 이해하고 있는바, 자연의 창조는 신의 은총에 의하여 이루어진 것이다. 그리고 양자 사이에는 '예정조화의 관계'가 이미 성립되어 있는 것으로 이해한다. 그러므로 자연과 우주의 가능적 세계 안에서 사물의 가능성이란 신의 이성에 근거한 것이며, 현실세계 속의 사물의 현실은 신의 의지에 의하여 창조된 것으로 해석한다. 이런 작용과 현상의 과정은 아리스토텔레스의 가능태(dynamis)와 현실태(energeia)의 원리와 매우 닮아 있다.

라이프니츠는 신의 이성에 의거한 진리는 필연적인 것으로 '영원의 진리'라 불렀고, 신의 의지에 입각한 진리는 우연적인 것으로 '사실의 진리'로 표현하였다. 예를 들어 수학적, 논리적 진리 같은 것은 영원의 진리에 속하는 것으로 이해하였고, 모순율(矛盾律)에 근거한 충족이유의 원리, 또는 인과율 같은 것들은 사실의 진리에 속하는 것으로 해석하였다.

전체적으로 볼 때 라이프니츠가 생각하는 신은 철학적 지성으로서 '관념의 영역' 또는 '가능성의 영역'으로 구분되고, 현상계의 경우, 이는 신의 의지로부터 파생된 '우연성의 영역'으로 파악된다. 한편, 라이프니츠의 신의 개념은 분명하게 종교적 차원의 신 존재의 의미와는 큰 차이가 있음을 염두에 둘 필요가 있다.

이상에서 살펴본 바와 같이 라이프니츠는 현상계의 정신과 현상들을 단자론의 영역 안에서 이해하고 해석하였다. 그러므로 모나드에 대한 분석과 이해는 인간존재의 모든 행동과 도덕적 원리를 포괄한다. 나아가 이는 라이프니츠의 형이상학적 원리가 되고 있다고 말할 수 있다.

라이프니츠의 진리와 자유의 개념은 서로 밀접하게 연결되어 있다. 이유인즉슨 두 가지의 개념은 하나인 원초적 모나드로부터 비롯된 것이기 때문이다. 다시 말해 그의 결정론적 예정조화설에 의거한 진리론이나 우연성에 뿌리를 둔 자유이론은 동일한 모나드로부터 기인되었기 때문이다. 라이프니츠의 예정조화설에 따르면 신이 세계를 결정짓는다. 그리고 우주의 무한한 가능성들 중에서 우연적으로 신이 선택한 것이 바로 우리가 숨을 쉬며 살아가는 삼라만상의 이 세상인 것이다.

문제는 신의 예정조화설에 입각한 결정론의 세계 안에서 예정에서 어긋나는 믿을 수 없는 상황이 벌어지게 된다는 데에 있다. 곧, 사물과 인간과의 관계 안에 신의 예정에 맞지 않는 행동들과 사건들의 선택들이 발생되고 있다는 것이다. 가령, 인간이 신의 예정론의 궤도로부터 벗어나는 자유를 행사하는 것도 이에 해당된다. 여하튼, 예외의 상황들은 우연성에 바탕을 둔 의지와 자유의 관념적 가능성을 인간이 자신 안에 소유하고 있기에 가능하다. 결과적으로, 신의 예정조화가 이미 사전에 결정적으로 계획되어 있음에도 불구하고 인간은 현실세계 안에서 실제로는 자신이 마음대로 조종할 수 있는 자발적 의지를 갖고 있기에 본인의 판단에 따라 자신만의 선택과 자유의 행동을 행사할 수 있는 것이다. 이와 더불어 인간의 자유와 선택의 행사에는 언제나 책임과 의무, 보상과 처벌의 문제가 필수적으로 뒤따름도 예측해볼 수 있다.

아래 라이프니츠의 언급을 통해 그가 생각하는 자유의지와 행위, 그리고 지식과 지성의 의미를 파악해볼 수 있다.

> 우리는 자유의지를 가지고 있는가? 그리고 자유의지는 어디까지 영향을 미치는가? 이 문제는 세상에서 가장 오래되고 가장 흥미로운 문제 중 하나이다.

> 우리는 우리 행위의 주인이다. … 우리가 선으로 생각하는 것을 행한다는 바로 그 점에서 우리는 전적으로 완전한 자유를 소유하고 있다.

그런 이유에서 우리의 자유가 우리의 힘과 지식에 비례한다는 것은 의심할 여지가 없다.

사람은 지식을 더 많이 소유할수록 그만큼 더 자유롭다. 왜냐하면 앞서 언급한 가정에 따라 강제와 오류는 똑같이 행위의 자유에 반대되기 때문이다.

그러므로 정신의 참된 자유는 최선을 식별하고 선택하는 것으로 구성된다. … 정신의 참된 자유는 무지의 소산이라고 말할 수 있는 무구별과는 전적으로 반대된다.

자유란 지성과 결부된 자발성이다.[46)]

라이프니츠는 자유의지와 행동의 문제에 있어 폭넓은 이해를 위하여 아담과 하와가 하느님의 명령을 거역하고 자기 마음대로 자신의 자유와 판단에 따라 선악과를 따 먹은 경우를 예로 들며 설명하고 있다. 그리하여 '선악과 사건'은 창조주가 인간을 창조한 이래 처음으로 인간 스스로 자신의 자유를 행사한 최초의 사건이 된다. 동시에 자신의 부끄러움을 알게 되고 자신의 행동에 대하여 책임을 지고 벌까지 받게 된 또 하나의 최초의 사건으로 기록되게 된다.

라이프니츠의 판단에 따르면, 자유는 무지, 오류, 강제성과는 반대되는 개념으로, 다른 한편으로는 신의 정신 안에 필연적으로 내재하는 개념으로 이해할 수 있다.

라이프니츠는 인간의 의지를 인간들이 자발적으로 행동하고자 하는 긍정적인 '노력'으로 해석한다. 또한 사람들이 지식을 잘 소화하여 이성을 따르는 방향으로 익숙해지게 되면 그만큼 더 합리적이며

---

46) G. W. 라이프니츠, 이상명 옮김, 『자유와 운명에 관한 대화 외』, 서울: 책세상, 2011, pp.21~26, 111.

정확한 판단을 내릴 수 있게 된다고 한다. 그러므로 인간이 이성을 더 많이 사용하면 할수록 그만큼 더 많은 자유의지를 소유할 수 있게 된다는 것이다.

라이프니츠의 경우 참된 자유란 사물에 대하여 보다 적극적으로 추론해나갈 수 있는 역량을 뜻하며, 동시에 이성적 활동을 통해 우리가 최선이라고 판단한 것에 대하여 용기 있게 행동해나갈 수 있는 '정신적 능력'을 의미한다.

전체적으로 볼 때 라이프니츠의 단자론과 자유의 개념에 대한 형이상학은 그 중심 내용이 필연적 진리와 우연적 진리의 구별 문제, 우연적 본성에 기반을 둔 자유의지의 문제, 그리고 신의 결정론에 입각한 예정조화설의 문제 등으로 구성되어 있음을 정리해볼 수 있겠다.

3. 신앙과의 관계 안에서

'진리'와 '자유'에 관한 근원적, 보편적 의미를 성경에 의거하여 살펴보도록 하자.

그리스도는 당신의 말 안에 머무르게 되면 우리는 진리를 깨닫게 될 것이고, 또 진리가 가져다주는 자유를 누릴 수 있게 된다고 말씀하신다. 다음 예수님께서 직접 말씀하신 성경 구절을 음미해보자.

> 예수님께서 당신을 믿는 유다인들에게 말씀하셨다. "너희가 내 말 안에 머무르면 참으로 나의 제자가 된다. 그러면 너희가 진리를 깨닫게 될 것이다. 그리고 진리가 너희를 자유롭게 할 것이다." (요한 8:31~32)

그렇다면 위의 성경 구절의 표현에 따른 예수님의 '내 말 안에 머무르면 깨닫게 되는 진리'의 의미는 과연 무엇일까? 성서학적으로 고찰할 때 여기에서의 '진리'는 가장 기본적으로 예수님께서 세상에 선포하신 구원에 관한 '계시진리'를 의미한다. 나아가 예수님에 관한 역사와 또 그분께서 주시는 모든 은총까지도 포함된다. 그 밖에도 예수님의 가르침의 말씀에 대한 깨달음, 그 깨달음을 삶으로 실천하는 사랑의 행위들, 그리고 하느님과의 친교로 얻게 되는 하느님과의 친밀한 영적 관계 등도 진리의 영역에 속하는 것으로 이해할 수 있다.

다음으로 '진리가 가져다주는 자유'란 무엇일까? 성경 말씀 속의 '자유'는 우리가 하느님 안에서 얻게 되는 참된 해방을 뜻한다. 그리고 이 안에는 구원, 생명, 평화, 행복, 기쁨 등의 의미도 포괄적으로 함축되어 있다.

궁극적으로 예수님께서 말씀하신 "진리가 너희를 자유롭게 할 것이다."라는 의미는 창조주 하느님으로부터 파견된 예수의 말씀과 가르침이 우리로 하여금 영원한 생명을 얻는 구원의 방법이 될 수 있다는 것으로 이해할 수 있다. 이렇듯 구원에 대한 깨달음과 그 깨달음의 실천은 바로 진리로부터 비롯되는 것이고, 또 그 진리는 완전한 자유와 뗄 수 없는 긴밀한 관계를 맺고 있음을 알 수 있다.

4. 살며 사랑하며

'진리'와 '자유'의 개념은 시간과 공간, 그리고 삶의 역사 안에서 시대의 상황에 적응하며 변화되어왔다. 그러면서 삶의 다채로운 조건들 안에서 다양한 모습과 이채로운 색깔을 보여주었다. 또한 그것은 인간의 역사와 삶을 역동적으로 이끌어가며 힘차게 살아나가게 한 정신적 바탕이자 근원적 뿌리라고 말할 수 있다.

진리의 개념을 보편적 상황 안에서 고찰할 때, 개인은 물론, 가정, 직장, 사회, 정치, 경제 등을 포함한 모든 분야 안에도 진리는 존재한다. 그리고 그 다양한 분야 안에서 우리가 진리를 지켜나갈 때 그 공동체는 건전하고 건강하게 발전해나갈 수 있다.

종교적으로 볼 때는 진리에 따라 사는 삶은 하느님의 말씀을 실천하는 삶을 뜻한다. 성경 말씀 그대로 하느님의 말씀이 곧 진리인 까닭이다.

"진리가 너희를 자유롭게 할 것이다."라는 예수님의 말씀은 시대와 공간을 뛰어넘는 삶의 본질적 통찰을 함축한다. 예수께서 말씀하신 진리는 모든 진리들 중 가장 상위에 위치하는 진리의 개념이다. 다름 아닌 만물의 창조주 절대자 하느님의 말씀의 차원이기 때문이다. 그런 까닭에 그분께서 말씀하신 진리를 깨닫고 그 의미를 실천함으로써 우리는 참된 자유를 얻을 수 있다.

진리의 본질적 근원은 자유이다. 그러므로 자유는 진리에 속한다. 그 결과, 진리인 하느님 말씀에 근거한 삶을 온전히 살아나갈 때 우리는 진정으로 행복하고 자유로운 삶을 영위해나갈 수 있게 된다.

라이프니츠는 "자유는 지성과 결부된 자발성이다."라고 언급하고 있다. 이는 인간을 특징짓는 본질적인 개념으로 삶의 방향을 제시해주고 인간의 판단과 의지를 이끌어가는 '원천적이며 근원적인 동력'이다.

라이프니츠의 '자유'의 개념은 어떤 관점에서 절대적이고 자발적이며 행동적이다. 이와 비교하여 예수의 자유의 개념은 훨씬 더 폭넓다. 라이프니츠의 자유의 의미를 넘어서서 죄로부터의 해방, 영원한 삶의 추구, 피안의 세계의 삶, 그리고 인간 구원의 의미에까지 연결되는 보다 포괄적인 내용을 함축하고 있기 때문이다.

둘 사이에서 유사한 측면들을 찾아볼 수 있다면, 라이프니츠의 경우, 자신의 예정조화설과 결정론 안에서 신을 부정하지 않으면서 인간의 자유의지, 자유의 행동에 의한 선택, 지성과 결부된 자발성 등은 예수님의 가르침과 거의 대립되는 것이 없다. 그런 가운데서 적극적인 양자의 공통적 관점을 살펴본다면, 사물과 세계의 관계성 안에서 자유의지와 진리의 지향이 거의 일치하고 있다는 사실을 예로 들 수 있겠다.

예정조화의 결정론적 세상 안에서는 이미 계획된 설정에 따라 살아갈 수밖에 없다. 즉, 독립적으로 어떤 무엇을 자신의 판단과 행동에 따라 선택할 수 있는 자유의 행사가 있을 수 없다는 뜻이다. 그럼에도 불구하고 그리스도교 사상 안에는 하느님도 어찌할 수 없는 '자유의지'를 인간이 소유하고 있다. 그런 까닭에 인간 각자는 자신들이 동경하고 염원하는 행동을 '자유로이' 선택할 수 있다. 도덕적으로 '정의'롭고 '선'하게 살아갈 수 있는 이유도 당연히 자유의지를 소유하고 있기 때문에 가능하다. 삶 안에서 어떻게 선택하고, 어떻게 행위를 해야 하는가, 또 어떻게 사는 것이 가치 있고 의미 있는 삶을 사는 것인가 등의 인생의 근본적 물음들은 물음 그 자체로도 의미가 있지만, 궁극적으로 우리에게 주어진 자유의지를 우리가 어떻게 인식하고 어떻게 행사하느냐에 따라 그 해답이 주어진다.

철학적 사유와 이에 따른 판단에 따라 우리는 언제나 자유와 진리의 길로 연결될 수 있다. 그러므로 우리가 삶 속에서 보다 깊이 있게 생각하고 회의하고, 또 갈등하고 성취하고자 노력할 때 그 길은 드러날 것이며, 그렇게 하는 만큼 우리 삶은 변화되고 발전되어나갈 수 있다.

다음 칼릴 지브란의 저서 『예언자』 속의 한 시구로 본 장을 마감하고자 한다.

어떤 관점에서 이 시(詩)는 우리의 고단한 삶 속에서 발생되는 크고 작은 고충들과 억압들, 그리고 이것들로부터 벗어나기 위한 자유의 몸짓들을 잘 표현해주고 있는 것이 인상적이다.

그대들은 실로 자유로우리라.
욕망도 슬픔도 없는 밤이 아니라, 근심으로 가득 찬 낮에
또한이 모두가 그대들의 삶을 묶고
그리하여 그럼에도 그대들 벗어버리고 해방되어
이들 위로 일어설 때만이.

칼릴 지브란의 『예언자』 중에서

홍승식

서울 가톨릭대학교를 졸업하고 동 대학원에서 현대철학 전공으로 석사학위를 받은 뒤, 로마 우르바노대학에서 철학 석사학위를 받았으며, 파리 소르본대학에서 철학 박사학위를 받았다. 서강대학교, 수원대학교, 수원과학대학교 등에 출강하였으며, 수원가톨릭대학교 철학과 교수를 역임하였다. 발안성당, 정남성당, 하안성당, 양평성당, 월피동성당, 반월성성당, 용호성당 등에서 주임신부를 지냈다. 국민교육 발전에 헌신적으로 이바지한 공로로 2013년 8월 국무총리표창장을 받았다.

주요 저서로는『G. Marcel의 '희망'의 철학』,『현대철학입문』,『종교철학이란 무엇인가』,『철학은 빵을 굽지 않는다』,『꿈속을 흐르는 강』,『영원 속의 세상의 시각』 등이 있고, 역서로는『M. 블롱델의 자유와 행동의 철학』이 있으며, 주요 논문으로는「장 폴 사르트르의 자유의 문제」 등이 있다.

사랑하는 사람을 찾듯 사랑하는 일을 찾아라

1판 1쇄 인쇄 2021년 2월 20일
1판 1쇄 발행 2021년 2월 25일

지은이 홍 승 식
발행인 전 춘 호
발행처 철학과현실사

출판등록 1987년 12월 15일 제300-1987-36호
서울특별시 종로구 동숭동 1-45
전화번호 579-5908
팩시밀리 572-2830

ISBN 978-89-7775-843-8 03100
값 16,000원

지은이와의 협의 하에 인지는 생략합니다.
잘못된 책은 바꿔 드립니다.